KB112783

보물지도 13

이 책을 소중한

_____님에게 선물합니다.

_____ 드림

• 기적을 보길 원하는 이들의 꿈의 목록 •

# 보물지도13

기획 · **김태광**

김태광 안로담 김소라 성실애 이희수 김경태
이상영 김도희 김하정 이종우 임보연 김성희

**위닝북스**

# 마음속에 꼭꼭 숨겨 둔
# 당신만의 보물을 찾아라!

누구나 마음속에 한두 개의 꿈을 품고 살 것이다. 꿈을 현실로 만들어 낸 사람도 있을 것이고, 혹은 여러 이유로 잊고 사는 사람도 있을 것이다. 그리고 꿈을 실현하기 위해 최선의 노력을 다하는 중인 사람도 있을 것이다. 어떠한 경우든 모두 좋다. '꿈'이란 그 자체만으로도 이미 우리에게 설렘과 행복을 선물하는 '보물'이기 때문에.

이 책을 쓴 12명의 저자는 지극히 평범한 사람이다. 하지만 이들이 마음속에 간직한 꿈만큼은 억만장자의 금은보화보다도 더 값지고 빛난다. 이들은 꿈을 꾸며 하루하루를 설레고 행복한 마음으로 보내고 있다. 그리고 매일 더 큰 꿈을 그리고 있다. 각자 가진 보물의 색은 다양하고, 그 크기 역시 모두 다르지만 이들에게는 공통점이 있다. 바로 보물을 얻겠다는 강한 목표와 자신감, 그리고 간절함을 가지고 있다는 것이다.

또한 이들은 자신의 꿈을 종이에 적어 매일, 매 순간 들여다보고 생각함으로써 더욱 강하게 시각화한다. 그리고 그 과정에서 매일 기적 같은 일을 마주한다. 우스갯소리로 들릴 수도 있다. 하지만 믿음이 기반이 된 간절함은 불가능할 것 같은 일을 실제로 가능하게 한다.

인생을 살면서 가슴 설레고 벅차던 순간이 있었는가? 마음속에 뜨거운 열정이 피어나던 시기는 언제였는가? 이 책과 함께하며 당신의 마음속에서 잊힌 꿈들을 하나씩 찾아가 보자. 당신을 웃게 했던, 설레고 행복한 꿈을 말이다. 지치고 힘든 당신의 일상에 뜨거운 열정과 에너지가 샘솟을 것이다.

생각만으로도 가슴이 두근대지 않는가? 지금 당장 당신만의 보물지도를 써 내려가라.《보물지도 13》이 여러분의 든든한 꿈 가이드가 되어 줄 것이다.

2018년 7월
김도희

# CONTENTS

보물지도 13

# 책을 써서
# 생각했던 모든 일들을
# 이루어 내기

·김태광·

**김태광** 〈한책협〉 대표이사, 대한민국 대표 책 쓰기 코치, 출판 기획자, 초·중·고등학교 16권 교과서 글 수록, 제1회 대한민국 기록문화대상, 대한민국 신창조인대상, 도전한국인대상 수상

저술과 강연을 통해 수백 명을 작가와 강연가, 코치, 컨설턴트로 만들었으며, 지금까지 200여 권의 책을 집필했다. 2011년 제1회 '대한민국 기록문화대상' 최고기록부문 '책과 잡지분야'를 수상했고, 2012년 '대한민국 신창조인대상', 2013년 '도전한국인대상'을 수상했다. 현재 네이버 카페 〈한국 책쓰기 성공학 코칭협회〉를 운영하고 있다.

Email vision_bada@naver.com

# 책을 써서 생각했던
# 모든 일들을 이루어 내기

"어떻게 하면 책을 빨리 쓸 수 있을까요?"

"젊은 나이에 200권의 책을 쓰시다니, 대단합니다."

"저처럼 평범한 사람도 책을 쓸 수 있을까요?"

많은 이들이 나를 만나면 이런 질문을 던진다. 다들 책 쓰기에 관심이 많은 데다가 200여 권가량의 책을 쓴 나의 책 쓰는 비법이 궁금하기 때문이다. 나는 22년간 오로지 '책 쓰기'에 전념하며 한 길만 걸어왔다. 단 하루도 쉬지 않고 책을 쓴 결과 마흔두 살인 현재 펴낸 책이 200여 권가량 된다. 16권의 초·중·고등학교 교과서에 나의 글이 수록되어 있고, JTV 〈행복플러스〉, KBS1 〈아침마당〉에 출연하는 기쁨을 만끽할 수 있었다. 그동안 책을 써 오면서 깨달은 사실은 책을 쓰면 기적과도 같은 일이 생긴다는 것이다.

나는 6년간 네이버 카페 〈한국 책쓰기 성공학 코칭협회(이하 한책협)〉를 운영해 오고 있다. 그리고 작가 양성 프로그램 중 하나인 〈책 쓰기 과정〉을 통해 약 700여 명의 사람들을 작가, 강연가, 코치로 양성했다. 2020년까지 1,000명의 작가를 배출하는 것이 목표다. 대한민국의 모든 사람들이 자신의 이름으로 책을 출간해 작가가 되었으면 하는 것이 나의 소망이다.

다음은 최근에 출간된 나의 저서 《가장 빨리 작가 되는 법》에 실려 있는 내용이다.

"그동안 나보다 더 책 쓰기 코칭을 잘하는 코치들을 본 적이 없다. 투고를 한 지 한 달이 아직 채 지나지도 않았는데 13명이 출판 계약을 했다. 현재 책쓰기 코치로 활동하는 많은 이들이 나의 〈1일 특강〉, 〈책 쓰기 과정〉을 수료한 제자들이다. 내가 진행하는 수업 방식은 그들과 다르다. 나는 〈책 쓰기 과정〉에서 수강생들의 미래를 바꿔 주는 주제를 정해주고, 출판사들이 좋아하는 제목과 목차의 장제목뿐 아니라 꼭지 제목들까지 만들어 주고 있다. 내가 수강생들에게 만들어 준 책 제목과 목차가 출판 계약 후 그대로 출간되는 경우는 이제 너무나 흔한 일상이 되었다. 〈한책협〉 회원들도 '이번에도 또 코치님이 만들어 준 제목과 목차가 그대로 출간됐네요'라는 반응을 보일 뿐이다."

내가 〈책 쓰기 과정〉 강의에서 수강생들에게 만들어 준 제목이 그대로 출간된 사례는 100여 건에 이른다. 그 중 몇 권을 소개하면 이렇다.

정현지 작가의 《학교에 배움이 있습니까》, 박혜경 작가의 《나는 에티하드 항공 승무원입니다》, 이순희 작가의 《나는 동대문 시장에서 장사의 모든 것을 배웠다》, 조자룡 작가의 《1년 만에 중국어 통역사가 된 비법》, 이은지 작가의 《여자아이 강하게 키우기》, 임원화 작가의 《스물아홉, 직장 밖으로 행군하다》, 오광조 작가의 《불안감 버리기 연습》, 김운영 작가의 《남편을 보면 아내가 보인다》, 정성원 작가의 《취업하려고 이력서 1,000번 써봤니?》, 김슬기 작가의 《이기는 독서》, 이주현 작가의 《내 아이를 위한 생각 수업》, 김미옥 작가의 《13세 전에 완성하는 독서법》, 김혜경 작가의 《하브루타 부모 수업》, 오광조 작가의 《불안감 버리기 연습》이 그것들이다.

나에게 코칭받은 〈한책협〉 출신 작가들은 100%에 가까운 계약 성공률을 자랑한다. 대개 오전에 투고하고 오후에 계약을 한다. 그래서 사람들은 나에게 '베스트셀러 제조기', '미다스의 손' 출판 기획자라고 일컫는다.

나는 《가장 빨리 작가 되는 법》에서 이렇게 말했다.

"〈한책협〉 출신 수강생들이 출판사에 원고를 투고하면 재미있는 일이 일어난다. 보통 원고를 투고하면 1~2주 정도가 걸리는 데비해 〈한책협〉 출신 작가들은 아침에 투고하고 오후에 계약하는 편이다. 출판사들은 마치 투고를 기다렸다는 듯이 〈한책협〉에서 코칭받은 것을 먼저 알고 반색하며 나에게 전화 혹은 문자로 '잘 부탁드린다.'라고 요청한다. 자신들의 출판사와 계약할 수 있도록 선한 영향력을 끼쳐달라는 것이다. 내가 6년 전 〈한책협〉을 설립할 때 '〈한책협〉에서 배운 사람들은 모두 많은 출판사에서 인정을 받으며 갑의 위치에서 계약을 한다'라는 비전을 가졌는데, 지금의 〈한책협〉은 공히 대한민국에서 1등 책 쓰기 성공학 교육회사가 된 것이다."

나에게서 책 쓰기를 배운 사람들은 대부분 지식과 경험, 삶의 깨달음과 어떤 분야에 대한 원리와 비법을 사람들에게 전수해 주며 그 대가로 큰돈을 벌고 있다. 바로 '메신저'로서 살아가는 것이다. 메신저에 대해 잘 모르는 사람은 그렇게 해서 얼마나 벌까, 하고 반문할지 모른다. 결론부터 이야기하자면, 직장인에 비해 적게는 몇 배, 많게는 몇십 배를 벌고 있다. 그들 중에 월 수억 원대의 수입을 올리는 이들도 있고, 수천만 원대의 수입을 올리는 이도 이들도 많다.

그 가운데 대표적인 몇 사람들을 《가장 빨리 작가 되는 법》에서 소개했다.

　"신상희 작가는《SNS 마케팅이면 충분하다》를 펴내고〈한국 SNS마케팅협회〉를 운영하며 억대 수입을 올리고 있다. 최정훈 작가는《1인 지식 창업의 정석》을 펴낸 뒤 1인 창업을 준비하는 작가들에게 자신의 지식과 경험, 비결을 전수해주며 월 2천만 원가량의 수익을 올리고 있다. 김서진 작가는《돈이 없을수록 부동산 경매를 하라》를 출간하고〈한국경매투자협회〉를 운영하고 있다. (중략) 임원화 작가는《하루 10분 독서의 힘》을 펴내고〈한책협〉에서 코치로 활동하다가 1인 기업가로 독립하여 활동하고 있다. 허지영 작가는 항공사에서 근무하다 퇴직한 후 블로그 쇼핑몰을 운영하면서《나는 블로그 쇼핑몰로 월 1,000만 원 번다》를 펴냈다. 책 출간 후 그녀의 삶은 완전히 달라졌다. (중략)

　이지연 작가와 박경례 작가는 책을 쓰기 위해〈한책협〉을 찾았다가 각각《나는 부동산 투자가 가장 쉽다》,《부자가 되고 싶다면 부동산 투자를 하라》를 펴냈다. 그들은 성남시 분당에서〈30대를 위한 부동산 연구소〉를 운영하며 자신이 갖고 있는 부동산 지식과 경험과 비결로 평범한 사람들을 부자로 만드는 데 도움을 주며 연 수억 원의 수익을 올리며 최고의 삶을 살고 있다. 생식전문회사에서 연구원으로 근무하고 있는 신성호 작가는《하루 한 끼 생식》을 펴내고 강연 등으로 바쁘게 보내고 있으며, 임동권 작가는《10년 안에 꼬마 빌딩 한 채 갖기》를 펴낸 뒤 TV에 출연했는가 하면 코치, 컨설턴트, 강연가로 활동하고 있다. '아빠 육아 코치'로 잘 알려진 양현진 작가도 1년 전 〈책 쓰기 과정〉을 수강 후 《아빠 육아 공부》를 펴낸 뒤 TV 방송 출연, 대통령 직속 자문 위원단으로 초빙되는 등 활발하게 활동하고 있다. 이 외에도 수많은 사람들이 직장생활만 했을 때는 꿈도 꾸지 못했던 일들을 하며 하루하루를 즐겁게 보내고 있다."

이들뿐만이 아니다. 나에게 책 쓰기와 코치·강연가·1인 기업가가 되는 방법을 배워 성공한 이들은 너무나 많다. 바로 지금 이 순간에도 말이다. 그리고 앞으로도 더 쉽고, 더 빠르게 성공자들이 나올 것이다.

나 역시 책을 써서 가난하고 고통스러웠던 인생을 눈부시게 바꾸었다. 내가 갖고 있는 자동차는 페라리, 람보르기니, 벤츠 S클래스 등 대부분 슈퍼카들이다. 오전에 수강생들의 과제를 체크하고 원고 집필을 마치면 오후에는 마음에 드는 차를 골라서 드라이브를 나간다. 커피숍에서 차를 마시며 마음껏 독서를 하고 오후에는 집안일을 해 주는 아주머니가 차려 준 저녁식사를 한다. 과거에 내가 꿈꾸었던 삶이 그대로 실현된 것이다. 나의 이런 기적 같은 삶은 책을 쓰면서 시작되었다.

당신도 과거의 내가 그랬던 것처럼 목숨 걸고 책 쓰기에 매진

해 보길 바란다. 책이 한 권 한 권 탄생할 때마다 당신의 삶은 백
팔십도로 달라질 것이다.

보물지도 13

# PART 1

# 재활 필라테스
# 전문가 되어
# 꿈 이루기

· 안로담 ·

# 안로담 '한국필라테스코칭협회' 대표, '리셋필라테스' 대표, 필라테스 디렉터, 청담리프 필라테스 강사

19년간의 운동 지도를 통해 얻었던 지식과 경험을 바탕으로 세상에 선한 영향력을 펼치는 메신저다. 두 번의 디스크 수술 경험을 통해 올바른 운동과 건강한 몸의 중요성에 대해 깨닫게 되었다. 통증으로 힘들어하는 많은 사람들에게 올바른 운동법을 알리는 필라테스 코치로서 활동하고 있다.

Email  resetpilates@naver.com
C·P  010. 2769. 9834

Blog  blog. naver. com/latingirl00
Instagram  pilates_rodam. an

# 대한민국 최고의
# 재활 필라테스 전문가 되기

《기적은 당신 안에 있습니다》의 저자 슈퍼맨 닥터 리, 이승복을 아는가? 그는 세계 최고의 병원, 존스 홉킨스 병원 재활의학과에서 수석 전공의로 일하고 있다. 현재는 하버드대학교 글로벌의학연구소에서 휠체어를 타고 병동을 누비고 있다. 그리고 그는 사지마비 장애인이다.

그는 여덟 살 때 미국으로 건너간 이민 1.5세대다. 힘든 이민 생활 속에서 체조가 그의 유일한 버팀목이 되어 주었다. 촉망받는 체조선수로 성장해 전미 올림픽 최고 상비군으로 인정받았다. 그리고 여러 대학에서 스카우트 제안을 받게 되었다. 그는 국가대표 선수로서 한국에 금메달을 안겨 주는 꿈을 매일같이 간절히 꾸었다. 마치 현실에서 이루어진 것처럼 생생하게 그리고 또 그리면서 말이다.

그런데 어느 날, 운명의 장난처럼 그의 인생은 하루아침에 바뀌어 버렸다. 공중회전을 하다 땅에 턱을 세게 박아 버린 것이었다. 그리고 그는 체조선수로서 일어나서는 안 될, 사지마비라는 선고를 받게 되었다. 두 번 다시 체조를 할 수 없다는 사실과 올림픽에 출전할 수 없다는 잔인한 현실은 그를 한순간에 절망의 나락으로 떨어뜨렸다. 하지만 그는 그대로 주저앉지 않고 재활훈련에 사활을 걸었다. 그 결과, 약 4개월이 지나자 거의 모든 근육을 쓸 수 있게 되었다. 재활훈련을 받던 중 그는 체조선수가 아닌, 의사로서의 꿈을 새롭게 꾸게 되었다.

모두들 불가능할 거라고 했지만 그는 각고의 노력 끝에 의사의 꿈을 이루게 된다. 하버드대학교 의대 인턴 과정을 수석으로 졸업하면서 말이다. 그러곤 마침내 세계 최고의 존스 홉킨스 병원의 재활의학과 수석 전문의가 되었다.

나의 평생소원 중 하나는 허리 통증 없이 건강하게 사는 것이다. 고등학생 때부터 허리 통증을 달고 살았던 탓에 양방치료, 한방치료, 민간요법 등 안 해 본 것이 없었다. 그러다 10년 뒤, 동아대학교에서 근무하던 시절에 자루걸레로 사무실 바닥을 청소하다 허리가 왼쪽으로 회전되어 그대로 90도로 꺾여 버렸다. 허리를 펼 수도 몸을 바로 세울 수도 없는 나의 몸은 결국 수술대에 오르게 되었다. 통증은 말할 것도 없거니와 내 몸을 내 의지대로 움직일 수 없다는 것이 무엇보다 견딜 수 없이 힘들었다.

허리 디스크가 터지면 몸통이 골반을 기준으로 옆으로 빠지는 현상이 급성으로 오게 된다. 이것을 Antalgic, 즉 '파행 보행(절뚝걸음)'이라고 한다. 신경 증상으로 인해 디스크가 빠져나온 다리에 체중을 싣지 못하게 되는 것이다. 그래서 다른 한쪽 다리에만 중심을 싣게 된다. 이는 빠져나온 디스크 수핵이 신경을 건드리기 때문에 이에 대한 회피 반응인 것이다. 그 당시에는 이러한 사실을 몰랐다. 수술을 집도했던 의사는 이러한 자세한 사항에 대해서 한 번도 이야기해 주지 않았다. 그 누구도 재활의 필요성이나 올바른 운동처방 등에 대해서도 언급하지 않았다. 그 이후 피트니스 전문가로 활발한 활동을 하던 중 50kg이 나가는 바벨을 들고 스쿼트를 하다 수술한 요추 바로 윗부분의 디스크마저 터지게 된다. 왜 이렇게 된 것일까?

건물에 화재가 나면 일단 급한 불부터 꺼야 한다. 불을 끄고 난 후에는 화재가 난 원인을 찾아 다시는 화재가 발생하지 않도록 예방해야 한다. 우리 인체도 마찬가지다. 우리 몸이 상해를 입는 원인으로 급성 상해, 즉 외상은 3% 미만이다. 그럼 97%는 무엇일까? 평상시의 잘못된 생활습관, 자세습관으로 인한 반복적, 지속적인 상해다. 예를 들면 옆으로 누워서 자기, 다리 꼬고 앉기,

등 구부리고 턱 들어 휴대전화 보기, 한 손으로 컴퓨터 마우스 오래 사용하기, 오래 앉아 있기, 짝다리 짚고 서 있기, 계단 내려갈 때 뒤꿈치 빨리 들기 등 수도 없이 많다. 우리가 미처 생각지도 못한 사이에 내 몸은 잘못된 습관으로 인해 점점 고장 난 기계가 되어 가는 것이다.

"선생님, 엉덩이 근육에 힘이 안 들어가요."

운동하면서 누구나 이러한 경험을 한 번쯤은 해 보았을 것이다. 잘못된 자세는 잘못된 정보를 뇌에 전달하게 된다. 마치 이것이 바른 자세인 것처럼 뇌는 인식해 버리는 것이다. 그렇게 되면 먼저 쓰여야 할 근육이 아니라 다른 근육이 대신 일을 하게 된다. 그러면 어떻게 될까? 몸은 불균형하게 되고 그것이 바로 통증으로 이어지게 된다. 나 또한 마찬가지다. 운동을 오래 했으나 잘못된 근육 사용 패턴으로 인해 허리에 문제가 생긴 것이다.

나는 내 몸이 너무 궁금했다. '운동을 19년째 가르치고 있는 내가 누구보다 건강해야 하는데 왜 이렇게 통증으로 고생할까?'라는 궁금증이 내가 필라테스를 공부하게 된 계기가 되었다. 몇 년 동안 주말도 쉬지 않고 재활 강의를 들으러 다녔다. 임상 경험을 많이 갖고자 여러 클라이언트들을 접했다. 또한 내 몸으로 임상을 하면서 나만의 내 몸 살리는 '리셋(reset) 필라테스'가 탄생하게 되었다.

강의를 들으러 다니면서 느꼈던 것은 병원 재활 이론과 필라테스 실기를 아우르는 강의가 없다는 것이었다. 이론은 좋은데 필라테스 움직임으로 해석해 주는 곳이 없었고 필라테스만 다루는 강의는 깊이 있는 해부학적 접근이 미흡했다. 그래서 해부학적·병리학적인 이론을 겸비한, 움직임을 잘 다루는 필라테스 강사가 되어야겠다고 결심했다. 그렇게 마치 산고의 고통과도 같은 여러 어려움 끝에 나의 분신인 '재활 필라테스 강사 교육과정'이 탄생했다.

우리의 몸은 수학 공식처럼 '1+1=2'가 아닌 경우가 많다. 그래서 오차를 줄이기 위해, 실수를 범하지 않기 위해 정확한 이론과 객관적이고 다양한 임상의 경험치를 만들어야 한다. 위에서 말한 '재활 필라테스 강사 교육과정'은 오늘도 여전히 현재 진행형이다. 수많은 필라테스 강사들이 나의 지식과 내가 겪은 수많은 경험을 바탕으로 올바른 재활 필라테스 방법에 대해 정확하고 빠르게 접근할 수 있도록 돕고 싶다.

한순간에 평생의 꿈이었던 체조선수로서의 꿈을 잃고 사지마비라는 큰 벽을 넘어서 재활 전문의가 된 이승복 씨. 그의 이야기는 우리 모두에게 벅찬 감동의 메시지를 전한다. 휠체어를 탄 재활 전문의라니! 아마도 그는 자신이 겪은 경험으로 인해 환자들을 더욱더 진심으로 대하며, 누구보다도 환자의 완치를 간절히 원했을 것이다.

그분에 비하면 나는 얼마나 건강한 몸인가! 내 의지대로 근육을 사용할 수 있지 않은가! '리셋 필라테스' 덕분에 아프지 않은 몸으로 바뀌어 가고 있음에 항상 감사한다.

"우리의 몸은 정원이요, 우리의 의지는 정원사다."

윌리엄 셰익스피어가 한 말이다. 꽃과 나무가 잘 자라기 위해선 비옥한 땅과 햇볕, 물, 바람 그리고 정원사의 애정 어린 관심이 필요할 것이다. 이와 같이 우리의 인생 목표인 행복, 부, 성공을 이루기 위해선 건강한 신체와 건전한 정신이 동반되어야 한다. 나는 당신이 꿈으로 가는 인생의 여정 속에 항상 건강이 깃들기를 희망한다. 그리고 대한민국 모든 국민들이 '리셋 필라테스'를 통해 건강해지길 바란다. 또한 내가 대한민국 최고의 재활 필라테스 전문가가 되어 건강과 부라는 두 마리 토끼를 거머쥔 롤모델이 되기를 간절히 바란다.

## 02

# 1년에 1권씩
# 개인저서 출간하기

죽고 싶다는 생각이 들 정도로 나를 힘들게 했던 허리 통증. 꼭 낫고 싶다는 간절함과 내 몸 하나 스스로 컨트롤할 수 없다는 자괴감, 병리학적 해부학 지식의 결핍이 나를 성장하게 만들어 준 자양분이었다. 그렇게 해서 탄생한 '리셋 필라테스' 커리큘럼!

'리셋 필라테스'의 교육을 진행하면서 현직 필라테스 강사들로부터 극찬을 받았다. 체형 교정이나 재활이 필요하신 분들을 가르칠 때 어려움이 많았는데 해결책을 찾았다는 분, 재활 교육이 많음에도 필라테스와 접목되지 않아 현장에서 적용하기 어려웠는데 정확한 이론과 필라테스 임상을 진행해 줘서 좋았다는 분, 여러 국제 마스터들의 워크숍에서도 해결되지 않았던 궁금증이 해결되었다는 분, 통증으로 고생하시던 클라이언트들의 재수강률이 높아져 급여가 올랐다는 분, 교육 내용 그대로 진행한 결과 센터 매출 상승으로 이어졌다는 분 등. 하지만 화려한 스펙을 가지고 있지 않은 나의 강의를 들으러 오는 강사들은 한정되어 있었다. 시행착오를 거쳐 어렵게 만든 콘텐츠가 많은 강사들에게 알려지지 않자 나는 딜레마에 빠졌다.

국내에선 알려지진 않았지만 외국에선 유명한 어떤 브랜드 명품 백을 신문지에 싸서 매장 안에 진열해 놓는다면 과연 몇 명이나 구매할까? 사람들의 입에서 입으로 브랜드가 언급되지 않는다면 결코 높은 구매율을 기대할 수 없을 것이다. 꽤 많은 사람들이 상품 자체보다는 브랜드를 고려해 구매하기 때문이다. 그렇다면 상품이 잘 팔리게 하려면 어떻게 해야 할까? 100년이 지난 지금까지도 여전히 세계 최고인 코카콜라로 예를 들어 보자.

코카콜라 광고에는 산타클로스가 등장한다. 왜 하필 산타클로스일까? 출시되었을 당시 코카콜라 회사는 겨울만 되면 판매량이 줄어들었다. 그래서 한겨울에도 콜라를 판매할 수 있는 방법을 연구해야 했다. 그러던 중 기발한 아이디어를 내게 된다. 즉, 크리스마스를 연상시키는 산타클로스를 등장시킴으로써 추운 겨울에도 얼음처럼 차가운 코카콜라를 시원하게 마신다는 이미지를 구축한 것이다. 이 콘셉트는 소비자에게 강한 인상을 남기게 되었고 그 결과 코카콜라를 전 세계에 널리 알릴 수 있었다.

이처럼 기업에서뿐만 아니라 개인에게도 브랜드가 필요하다. 특히 요즘 같은 1인 창업 시대에서는 더욱더 절실하다. '오래도록 열심히 하면 내 진가를 알아주겠지'라는 생각은 오산이다. 직업에 대한 지식과 경력을 쌓는 것은 당연한 일이다. 우선되어야 할 것은 바로 '나를 알리는 일'이다. 나를 알리지 못한다면 내가 아무리 보석이라 한들 그 누구도 알지 못한다. 그렇다면 내 안에 숨어 있는 보석의 가치를 알리려면 어떻게 해야 할까?

이지성, 정회일 작가의 《독서천재가 된 홍대리》는 나에게 독서의 불을 지펴 준 아주 고마운 책이다. 생존 독서법을 통해 꿈을 현실화하라는 메시지를 담고 있어 동기부여가 되었다. 하지만 무엇보다도 멘토와 멘티의 공저라는 것이 큰 감동으로 다가왔다. 작가들의 메시지를 직접 듣고 그 감동을 생생하게 느끼고 싶어 태어나서 처음으로 저자 강연회에 참석하게 되었다. 그 후 두 작가의 팬이 된 나는 그들의 모든 책을 읽었다. 심지어 정회일 작가가 운영하는 영어 학원에서 1년간 영어 수업을 수강하기까지 했다.

이지성 작가는 베스트셀러 작가이자 유명 인사지만 예전의 그는 작가를 꿈꾸는 평범한 초등학교 교사였다. 또한 정회일 작가는 심한 아토피로 인해 사회생활이 불가능했다. 이들이 세상에 알려지게 된 것은 그들만의 책이 있었기 때문이다. 책을 통해 스스로가 브랜드가 된 것이다. 이뿐만이 아니다. 자신의 브랜드가 만들어지면 이름 석 자만으로 자신의 가치를 누구든 알 수 있다.

〈임마이티 컴퍼니〉의 대표이기도 한 임원화 작가는《한 권으로 끝내는 책 쓰기 특강》에서 이렇게 말한다.

"이젠 스펙뿐인 인생보다 스토리가 있는 인생이 각광받는 세상이다. 삶이 힘들다면 스토리 스펙이 형성되고 있다고 생각하라. 나보다 더 뛰어난 사람이 나타나면 언제든지 대체되는 스펙보다는 나만의 스토리를 만들어 그 누구로도 대체될 수 없는 고유한 스펙을 만들어 가길 바란다."

이 얼마나 멋진 말인가? '스토리 스펙'이라니. 나는 박사학위도 없고 물리치료사 출신도, 병원 치료사 출신도 아니다. 그저 허리 수술로, 너무 과한 운동으로 망가져 버린 내 몸을 살리고 싶었다. 그리고 나를 신뢰해 주는 고객에게 떳떳한 양심으로 보답하고자 앞만 보고 달려왔다. 이런 나 자신을 브랜딩 할 수 있는 유일한 방법은 내 이름으로 된 저서를 출간하는 것이다.

힘들고 지칠 때, 어려운 결정을 해야 할 때, 인생의 변화가 필요할 때 나를 이끌어 준 또 한 권의 책이 있다. 바로 존 멕스웰의 《사람은 무엇으로 성장하는가》라는 책이다. 이 책에서는 꿈과 비전을 이루기 위한 성장의 법칙을 말하고 있다. 그중 제8장 '고통의 법칙' 편에서 "고생이 없으면 발전도 없다. 시련은 누구나 겪기 마련이다, 그렇지만 아무나 교훈을 얻는 것은 아니다. 그 속에서 교훈을 얻을 수 있다고 믿고 시련에 맞서는 사람만 교훈을 얻는다."라고 이야기한다. 이 책을 읽은 뒤 '그래, 몸에 대해 공부하라고 신께서 이런 시련을 주시나 보다. 재활을 깊이 있게 공부해 보자'라고 생각하고 병원에서 해부학 책과 씨름했던 기억이 난다.

이제 나는 나의 경험을 담아 책을 쓸 것이다. 내가 책을 통해 인생의 방향을 찾아냈듯이 나의 책을 통해 운동의 묘미를 알고 인생의 가치와 건강을 찾아 가는 독자가 한 명이라도 있다면 행복할 것이다. 나는 1년에 1권씩 저서를 출간해 사람들에게 지혜와 감동을 주는 작가가 되고 싶다. 또한 나의 가치가 오르면 몸값이 오를 것이고 수입 또한 늘어날 것이다. 이는 수입 파이프라인을 만드는 시발점이 될 것이다.

'나는 1년에 1권씩 저서를 출간한다. 나는 뚜벅이 작가다!'

# 03

# 지식과 경험을 나누는
# 메신저로 살아가기

"적은 시간을 투자해 최고의 성과를 거두기 위해서는 어떠한 구조를 만들어야 할까?"

요즘 들어 나를 사로잡고 있는 화두다. 내가 좋아하면서 잘하는 일을 하고 있는 나는 행복한 사람이다. 20대 때에는 매일같이 '행복이란 무엇일까'에 대해 고민했다. 그러다 오랜 고민 끝에 '행복이란 좋아하는 일을 하면서 경제적인 자유를 누리는 것'이라고 결론을 냈다.

그렇게 나는 정말 하고 싶었던, 춤을 가르치는 강사가 되었다. 비록 몸은 고되고 박봉이었지만 좋아하는 일이었기에 힘든 줄 모르고 열정을 불태웠다. 그러다 피트니스 그룹 엑서사이즈 (exercise) 강사로 영역을 확대해 강사를 가르치는 강사로 활동했다. 그러면서 국내의 굵직한 컨벤션 무대에 서기도 하고 다수의 외국 콘퍼런스에 참가해 견문을 넓혀 갔다. 또한 퍼스널 트레이너를 병행하면서 살사 컴피티션(competition)에 2년 연속 참가해 메달을 거머쥐는 이색 프로필을 쌓기도 했다.

지금 돌이켜 보면 19년의 세월을 정말 또라이처럼 운동에 미쳐서 보냈던 것 같다. 그 시절 나는 10년 뒤, 20년 뒤 어떤 모습의 나를 상상했을까? 기억이 잘 나지 않는다. 지금의 내 모습은 과연 그 시절 생각했던 그 모습일까? 좋아하는 일을 하면서 행복했다. 하지만 투자한 세월에 비해 현실의 결과는 그다지 성공적이지 못한 것 같다.

나는 언제나 일상의 바쁨에 쫓긴다. 식사하는 시간, 잠자는 시간까지 줄여 가며 열심히 하는데도 경제적, 시간적 여유 없이 마냥 바쁘기만 하다. 오전 7시부터 밤늦게까지 수업과 업무가 끝없이 이어진다. 주말에는 해부학 및 재활 필라테스 강의를 진행한다. 강의가 없는 날에는 재활 관련 강의를 들으러 다닌다. 지금의 나는 전형적인 시간 노동자에 '타임 푸어(Time poor)'다. 바쁜 만큼 수익도 커야 하는데 노동 시간 대비 수익 창출은 크게 이루어지지 않는 듯하다. 무엇이 문제일까?

세계적인 베스트셀러인 《부자아빠 가난한 아빠》의 저자 로버트 기요사키는 '현금흐름 사분면'에서 소득 혹은 수입이 창출되는 여러 방식들을 설명한다. 사분면의 왼쪽 면은 E(Employee, 봉급생활자)와 S(Self-employed, 자영업자 혹은 전문직), 오른쪽 면은 B(Business Owner, 사업가)와 I(Investor, 투자가)로 나뉜다.

왼쪽 면은 '나의 노동력×시간=수입구조'를, 오른쪽 면은 '시스템(노동력 인프라)×기간=수입구조'를 발생시킨다. 그렇다면 나는 어느 사분면에서 돈을 벌고 있을까? 외부 필라테스 센터에 출강을 나가고 있으니 'E'에도 속하고 개인 스튜디오를 운영하고 있으니 'S'에도 속한다고 볼 수 있다. 'S' 사분면의 자영업자들은 보통 혼자 모든 일을 해결해야 할 때가 많다. 아웃소싱을 하기에는 금전적으로 부담이 되기 때문이다. 혼자 일을 처리해야 하므로 오히려 시간에 얽매이는 시간의 노예로 살아가게 된다. 나 또한 마찬가지다. 물론 아웃소싱을 할 때도 있다. 하지만 거의 혼자 해결하고 감당해야 하는 부분이 많기 때문에 시간적 여유 없이 살아가고 있다.

나는 스스로에게 묻기 시작했다. '아무리 좋아하는 일이라도 더 큰 그림을 그리기 위해서는 변화가 필요하지 않을까?', '그렇다면 나는 무엇에 시간을 투자해야 할까?'라는. 이러한 질문들이 나를 깨우기 시작했다. 어떻게 하면 시간의 노예로부터 벗어날 수 있을까? 현실이라는 올가미를 걷어 내고 더 나은 미래를 위한 가치 있는 시간을 만들 수는 없을까?

로버트 기요사키는 'B'에 속하는 사람들은 시스템을 소유하며 유능한 사람들을 고용해 시스템을 운영한다고 말한다. 그럼 'B' 타입의 사업가로 성공하려면 어떻게 해야 할까? 시스템을 소유 내지는 통제하는 능력 그리고 사람들을 이끄는 능력이 필요하다. 시스템은 내가 없어도 수익구조가 유지되게 한다. 부자가 되려면 돈이 대신 일하는 시스템인 'I'로 가야 한다.

유명한 워런 버핏의 일화가 있다. 버핏의 전용 조종사로 10년 넘게 일한 플린트는 자신의 직업 덕분에 종종 그와 대화를 나누곤 했다. 어느 날 플린트는 자신의 커리어와 목표에 대해 버핏에게 이야기한다. 그러자 버핏은 그에게 가장 중요한 목표 25가지를 적어 보라고 한다. 그리고 그중에서 가장 중요한 목표에 동그라미를 쳐 보라고 한다. 플린트는 "아, 이제 제가 당장 해야 할 일이 무엇인지 알겠습니다. 가장 중요한 다섯 가지에 집중하겠습니다."라고 말한다. 그러자 버핏은 그럼 동그라미를 치지 않은 나머지 목표들은 어떻게 할 것인지 그에게 물어보았다. 플린트는 "다섯 가지 목표들에 제가 가진 대부분의 시간을 투자하겠습니다. 그리고 나머지 스무 가지도 놓칠 수 없으니 시간이 날 때마다 틈틈이 노력해서 이루어야겠죠."라고 대답했다. 그런데 버핏은 "동그라미를 치지 않은 목표들은 버리고 피해야 할 목표입니다. 그러니 다섯 가지 목표를 달성하기 전까지는 나머지 스무 가지 목표들에 대해 어떤 관심도 노력도 기울이지 마십시오."라고 이야기한다.

이 일화에서 알 수 있듯 모든 것을 다 잘해내기란 현실적으로 무척 어렵다. 바로 '버릴 줄 아는 지혜'가 필요한 것이다. 중요하지 않은 일에 인생을 허비하느라 진정으로 원하는 목표를 달성하지 못하는 이유가 바로 이 때문이다.

노동 수입이 아닌 가치 수입을 얻기 위해선 체계화된 시스템이 필요하다. 쳇바퀴 도는 것처럼 삶이 정체되어 있다면 그 틀에서 벗어나야 한다. 그렇다면 나의 인생에서 다섯 가지 동그라미는 무엇이고 버려야 할 스무 가지는 무엇일까?

이 책에서 이야기하고 있는 나의 보물지도 주제가 다섯 가지 동그라미다. 그리고 그중 하나는 바로 내가 하고 있는 필라테스를 〈한책협〉의 시스템처럼 만드는 것이다. 운동 지도자들이 지녀야 할 전문지식, 마케팅, 꿈, 비전, 독서 수업을 개설해 필라테스를 배고픈 직업이 아닌 미래 유망 직종으로 만들고 싶다. 그리고 대중들에게 건강하고 올바른 운동 지식을 전파할 수 있는 콘텐츠를 만들고 싶다.

나의 지식과 경험을 나눔으로써 다른 사람의 인생을 변화시키는 멋진 메신저로서 살아가고 싶다. 또한 내 강의를 들으려면 몇 달을 기다려야 할 만큼 영향력 있는 사람이 되고 싶다.

# 04

# 부모님에게 희망과 꿈이 가득한 아파트 선물하기

"청춘의 아픔이 불안함에서 온다면, 어른의 아픔은 흔들림 때
문이다."

김난도 교수가 그의 저서 《아프니까 청춘이다》에서 한 말이다.
8~9년 전 우리 사회는 청춘의 아픔에 공감하고 열광했다. 김난도
교수의 《아프니까 청춘이다》가 베스트셀러가 되었고 컴퓨터를 고
치는 의사 안철수와 시골의사 박경철의 청춘 콘서트는 연속 매진
사례였다. 불안한 시대를 사는 청춘들에게 그들보다 조금 더 산
어른들이 해 줄 수 있는 것이라곤 위로와 격려뿐이었다.

2008년, 서브 프라임 모기지 사태로 경기는 더욱 악화되었다.
청년들의 실업난이 심화되면서 '3포 세대'라는 신조어까지 생겨나

기 시작했다. 3포 세대란 취업난, 불안정한 일자리, 천정부지로 치솟는 집값, 물가 상승에 따른 생활비용 증가 등으로 인해 연애와 결혼, 출산을 포기한 청년층 세대를 말한다. 거기에 인간관계, 내 집도 포기한 5포 세대가 생겨나더니 7포 세대, 9포 세대까지 등장했다. 나 또한 이들 중 한 명이 아닐까 한다.

나에게 집이란 발 뻗고 잘 수 있는 공간 정도의 의미였다. 어린 시절, 아버지의 사업 실패로 우리 네 식구는 서울에서 할아버지, 할머니가 계시는 시골로 이사 가야 했다. 삼촌까지 총 7명이 사는 대식구였기 때문에 잘 수 있는 공간은 굉장히 협소했다. 그래서 4명이 누우면 꽉 차는 사랑방에서 자곤 했다.

스무 살, 대학 진학을 포기하고 부산 동아대학교에 입사하게 되었는데 거처할 곳이 없었다. 고모 댁이 부산에 있어 잠시 몇 달을 함께 생활하게 되었다. 사촌 여동생의 방은 피아노와 책상이 있어 딱 혼자 잘 수 있는 크기의 공간이었다. 그래서 좁은 방에서 둘이 어깨를 맞대고 잠을 잤다.

하지만 아무리 가까운 친척이라도 함께 오래 살 수는 없었다. 독립은 해야겠는데 자금이 없어 학교 근처 고시원으로 이사를 가기로 했다. 지하철로 30분쯤 걸리는 부산진역에서 하단동까지 사촌 여동생, 남동생 2명과 함께 세간살이를 들고 옮겼다. 짐이 많지 않아 가능하긴 했지만 지하철 안에 세숫대야, 냄비, 그릇, 이불,

행거 등을 들고 탔으니 지금 생각하면 실소가 나오는 장면이 아닐 수 없다.

그 당시 고시원은 화장실과 욕실, 세탁실을 공용으로 사용하게 되어 있었다. 여러 명이 함께 쓰다 보니 불편한 점이 한두 가지가 아니었다. 식사로는 밥과 김치가 제공되었고 각자의 반찬은 공용 냉장고에 보관했다. 방은 침대 없는 바닥이었는데 그곳에서 잘 때마다 가위에 눌리곤 했다. 자는 머리맡 위에서 낯선 남자가 나를 내려다보고 있는데 눈을 뜰 수도 소리를 지를 수도 없었다. 가위에 자주 눌리다 보니 '이건 꿈이야'라고 생각하다가도 진짜 누가 들어 온 건 아닌가 하여 벌벌 떨었던 기억이 있다.

이대로는 도저히 안 되겠다는 생각이 들어 이사를 결심하고 알아보던 중 잠만 자는 방을 구하게 되었다. 일반 가정집 방 한 칸을 보증금 없이 월세를 주는 형식이었다. 벽을 사이에 두고 부엌, 화장실은 주인집과 같이 사용하는 구조였다. 부산에는 산 중턱에 위치한 집들이 아주 많은데 이곳도 그러했다. 그런 덕분에 전망은 아주 좋았다. 고시원에서 매일 가위에 눌리다 여기에 오니 천국이 따로 없었다. 적어도 잠은 편하게 잘 수 있었으니까 말이다. 하지만 벽 하나를 사이에 두고 주인집과 함께 생활하는 것은 사생활을 포기하는 것과 같았다. 그래서 나는 주인집 가족과 마주치지 않기 위해 항상 밖에서 맴돌다 밤늦게 들어가곤 했다.

그러다 드디어 500만 원을 마련해 달동네에 위치한 전셋집을 계약하게 되었다. 주인집 바로 위에 작은 방 하나와 씻을 수 있는 조그만 공간이 딸린 집이었다. 문 앞이 바로 사람들이 지나가는 계단이었는데 하필이면 밤마다 중·고등학생들이 담배를 피우는 아지트였다. 일을 마치고 집으로 돌아갈 때 남학생들이 있으면 다른 곳에 숨었다 들어가곤 했다. 집 안에 있을 때는 혹여 그들이 호기심에 집으로 들어올까 봐 노심초사 불안했다. 그뿐만이 아니었다. 겨울이면 수도가 동파되어 물이 나오지 않았다. 그럴 때마다 옆집 부부 댁에 가서 빨래를 하거나 씻곤 했다. 어찌나 싫은 소리를 하시던지, 주인집의 갑질을 견디느라 퍽 힘들었다. 그나마 옆집에 사는 언니와 잘 통해서 견딜 수 있었다.

20년이 지나 그때의 일을 생각하니 가슴이 먹먹해 온다. 아픈 아버지, 떨어져 사는 엄마, 어린 남동생을 둔 나는 가장이었다. 끼니를 굶을 정도의 가난은 아니었지만 나는 그 가난 속에서 항상 허덕였다. 그래도 다행인 건 내가 긍정적이고 진취적인 성향이라는 것이었다. 나는 살다 보면 좋아질 것이란 막연한 희망을 품고 매 순간 열심히 살았다. 하지만 그때는 몰랐다. 막연한 희망이 아니라 확고한 꿈을 꾸어야 한다는 것을!

〈한책협〉의 김태광 대표 코치는 그의 저서 《독설》에서 가난하게 태어난 건 죄가 아니지만 가난하게 사는 건 죄라고 했다. 환경을 바꿀 수 없으면 내가 바뀌어야 한다. 그때 성공학 책을 읽고 자기계발서를 읽었어야 했다. 멘토를 만났더라면 내 인생의 방향은 더 일찍 바뀌었을 것이다. 인생에서 좋은 책과 멘토를 만나는 것은 좋은 스승을 만나는 것과 같다. 후에 나는 재단을 설립해 청소년 꿈나무들의 인생을 바꿔 줄 책이 가득한 도서관을 지을 것이다. 그리고 소외받는 아이들에게 확고한 희망을 전해 주고 싶다. 나 같은 우를 범하지 않도록 말이다.

나에게 있어 집은 'Home'보다는 'House'의 의미였다. 마음 편한 안식처 같은 공간이 아닌, 단순히 잠을 자고 짐을 맡겨 두는 그런 곳이었다. 가정사로 인해 15년 넘게 떨어져 살았던 엄마가 전 재산인 조그만 아파트를 팔고 부산에 내려와 남동생과 나와 2년을 함께 산 적이 있었다. 그 후에 내가 서울로 오게 되면서 다시 떨어져 살았지만 지금은 엄마와 함께 서울에서 생활하고 있다. 그런데 엄마는 17년 전 아파트를 처분한 것을 두고 항상 넋두리를 하신다. 매번 같은 소리를 듣는 것이 싫어 버럭 화를 내기도 하지만 마음 한편이 항상 아프다. 식당 일을 하시며 어렵게 모은 돈으로 노후 대책 삼아 구입한 집을 자식들과 함께하겠다고 포기했으니 그 마음인들 오죽하랴. 엄마에게 그 마음의 빚을 조금이라도 갚아 드리고 싶다. 'House'가 아닌 따뜻한 'Home'으로서의 집을 사 드리고 싶다. '가화만사성(家和萬事成)'이라고 했던가? 가정이 화목하면 모든 일이 잘 이루어진다고 하지 않았던가.

내 생각은 자석과 같아서 간절히 바라는 것을 우주에서 끌어당기게 된다. 그러니 내가 이루고자 하는 결과에 내 모든 주파수를 맞추어야 한다. 지금까지 너무 느리게만 달려왔다면 이제는 부의 추월차선을 타야 할 때다. 시간이 얼마 남지 않았다. 세월이 흐르는 만큼 엄마의 세월도 함께 흘러가니 말이다. 이제는 흔들리지 말아야 한다. 확고한 희망으로 무장해야 한다.

'나는 2018년도에 부모님에게 희망과 웃음이 가득한 33평 아파트를 선물한다.'

05

# 동생에게
# 잃어버린 꿈 찾아 주기

"상처를 치료해 줄 사람 어디 없나.
가만히 놔두다간 끊임없이 덧나.
사랑도 사람도 너무나도 겁나.
혼자인 게 무서워 난 잊혀 질까 두려워.

언제나 외톨이 맘의 문을 닫고
슬픔을 등에 지고 살아가는 바보.
두 눈을 감고 두 귀를 막고
캄캄한 어둠속에 내 자신을 가둬."

속사포 래퍼 아웃사이더가 2009년에 발매한 '외톨이'의 가사다. 아웃사이더의 가사가 왜 이렇게 시적인가 했더니 원래 꿈이 작가였다고 한다. 당시 이 앨범의 음원 수입만 20억 원이었다고 한다. 그러니 이 노래가 얼마나 인기 있는 곡이었는지 알 수 있을 것이다. 신나고 빠른 리듬 속에 울려 퍼지는, 마음이 쓰리도록 아려 오는 가사. 나에게 이 곡은 슬픈 곡이다. 왜냐하면 이 노래의 가사를 음미하면 떠오르는 누군가가 있기 때문이다.

나에겐 여섯 살 아래 남동생이 있다. 나는 아담한 사이즈에 사각턱이다. 이런 누나와는 달리 남동생은 중·고등학교 시절 농구를 해서 그런지 180cm가 넘는 키에 얄쌍한 얼굴을 가진 호남형이다. 그뿐만 아니라 부산대학교에 입학할 정도로 엘리트다. 능동적이고 활달한 성격의 소유자인 나와는 다르게 소심하고 내성적인 아이였다.

동생이 대학교 1학년 때 나는 부산 동아대학교에서 근무하고 있었다. 500만 원짜리 전셋집에서 1,500만 원짜리 전셋집으로 옮긴 상황이었다. 2층 주택으로 2층엔 주인집이 살고 1층에 전세를 들인 구조였다. 1층 전셋집에는 방 한 칸에 일자형 조그만 거실과 욕실이 딸려 있었다. 성인이 되어 남동생과 한 방을 쓰는 것이 여간 불편한 것이 아니었지만 어쩔 수 없었다. 당시 형편으로는 방 두 칸짜리 집으로 이사 가는 것은 꿈도 못 꿀 일이었다.

남동생은 1학년 초반에 공부도 열심히 하고 테니스 동아리 활동도 하며 학교생활에 열심히 적응해 나갔다. 그러다 어느 순간엔가 동생이 컴퓨터 앞에 앉아 있는 시간이 많아졌다. 그러더니 급기야 학교에 가는 날이 적어졌다. 게임에 중독된 것이다. 그런 동생을 보는 나의 스트레스는 절정에 다다랐다.

그 당시 나의 꿈은 춤을 추고 가르치는 것이었다. 현실과 꿈 사이에서 밸런스를 잡기 위해 투 잡을 하고 있는 상황이었다. 아침부터 저녁 7시까지는 동아대학교에서 근무를, 밤에는 피트니스 센터에서 댄스 강사를 하고 있었다. 하루 5시간도 채 못 자면서 열심히 살고 있는 나에게 동생의 그런 모습은 도저히 용납할 수 없는 일이었다.

나는 1년간 투 잡을 하다 꿈을 찾기 위해 동아대학교를 퇴사했다. 그러곤 피트니스 일에 본격적으로 뛰어든 뒤 진주로 발령받아 몇 달 동안 동생과 떨어져 지내게 되었다. 눈에서 멀어지면 마음도 멀어진다고 했던가. 일에 빠져 사는 데다 동생이 눈에 보이지 않으니 신경이 덜 쓰였다. 그러다 다시 부산으로 돌아왔을 때 집은 엉망진창이었고 동생은 거의 폐인처럼 게임만 하고 있었다.

〈한책협〉에서 저서를 출간한 젊은 청년 작가들을 보면 더욱 애정이 간다. 어린 나이에 뚜렷한 목표와 신념을 가지고 열정적으로 행동하는 그들을 보면 정말 대견스럽다. 무엇이 저들을 저토록 움직이게 만들까. 그 원동력은 무엇일까. 그들을 볼 때마다 항상 동생이 떠오른다. 내가 조금 더 이끌어 주었다면 바뀔 수 있었을까. 전문가의 도움을 받았다면 상황이 더 나아졌을까. 동생도 그만의 상처와 아픔이 있었겠지만 그로 인해 가족의 상처도 깊어졌다. 무엇 때문에 동생이 세상과 등지게 되었을까.

동생은 두 살 때부터 집안 사정으로 엄마와 떨어져 살게 되었다. 나이 차가 많이 나는 동생이었기 때문에 어린 나이였지만 내가 엄마 역할을 도맡아 했다. 그랬기에 동생에 대한 애틋함과 우애는 굉장했다. 우리는 보수적이고 엄격하신 할아버지와 손자, 손녀를 끔찍이 아끼시는 농사꾼 할머니, 몸은 많이 편찮으셨지만 학구열이 높으셨던 아버지와 함께 생활했다. 양반 문화에 예의범절을 중요시하는 집안이었기에 둘 다 어린 시절을 힘겹게 보냈다. 할아버지께서 외출했다 들어오시면 항상 거실에서 큰절을 올려야 했고 저녁마다 훈계를 들어야 했다. 할아버지는 항상 갓을 쓰시고 한복을 입고 계셨다. 약주에 거나하게 취하셨을 땐 밤새 무릎 꿇고 앉아 같은 얘기를 들어야만 했다. 또한 훈계라는 명목 아래 상처를 주는 얘기도 많이 하셨다.

동생이 저런 모습을 보이는 것이 어린 시절의 억눌린 생활, 부모와의 애착관계가 제대로 형성되지 않은 채 엄마의 사랑을 못 받고 자란 것이 원인이 되지 않았을까. 그것이 동생의 마음 깊은 곳에 상처로 남지 않았을까 조심스레 생각해 본다.

젊은 시절 똑똑하고 스마트했던 아버지는 술과 담배를 많이 하셨다. 그로 인해 당뇨로 너무나도 힘든 시간을 보내셔야 했다. 항상 인슐린 주사를 스스로 놓곤 하셨다. 나에게 등과 종아리를 밟아 달라고도 하셨다. 내가 건강을 중요시하는 이유가 어쩜 이런 아버지의 잔상 때문인지도 모르겠다. 아버지는 당뇨 합병증으로 목에 혹이 나더니 결국 폐암 판정을 받으셨다. 나는 주말이면 아버지께서 입원하신 마산의 병원으로 갔다. 그러곤 아버지의 발을 씻기고 발톱을 깎아 드리고 함께 밤을 지새웠다. 다음 주에도 오겠다는 약속을 하고 일요일 저녁이면 부산으로 돌아왔다. 그러던 어느 월요일 아침 마산 고모에게서 전화가 왔다. 흐느끼는 고모 목소리에서 무슨 일이 일어났는지 감지할 수 있었다.

동생이 수능을 치기 하루 전에 아버지가 돌아가신 것이다. 동생은 시험을 쳐야 했기에 나 혼자 상주 역할을 했다. 나는 임종을 못 지켰다는 자책감과 마지막 함께 보냈던 아버지의 모습이 떠올라 너무 힘들었다. 동생이 충격으로 시험을 못 보면 어떡하나 걱정했는데 동생은 오히려 덤덤해 보였다. 동생이 스스로 슬픔을 삭이는 것이라 생각했다. 항상 아픈 모습의 아버지였지만 집안의 가장이 사라진 것이 어쩌면 동생에게 큰 상실감을 안겨 주지 않았을까 생각된다.

큰일을 겪었지만 동생은 부산대학교 공과대학에 당당하게 입학했다. 처음엔 적응을 잘해 나가는 듯 보였다. 그러나 전공이 적성에 맞지 않아 공부에 재미를 못 붙이더니 결국 게임에 빠져 버린 것이다. 그 밖에도 내가 모르는 학교 친구들과의 문제도 있지 않았을까 생각된다. 동생은 사는 게 의미가 없다고 했다. 죽지 못해 사는 것이라 했다. 나는 그런 동생에게 독설을 퍼부었다. 서로가 서로에게 상처를 주는 말들을 쏟아 냈다.

동생이 만약 자신의 꿈에 대한 확고한 신념이 있었다면 어떻게 되었을까. 학교를 꿈을 위한 징검다리로 생각했다면 어땠을까. 자신을 힘들게 하는 것들이 인생의 긴 여정 중 잠시 스쳐 가는 찰나라는 것을 알았다면 달라졌을까. 인생의 나침반이 되어 줄 훌륭한 책과 좋은 멘토를 만났더라도 이렇게 되었을까. 너무나도 안타깝다.


어느 집안에나 말하기 싫은 혹은 말 못 할 가정사는 존재한다. 나는 개인사를 얘기하기 싫어하고 자존심이 굉장히 센 사람이다. 그러한 내가 이런 사실을 얘기하는 것은 엄청난 용기를 낸 것이다. 드러내야 해결할 수 있겠다는 희망을 품고서 말이다.

언제부터인가 '용기', '자존감', '마음 들여다보기'가 출판계의 트렌드가 되었다. 그만큼 지치고 위로해 줄 누군가가 많다는 방증인지도 모르겠다. 기시미 이치로, 고가 후미타케는《미움받을 용기》에서 "당신은 존재하는 것만으로도 충분히 가치가 있다."라고 말한다. 또한 "자네가 변하면 주변도 달라지네. 타인이 변하기를 기다리는 것도, 상황이 기다리는 것도 아닐세. 자네가 첫발을 내딛기를 기다리고 있지."라고 말한다. 길을 잃어 방황하고 있는 동생이 잠시 하늘을 올려다보았으면 좋겠다. 하늘 위에 떠 있는 길잡이별을 보고 새로운 길을 향해 나아갈 수 있는 1g의 용기를 가졌으면 좋겠다. 지금이라도 늦지 않았으니 스스로를 가둔 그 어두운 터널에서 빠져나오기를 간절히 소망한다. 그리고 이 책이 동생에게 변화의 불씨를 지펴 주기를 희망한다. 그리고 이 말을 전해 주고 싶다.

"너는 존재하는 것만으로 충분히 가치가 있고 나는 그 누구보다도 너를 사랑한다."

보물지도 13

PART 2

# 끊임없이
# 책 출간하는
# 스테디셀러 작가 되기

· 김소라 ·

# 김소라 유학생 커리어 코치, 파리 북카페 대표, 자기계발 작가, 영&리치 투자전문가

꿈을 좇아 미국, 캐나다, 아프리카 등 세계 곳곳을 경험한 뒤 프랑스에 정착했다. 유학생으로 시작해 프랑스에 취업하기까지 겪은 경험담으로 많은 유학생들에게 꿈을 전하고 커리어를 코칭하고 있다. 또한 한국 문화와 한글을 전할 수 있는 북카페를 설립하여 많은 프랑스인들에게 한글을 널리 알리고 있다. 동시에 항상 글을 쓰며 1년에 한 권씩 책을 출간하는 스테디셀러 작가다.

Email  ksrrb1029@gmail.com                    Instagram  aubarparis

# 1년 중 6개월은 파리에서,
# 6개월은 따뜻한 나라에서 살기

아침 9시, 전 세계인들의 출근이 가장 빈번한 시간이다. 출근 시간을 의도적으로 앞당기지 않으면 파리에서도 사람들이 콩나물시루처럼 빼곡히 들어찬 지하철을 만나는 것이 예외는 아니다. 19세기에 지어진 파리의 지하철 안에는 통신망이 제대로 갖춰져 있지 않다. 그래서 전화나 문자가 잘 안 되는 것은 물론 한국처럼 스마트폰으로 뉴스나 영상을 보기에는 좋은 환경이 아니다. 초고속 통신망의 혜택을 누리기엔 아직 멀었다. 그러니 지하철을 타는 순간 19세기의 환경을 그대로 받아들이고 하루를 시작한다. 그때마다 나는 자주 사람들의 표정을 관찰하거나, 앞의 사람이 읽고 있는 책을 유심히 바라보거나, 직장인 무리에 속하지 않는 사람들의 비언어적 행동을 들여다본다.

직장인의 출근길은 국경과 인종을 막론하고 무거워 보인다. 특히 월요일 직장인들의 표정은 무척 피곤해 보인다. 마치 어디론가 끌려가는 것 같은 인상을 준다. 그나마 책을 읽고 있는 사람들은 좀 다르다. 타인에 의해 이끌리는 삶을 살지 않고, 내가 선택한 삶을 살겠다고 선언한 사람처럼 주도적인 눈빛으로 책을 읽는다.

그 무리 중에도 예외가 존재한다. 어딘가에 구속되지 않고 자유로워 보이는 무리가 있다. 얼굴은 선홍빛을 띠며, 세상 총명한 눈으로 지하철 밖의 에펠 타워를 뚫어져라 보는 사람들이다. 겨울 동안 파리지앵들의 한결같은 무채색 패션을 뚫고 옷 색깔뿐만 아니라 표정까지도 화사한 색으로 무장한 사람들, 바로 관광객이다.

세계 최대의 관광도시인 만큼, 파리에는 일상을 사는 사람들과 여행을 하는 사람들이 항상 공존해 있다. 같은 시간과 공간에 있지만 삶을 대하는 태도가 매우 다르다. 일생에 한 번 볼까 말까 한 에펠 타워를 보며 관광객들은 매일같이 파리로 출근하는 사람들이 부럽다고 이야기한다. 하지만 파리 사람들은 관광객이 너무 많다고 불평한다. 사실은 관광객이 싫은 게 아니라 매일같이 마주치는 여행자들의 자유가 질투 나서 그런 건 아닐까, 라는 생각이 든다.


프랑스는 전 세계에서 유급휴가가 가장 긴 나라 중 하나다. 기본적으로 연중 5주간의 유급휴가가 있다. 게다가 법정 노동시간

외에 초과근무를 하는 계약서를 쓰게 되면 대체로 8주에서 9주 정도의 유급휴가를 받기도 한다. 프랑스인들이 새해를 맞이하면서 신년계획으로 가장 심혈을 기울이는 것은 여름휴가다. 7~8월에 떠날 여름휴가를 위해 짧게는 3개월 전 길게는 6개월 전부터 휴가지를 선정한다. 그러곤 가족들 혹은 친구들과 일정을 맞춘다. 휴가를 위해 나머지 10개월을 매우 열정적으로 사는 사람들이다.

여름에 2주에서 3주 정도의 긴 여행을 마치고 돌아오면 파리지앵은 다른 사람으로 변해 있다. 업무 스트레스는 휴가와 동시에 회사에 던져두고 완벽히 휴가 분위기를 즐긴다. 휴가 동안은 업무 이메일과 고객의 전화로부터 해방이다. 꿈 같았던 휴가 이후에 회사로 돌아와 얼마나 몸이 그을렸는지, 휴가철에 겪은 경험들을 이야기하느라 바쁘다.

관광객의 마음으로 돌아가 본다. 함께 여행할 사람들과 같이 보고 싶은 곳을 선정해 동선을 짠다. 현지의 맛있는 음식으로 눈과 입을 어떻게 즐겁게 할지 상상해 보는 과정이 즐겁다.

출발 당일, 비행기 시간에 맞춰 설정해 둔 모닝콜이 울리기도 전에 이미 정신이 맑게 깨어 있다. 가뿐히 일어나 알람을 끈다. 많이 걸어야 하니 탄수화물과 단백질로 구성된 음식으로 든든히 속을 채워 준다. 비타민까지도 잊지 않는다. 여행하는 사람의 마음가짐과 일터를 향하는 마음가짐은 현저하게 다를 수밖에 없다.

나는 수동적으로 살지 않기 위해 아침 일과의 순서를 정해 두었다. 우선 스트레칭으로 천천히 몸의 근육들을 깨워 주고 명상을 하면서 하루 일정을 머릿속에서 그려 본다. 그리고 펜을 집어들고 일기를 써 내려간다. 감사한 일을 적어 내려가고, 오늘 하루는 어떻게 알차게 보낼 수 있을지 마음을 가다듬는다. 그런 다음 내가 바라는 미래의 확언을 쓴다. 비몽사몽 흐릿하던 정신이 글을 써 내려가는 동안 점차 맑아지는 걸 느낄 수 있다.

나는 일주일에 5일을 그리고 1년에 10개월을 매일같이 '9 to 5 (9시에 출근해 5시에 퇴근하는 것을 일컫는다)' 하며 살 수는 없다고 생각했다. 직장에 다니면서 여러 번 '사무실 밖으로 나가서 그동안 마주치지 못했던 자연과 마주하고 영감을 얻는 삶을 살아야겠다'라고 굳게 다짐한 순간이 찾아왔다.

돌이켜 보면 나는 여행을 통해 가장 많이 성숙해졌다. 한번은 혼자 여행 겸 봉사활동을 위해 멕시코로의 일정을 짜고 있을 때였다. 여자 혼자 멕시코로 여행을 떠나는 것은 위험하다며 말리는 사람들이 대부분이었다. 하지만 이미 마음을 결정하고 항공권까지 사 놓은 마당에 물릴 수도 없는 상황이었다. 그리고 나에게는 주어진 임무가 있었다. 한 작은 바닷가 근처 마을로 가서 거북이 생태를 보호하는 봉사활동을 꼭 마치고 돌아와야 했다.

기어이 나는 나보다 키가 더 큰 배낭 가방을 메고 여행길에 올랐다. 그리고 무사히 멕시코시티에 도착했다. 나를 마중 나온 멕시코 친구는 봉사활동을 하러 떠나야 하는 지역이 마약 마피아들의 주 활동 무대라고 일러 주었다. 스페인어를 못하는 나를 보며 친구가 더 불안해했다. 택시를 타고 최종 목적지로 가는 동안에도 얼마나 불안하고 초조하던지 터지지도 않는 휴대전화를 보며, 마치 누군가와 연락을 하고 있는 척하기도 했다.

다행히도 목적지까지 별 탈 없이 잘 도착했고 같은 마음으로 전 세계에서 온 사람들과 친해졌다. 그중에는 지금까지도 연락하고 지내는 친구도 있다. 가장 잊을 수 없었던 건, 새끼 거북이들이 안전하게 바닷가로 갈 수 있도록 갈매기의 공격으로부터 보호하는 동안 밤하늘에서 쏟아져 내리던 별들이었다. 별자리에 대해서 해박한 지식을 가지고 있던 프랑스 친구가 육안으로 보이는 처녀자리에 대해 설명해 주었다. 이런 광경을 보고 있는 우리는 아주 행운아라면서.

나는 앞으로도 여행자의 눈으로 세상을 바라보며 세계 곳곳의 아름다움, 경이로움을 체험하고 싶다. 내 기준에 따르면 성공한 사람들은 자신의 활동 영역의 주체로서 그 사업으로 혜택을 입을 수 있는 사람의 숫자에 비례한다. 전 세계 사람들에게 도움을 주기 위해서는 많이 경험해 보고, 다양성을 포용할 수 있는 마음이 전제되어야 한다.

그래서 나는 한 곳에 머물러 있지 말고 여러 곳을 둘러보고 경험을 사야 한다고 생각했다. 우선 첫 6개월은 햇빛이 강하고 무엇을 해도 다 될 것만 같은, 에너지 넘치는 여름에는 프랑스에서 보낸다. 그리고 햇빛이 점차 줄어들어 우중충한 날씨가 지속되는 나머지 6개월은 남반구로 넘어가 살고 싶다. 주말 이틀을 위해 5일을 저당 잡히는 삶이 아니라, 전 세계 어디에서도 경제적 활동을 할 수 있으며 더 자유롭게 살아갈 수 있다는 것을 많은 사람에게 알려 주고 싶다. 그리고 그 길을 가고자 하는 사람들에게 도움이 되고자 한다.

프랑스어에 "Vouloir, c'est pouvoir."라는 말이 있다. '원한다면 할 수 있다'라는 뜻이다. 매일같이 종이에, 일기에, 내가 볼 수 있는 곳에 원하는 목표를 적어 두고 마음에 새긴다. 절실하게 원하면 결국 원하는 방향으로 닮아 가고 흘러간다는 것을 믿는다.

나는 내가 여행자의 삶을 통해 배운 것들로 프랑스에서 멋진 한국 여성 CEO가 될 것이다. 그리고 더 많은 사람에게 도움을 주는 삶을 살고 싶다고 마음먹는다.

# 02

# 파리에 한글 책 카페 창업하고
# 꿈과 희망 전파하기

프랑스 유학길에 오를 때 2년치 짐들을 꾸렸다. 그러다 보니 살림이 많아 책은 빼뜨리고 갈 수밖에 없는 첫 번째 대상이었다. 꼭 가져갈 수 있는 책 한 권만을 고르라고 하면 주저 없이 고를 책 한 권만을 이민 가방 속 깊숙이 넣었다. 이 책에는 이런 사연이 있다.

부모님께서는 내가 대학교를 졸업하면 스스로 생계를 책임질 준비를 다할 것으로 기대하셨다. 졸업과 동시에 자신들의 경제적인 부담을 줄여 줄 것이라고 굳게 믿었다. 하지만 그랬던 부모님의 바람과는 달리 나는 유학을 가겠다고 고집을 부렸다. 부모님은 무슨 일이 있어도 유학을 가야만 한다고 생각했던 나와 달랐다. 부모님은 내가 하고 싶고 경험할 수 있는 것이라면 모든 기회를 만들어 주시는 분들이었다. 그런데 예상치 못한 나의 반응에 당황해

하셨다. 우린 서로 생각할 시간이 필요했다.

그날 나는 도서관에서 로랑 구넬의《가고 싶은 길을 가라》라는 책을 빌려 왔다. 책 제목이 우선 마음에 들었다. 독자로서 마음대로 해석할 자유가 있다면, 제목에서부터 하고 싶은 공부를 위해 유학을 가도 괜찮다고 응원해 주는 것만 같았다. 그날 일기를 보니 이렇게 쓰여 있었다.

"떠밀려 가는 길 그리고 마지못해 가는 길도 결국 내가 책임을 져야 한다면, 내가 온전히 책임지고 싶은 길을 가야 한다. 선택하는 기점에서 고려 대상에 가족의 염려를 넣지 말아야 한다. 내가 이루고 싶은 것이라면 가족의 우려나 염려를 고려하지 말고 밀어붙일 것. 결국 모든 선택은 내 몫이다. 행복으로 향하는 길은 때로, 자신의 가장 절실한 의지를 실현하는 데 있어서 손쉬운 길을 포기할 것을 요구하기도 한다."

나는 학부에서 프랑스어를 전공했다. 나는 언어적인 재능을 통해 프랑스어권 아프리카 난민들에게 기본적인 권리와 삶의 의미를 되찾아 주고 싶다는 생각으로 가득 차 있었다. 운 좋게도 국제개발학 및 아프리카학으로 저명한 석학들의 가르침을 받을 수 있는 파리정치대학원 입학원서를 받아 둔 상태였다.

하지만 내가 선택한 것들로 인해 사랑하는 사람들에게 부담을 짊어지울 수는 없었다. 그때부터 간절한 마음으로 장학금을 줄 수 있는 학교를 찾았다. 그동안 학교 공부와 더불어 대외적으로 활동한 나의 이력을 보고 긴 면접 끝에 장학금을 후원해 준다는 곳이 나타났다. 궁즉통(窮則通), '상황이 절박하면 길이 열린다'라는 말을 믿을 수밖에 없었다.

그렇게 유학길이 열렸다. 유학을 오는 과정은 시작에 불과했다. 언어와 문화가 다른 곳에서 모든 걸 혼자 선택하고 자발적으로 살아가야 하는 부담은 생각보다 크게 다가왔다. 생활고도 큰 문제였지만 이와 더불어 전 세계에서 몰려온 똑똑한 친구들과 함께 공부한다는 건 또 다른 험난한 길을 예고하는 것이었다. 대체로 다른 나라 대학원 수업은 5개 정도 전공과목으로 구성된다. 나머지 시간은 본인이 정한 논문 주제를 연구하는 데 할당된다. 내가 공부했던 대학원은 학생들에게 매 학기 10과목을 듣도록 커리큘럼을 구성했다. 그렇기 때문에 모든 수업 전에 관련 논문을 읽고 수업에 참여해야만 수업 내용을 따라갈 수 있었다. 그런데 그 양이 너무나 방대해서 주어진 50장짜리 논문 10개를 끝내고 수업에 가는 건 거의 불가능에 가까웠다.

나는 자료를 읽고 소화하기에도 벅차 하며 개념적인 문제로 씨름하고 있을때, 그들은 실용적인 해답을 얻기 위해 날카로운 질문을 퍼부어댔다. 그들이 부러웠지만 어렸을 때부터 교육환경이 달랐던 외국인 친구들과 경쟁하는 건 의미가 없었다. 유학을 오기 전보다 프랑스에서의 공부를 마치고 난 후 나의 모습에 어떤 발전과 성장이 있을지 고민이 필요했다. 누군가와 경쟁하며 나를 질책하면서 시간을 낭비할 수 없을 정도로 나의 목표가 뚜렷했기 때문이다. 그때도 손에서 놓지 않고 간절하게 책에 매달렸다. 나폴레온 힐의 《놓치고 싶지 않은 나의 꿈 나의 인생》을 읽으며 나의 꿈의 이정표를 재확인하고 그곳을 향해 달려가는 방법에 몰두했다.

나에게 프랑스 유학은 반드시 필요했다. 세계적인 석학으로부터 국제개발학의 이론을 배울 수 있기 때문이었다. 동시에 실제 전문가들이 개발도상국에서 진행하고 있는 개발 프로젝트를 습득할 수 있기 때문이었다. 궁극적으로는 지속적인 성장이 가능한 프로젝트를 직접 실행하는 과정을 익힐 수 있기 때문이었다.

그러던 중, 내가 꿈꾸던 기관에서 이론을 적용해 볼 기회가 생겨 파리 생활을 잠시 접고 아프리카로 떠났다. 콩고 내전 때문에 피난길에 오른 난민들을 부룬디에서 만났다. 전쟁고아들을 만나서 면담하고 아이들의 심리와 건강 및 주거 환경을 파악한 후 신속하게 난민 캠프로 옮기는 작업이 선행되었다. 두 달간 매일같이 100명 이상 되는 아이들과 인터뷰를 진행했다. 아이들은 눈앞에서 부모를 잃었고, 몇 날 며칠 먹을 것이 없어 나무껍질을 씹어 먹었다. 뿐만 아니라 성적으로 폭행을 당하는 무자비한 환경에 노출

되어 있었다.

하루는 열 살쯤 되어 보이는 여자아이가 무기력한 모습으로 방에 들어왔다. 사마귀같이 큰 물집이 얼굴부터 발까지 뒤덮여 있었다. 피난길에 같이 오른 사람이 누군인지, 끼니는 하루에 몇 끼를 먹으며 무엇을 먹고 있는지, 교육은 받을 수 있는 상태인지, 집안에서 사는 사람은 몇 명인지 차근차근 물어보았다. 그 와중에도 아이의 얼굴엔 전혀 웃음기가 없었다. 전쟁통이지만 무슨 일이 일어나고 있는지도 모른다는 듯이 천진난만하게 웃는 아이들이 많았기에 아이의 무거운 마음이 고스란히 느껴졌다.

마지막으로 "아프지 않니?"라고 질문을 던지니 고개를 끄덕인다. 그리고 스와힐리어로 옆에 있던 내 동료에게 말을 건넸다. 프랑스어로 통역해 들으니 가끔 열도 나고, 바늘로 찌르는 것처럼 아프다고 했다. 에이즈였는데 약도 처방받지 못하고 병을 방치했던 것이다.

내부 시스템상 지원이 가장 우선으로 필요한 긴급 1순위에 아이의 이름을 올렸다. 내가 해 줄 수 있는 거라곤 그것뿐이었다. 누군가의 고통을 한 방에 낫게 해 줄 수도 없고, 인생을 활짝 펼쳐 줄 수도 없는 내가 안타까웠다. 단지 아이의 아픔을 이해해 보려는 노력밖에는 할 수 있는 것이 없었다. 그날 밤 나는 악몽을 꾸었다. 의식적으로 아이의 아픔에 공감하려다 보니 무의식에 그 고통이 각인되었나 보다.

그곳에서는 모두가 희망을 잃은 채 무기력하게 하루하루를 보내고 있었다. 하지만 아이들의 인생은 달라야 했다. 두 어깨로 견뎌 내기 어려운 환경임에도 살아갈 이유를 찾아 주고 싶었다.

하루는 A4 용지 한 움큼에다 세계지도를 프린트해서 아이들에게 한 장씩 쥐어 주었다. 그러곤 지도를 가리키면서 이 많은 나라 중에 아이들이 있는 부룬디를 찾아보게 했다. 아프리카의 심장부라 불리는 이 나라는 인구가 1,000만 명이 조금 넘는 아주 작은 나라다. 너무 작아서 보이지 않을 정도였다.

나는 "세상은 이렇게 넓고 다양한 모습으로 너희를 받아 줄 준비를 할 테니, 한 치 앞이 보이지 않는 상황일지라도 희망을 잃지 말고 공부해 주렴."이라고 이야기했다. 아이들이 클 때까지, 나도 나만의 방법으로 세상이 바뀔 수 있게끔 노력하겠다고 다짐했다. 그러면서 아이들이 지금의 환경을 견뎌 내고 이런 상황이 두 번 다시 역사에서 되풀이되지 않게끔 멋지게 공부하게 해 달라고 빌었다. 그리고 가장 총명해 보이는 아이에게 《어린왕자》를 선물해 주고 왔다.

내 인생의 새로운 경험과 고비마다 책이 나를 지탱해 주었다. 내가 책에서 힘과 지혜를 얻었던 것처럼 파리에 한글 책 카페를 열어 많은 이들에게 꿈과 희망을 널리 전파하고자 한다. 그리고 내 공간에서 나를 찾아오는 많은 사람과 희로애락을 나눌 수 있는 컨설턴트가 되고 싶다.

# 03

# 1년에
# 책 1권씩 출간하기

클라우스 슈밥의 《제4차 산업혁명》을 읽다 보니 지금 생계유지를 위해 하는 경제활동으로는 10년 뒤까지 제대로 된 삶을 영위하기 어렵다는 생각이 든다. 새로운 산업혁명의 국면에 들어서면서 전문직종뿐만 아니라 단순 사무직까지, 일자리의 반란이 시작될 것이다. 게다가 지금 초등학교에 입학하는 학생들이 경제활동을 하게 된다면 그 아이들이 갖는 일자리의 70%는 현재에는 존재하지 않는 직업일 것이라고 한다.

그래서 지금 우리의 공부는 달라야 한다. 지금까지 해 오던 주입식 공부에 종말을 고해야 할 때다. 입학을 위해, 학점을 받기 위해, 취직을 위해 그리고 직장에서 살아남기 위해 하던 수동적인 공부는 더 이상 개인의 생계를 유지시키지 못할 가능성이 크다.

게다가 직장인이 되어서도 주경야독하며 내 직업 분야를 열심히 공부했는데, 가장 먼저 사라질 직업 10순위 중에서 떡하니 1위를 차지해 버렸다. 생계의 이유를 넘어서서 시대 흐름에 맞춰 내가 앞으로 가고자 하는 방향을 재정비해야 했다. 앞으로 얼마나 더 빠르게 변화할지, 때로는 겁이 나기도 한다.

그런데 지성과 감성이 섞인 인간은 로봇의 공격을 조금 더 늦출 수 있어 보인다. 사람마다 경험을 받아들이는 태도와 생각이 다르다. 그러므로 아무리 완벽하게 데이터가 축적된다고 하더라도 인간의 창조물까지 기계가 대체할 순 없을 것이다.

나 또한 이미 가진 재능으로 창조자가 될 수 있는지 분석해 보는 시간이 필요했다. 하지만 내가 가진 재능은 예술적인 재능과는 거리가 멀었다. 나에게 남아 있는 유일한 무기는 글을 읽고 쓰는 것이었다. 그런 생각을 하고 나자 신기하게도 독자의 관점에서 책을 읽던 나의 모습이 작가의 관점에서 책을 쓰는 모습으로 바뀌었다.

그날의 감정과 마음의 상태에 따라 출근길에 집어 드는 책이 달라진다. 하루도 세 번으로 나누어 출근길에 읽는 책, 화장실에서 읽는 책, 퇴근 후 읽는 책이 다를 때도 있다. 내가 다양한 책을 읽게 되자 문득 '다른 사람의 일상에도 더욱더 다양한 책이 필요하지 않을까?', '내가 겪은 경험을 바탕으로 누군가에게 따뜻한 위로와 응원이 되는 글을 쓸 수 있지 않을까?'라는 생각을 하게 되었다. 그러자 나는 책을 쓰고 싶어졌다. 한국인의 눈으로 본 프랑스의 교육법, 일과 삶의 조화, 건강한 몸과 마음의 상태 유지하기에 관한 책을 쓰고 싶다. 그리고 그 책이 가장 필요한 사람에게 유용하게 사용되길 바라는 마음이다.

　프랑스의 교육을 들여다보면 대화로 이뤄지는 교육이 많다. 이론을 가르치는 건 교육의 전부가 아니라 일부라고 여긴다. 교육자는 탄탄한 기본 지식을 바탕으로 실생활에 적용할 수 있는 방법을 스스로 찾도록 도와준다. 학교에서는 문화와 언어가 다른 전 세계 사람들과 소통하는 법을 배운다. 한 주제를 놓고 다양한 배경의 삶을 살아온 사람들이 토론하는 과정은 흥미로웠다. 하지만 정말로 소통하는 법을 배운 것은 바로 그룹 과제를 할 때였다. 학교에서는 실제로 사회 현안을 찾아 학생들끼리 역할을 나누어 해결책을 찾아내는 과제를 준다. 팀별로 법조인으로서, 현장 전문가로서, 기업가로서, 지역 주민으로서 여러 가지 의견을 수렴해 최상의 프로젝트를 설계할 수 있도록 끊임없는 토론의 장을 마련해주었다. 그게 학교와 교육자의 역할이었다.

　따라서 책이나 인터넷을 통해 발견할 수 있는 수동적인 자료에만 집중하지 않는다. 실제 경험이 있는 전문가들에게 적극적으로 이메일을 보내고 인터뷰를 요청하도록 요구한다. 이렇게 팀원

끼리 결론에 다다른 해결책을 조리 있게 다른 사람에게 표현하는 방법까지 익혀야 한다. 한국에서와는 다른, 새로운 교육 방식에 나는 매일같이 도전의식을 느꼈다. 돌이켜 보니 졸업장보다 더 중요한 것이 이런 교육 방법을 체화시키는 것이란 생각이 들었다.

대화와 발표의 힘을 키우는 것은 프랑스에서 직장생활을 할 때도 필수적이다. 수평적인 문화답게 직장에서 자신의 의견을 표출할 기회가 많다. 그때마다 자신을 의견을 표현하지 못하면 생각을 표현하는 능력이 부족하다는 인상을 남길 수 있다.

프랑스인은 반대하거나 찬성할 때 개인이 생각하는 분명한 이유를 구구절절 설명한다. 결론에 도달하는 과정에 엄청나게 심혈을 기울인다. 결론이 절대적으로 옳거나 그른 것도 없다. 각자의 생각을 판단하는 것은 듣고 있는 다른 사람의 몫이다. 동료들과 밥을 먹을 때도 정치, 문화, 사회, 예술 이야기가 경계를 넘나들며 이어진다. 밥상 앞에서는 과묵해야 한다는 동방예의지국 선조들의 가르침과는 정반대였다. 생각을 표출하는 방법은 대화하면 할수록 점점 향상된다는 것을 가슴 깊이 느꼈다.

파리에서 유학하는 2년 동안 사실 나의 건강 상태는 많이 악화되었다. 공부하는 동안 타인과 나와의 경쟁에서 내동댕이쳐지지 않기 위해 부단히 노력하다 보니 몸과 마음이 너무 지쳐 힘을 잃어 갔다. 결국 마지막까지 안간힘을 다해 붙잡고 있던 면역력이 바닥으로 떨어졌다. 그 틈을 타 성인 아토피가 온몸에 번지게 되었다.

졸업과 동시에 프랑스를 떠나고 싶은 마음이 간절했다. 더 편하게 살 수 있는 한국으로 돌아가고 싶은 마음도 있었다. 그런데 아이러니하게도 졸업하고 프랑스에 남아 일하기로 마음먹은 건 프랑스의 교육환경 때문이었다. 몸이 아팠던 건 스스로 스트레스를 제어할 능력을 잃었기 때문이다. 온몸으로 스트레스가 파고들어 면역체계를 붕괴시키기까지 나는 몸의 언어를 들을 줄 모르는 사람이었다.

그래서 학교 공부와 나의 삶 공부의 조화를 맞추는 법을 배워야 했다. 이것이 바로 유학생들이 가장 어려워하는 부분이지 않을까 싶다. 공부에 조바심을 내면서 자신의 생활도 온전히 책임져야 하는 중압감에서 벗어날 수 있으려면 몸과 마음이 모두 건강해야 한다.

프랑스 여성들 또한 한국 여성들과 같이 일, 육아, 공부, 살림 모두의 역할을 맡고 있다. 그럼에도 불구하고 그녀들에게서는 당당함과 아름다움이 흘러나온다. 또한 중년 여성들의 군살 없는 옆구리 살과 곧은 허리에 과장되지 않은 액세서리의 조화는 왜 이렇게 멋져 보이는 걸까. 파리의 멋진 여성을 보면서 나는 그 답이 '균형'이라고 결론지었다.

그들은 일과 학업을 중요시하면서도 하루 중에 본인의 건강을 챙기기 위한 시간을 꼭 남겨 둔다. 걷거나 뛰거나 집에서 근육운동을 하는 등, 적은 시간을 할애해서라도 일과 학업으로 쌓인 스트레스를 날려 보낼 근육들을 단단하게 단련한다. 음식은 절제해서 먹는다. 프랑스인들은 긴 코스의 음식을 먹을 때도 영양소가 골고루 들어간 음식을 배치한다. 양이 매우 적어 보이지만 긴 코스의 음식을 먹고 나면 칼로리가 버겁다. 그러다 보니 프랑스인들도 다음 끼니는 거르거나 가벼운 채소로 갈음한다. 그러면서 채우면 비울 줄 알고, 비우면 다시 채울 줄도 아는 균형을 자연스럽게 체득한다.

가정을 이룬 여성이라면 일과 살림을 남편과 분담한다. 여성으로서 일과, 육아, 살림을 다 맡아서 해야 한다는 '슈퍼우먼 강박증'은 그들에게 없다. 아이와 남편을 사랑하는 만큼 본인을 동등하게 사랑해야 한다는 유전자가 새겨진 것 같은 느낌을 줄 정도다. 그만큼 사랑하는 자신을 위할 수 있는 무언가를 빠뜨리지 않는다. 그건 맛있는 음식이 될 수도 있고, 좋아하는 음악이 될 수도 있으며 읽고 싶은 책일 수도 있다.

지극히 개인주의적인 그들과 프랑스에서 공존하고 있지만, 결코 그 방법이 이기적이지 않음을 배우고 있다. 파리의 여자들은 젊음이 있다면 노년의 아름다움이 있다는 것도 안다. 있는 그대로의 아름다움을 인정하고 더 빛날 수 있도록 자신을 사랑하는 파리 여성들의 태도를 매일 배우고 있다. 그런 이야기를 소개할 수 있도록 꾸준히 책을 쓰면서, 시간이 흘러도 변하지 않는 사랑을 받는 작가이면 좋겠다.

# 04

# 서른아홉 살 전에
# 프랑스에 집 10채 갖기

프랑스 유학 도중에 여러 번 거처를 옮겨 다녔다. 대학원을 졸업했지만 미래가 불분명했기에 생활비를 줄일 겸 프랑스인 친구 집으로 이사하기로 했다. 그러자면 이미 살고 있던 집을 정리해야 했다. 계약서를 살펴보니 퇴거 일자 3개월 전에 미리 통보하라고 명시되어 있었다.

프랑스에서는 계약서가 매우 중요하다. 구두로 하는 계약은 효력이 없다. 이메일이나 편지 같은 증거를 남겨야지만 증빙으로 인정된다. 집주인에게 그날 바로, 어느 날을 기점으로 3개월 뒤에 퇴거하겠다는 편지를 적어 보냈다. 그로부터 일주일 뒤 집주인에게서 회신이 왔다. 편지를 전달받은 날짜로부터 정확히 3개월 뒤에 집에서 나가 달라는 내용이었다. 서두른다고 4개월 정도 전에 미리 편지를 보냈던 게 화근이었다.

생각보다 한 달이나 앞당겨진 퇴거 날짜에 룸메이트와 발을 동동 굴렀다. 선처를 호소해 보기도 하고 항의도 했지만, 전혀 먹히지 않았다. 이방인인 것도 서러운데 잘 살던 집에서 쫓겨나야 하는 억울함을 어디에도 토로하지 못하고 오롯이 견뎌 내야 했다.

파리는 집의 수요와 공급이 극단적인 불균형을 이루는 도시다. 수요는 기하급수적으로 늘어나는데 공급은 크게 변함이 없어서 집주인들은 항상 기세등등하다. 집을 보러 가면 프랑스인뿐만 아니라 전 세계에서 몰려온 사람들이 한데 뒤섞여 북새통을 이루기도 한다. 공인중개사는 수북하게 쌓인 서류들을 들고 사무실로 돌아가 가장 프로필이 좋은 사람을 세입자로 고른다.

프랑스에서는 한국처럼 큰 금액의 보증금을 요구하지 않는다. 하지만 대다수의 경우 거주하는 동안 경제적 보증을 해 줄 보증인을 요구한다. 보증인 자격도 까다롭다. 월세의 3배 이상을 버는 안정적인 직업을 가진 사람이거나 현금자산이 충분한 사람이어야 한다.

그래서 한국 유학생들은 집을 구하기가 정말 어렵다. 결국엔 한국 사람들이 내놓은 집을 찾아 들어가는 경우가 태반이다. 그런데 같은 한국인이라는 점을 이용하는 사람들도 더러 있었다. 소개비를 터무니없이 많이 받는다든가, 쥐가 득실거리고 벼룩이 나오는 침대를 그대로 세입자에게 물려주는 일도 있었다.

세입자로 들어가는 절차도 까다롭지만, 그 집에서 나올 때도 쉽게 나올 수 없다. 처음 들어갈 때 집의 상태를 점검하는 '에따데 류(Etat des lieux)'를 작성한다. 페인트, 바닥, 천장, 가구의 상태 등 등 집 안 곳곳의 상태를 세입자와 집주인이 함께 확인한다. 그리고 퇴거 시에 똑같은 조건으로 돌려놓아야만 보증금을 100% 돌려받을 수 있다. 그런데 가끔, 사소한 트집을 잡아 보증금을 돌려주지 않는 일도 있고, 아무런 언질 없이 연락이 끊기는 경우도 있었다. 타향살이를 하는 같은 한국 사람들끼리 도움을 주기는커녕 이용하려 드는 모습을 볼 때면 참으로 안타까운 마음만 들 뿐이었다.

나는 많은 유학생들이 겪고 있는 이러한 실태와 내가 겪었던 개인적인 경험이 겹쳐, 유학생들에게 편리한 거주환경을 제공하는 집주인이 되면 좋겠다는 생각이 들었다. 타국 유학생으로 공부하기도 버거운 와중에 처음부터 끝까지 안심할 수 있는 주거환경을 제공해 주는 집주인이라면 정말 멋지지 않은가.

그런데 파리의 집주인이 되는 건 결코 쉽지 않을 것이다. 유학생들에게 집을 제공하는 건 고사하고 내 집 마련도 소원해 보인다. 집 한 채의 평당 가격이 전 세계에서 가장 높은 도시 중 하나이니 말이다. 구역마다 가격도 천차만별이다. 원하는 이상향의 집을 사면 대출을 갚다가 청춘이 끝나 버릴 것 같았다.

게다가 건축 허가가 까다로운 터라 신축 건물도 많이 없다. 현명하게 생각해야 했다. 지금의 조건에서 시작할 방법이 무엇일까. 저평가된 자산을 소유하면서 대출금을 월세로 갚아 나갈 수 있는 집이어야 한다. 안전한 집을 제공하는 집주인이자 현명한 자본가여야 한다. 궁극적으로 대출금을 모두 상환하고, 시세차익을 얻어야만 현명한 투자다.

앞으로의 나의 청사진은 이렇다. 서른아홉의 12월 31일, 조기 은퇴를 선언한다. 완벽한 시간적, 경제적 자유를 누릴 준비를 마친다. 터무니없이 높은 가격에 마련한 집의 대출금을 상환하느라 20년을 허송세월하지 않는다. 10년 동안 정확히 10채의 집을 소유한다. 유학생들에게 정당한 방법으로 살기 좋은 집을 빌려주는 착한 파리의 집주인이 된다.

또한 40세에 《파리의 부동산 여왕》이라는 책을 출간한다. 프랑스 곳곳에 집 10채를 마련한 방법을 다른 사람들과 나누는 것이다. 프랑스에서 사는 외국인들이 어려운 법안과 경제적 득실에 대해서 쉽게 접근할 수 있도록 풀어 쓴 책을 낼 예정이다. 머지 않은 시일에 반드시 이 꿈을 이루어 내고 말 것이다.

# 05

# 스테디셀러 작가 되기

새벽 6시, 평소 같으면 알람을 바로 끄고 여전히 꿈나라에 있을 시간이다. 그런데 책을 쓰고 싶다는 마음이 생긴 이후로 아침 잠이 눈에 띄게 줄었다. 목표가 생겼기 때문이다. 주어진 24시간을 쪼개어 글 쓰는 데 할애하기 시작했다.

하루 24시간 중 경제활동을 하는 8시간, 잠을 자는 8시간을 뺀 나머지 8시간은 나를 위해 쓰는 시간이다. 이 8시간을 어떻게 쓰느냐에 따라 1년 뒤 나의 모습이 확연히 달라진다. 누구에게나 똑같이 주어진 24시간이다. 성공하는 사람들은 그중 개인에게 주어진 8시간을 효율적으로 쓰는 법을 터득한 사람들이다.

스테디셀러 작가가 되려면 순간을 잘 활용할 줄 알아야 한다. 책에 넣고 싶은 구절이 예고 없이 찾아올 때가 많기 때문이다. 머릿속에서 전광석화처럼 스쳐 가는 생각들을 붙잡지 못하면 시간을 거슬러 한참을 생각해야 한다. 그때와 비슷한 영감을 받으려고 또다시 그 순간이 오기를 한없이 기다려야 한다.

그렇게 몇 번 생각을 놓치자 아쉬운 마음이 들었다. 그래서 항상 노트와 펜을 준비해 둔다. 침대 머리맡에 하나, 가방에 휴대용으로 하나. 그러곤 혼자 생각해도 너무 멋진 구절들을 차곡차곡 쌓아 간다. 가공되지 않은 날것의 이야기를 바로 전달하기 어려울 땐 문장을 이리저리 뜯어보며 담백하게 포장한다.

나는 한국과 외국의 문화 차이를 쉽게 전달하는 작가가 되고 싶다. 그리고 스테디셀러로 오랫동안 사랑받는 책을 쓰고 싶다. 용기와 희망을 북돋워 주는 글을 써서 독자들의 삶이 조금이라도 바뀐다면 더 바람이 없을 것 같다.


아홉 살 인생에 미국이란 넓은 세상을 보게 되었다. 한 달이라는 짧은 시간 동안 많은 걸 느꼈다. 한국으로 돌아오자마자 내가 우물 안 개구리 같다는 생각이 들었다. 우물 밖은 저마다 가진 재능과 색깔을 인정하는 자유의 나라였다.

거기에 비해 한국 사회는 나이에 맞춰 정해진 역할이 너무나 분명했다. 학생은 공부를 잘해야 하고, 어른이 되면 취직하는 게 당연하고, 어느 정도 자리를 잡을 만하면 결혼을 강요받는다. 끝없이 이어지는 의무의 행렬이다. 불만은 가득하지만, 변화는 매우 더디다.

아홉 살 아이의 눈에 비친 억압적인 한국의 모습은 어른이 되어서도 크게 바뀌지 않을 것 같았다. 우물 밖으로 나온 개구리는 우물 밖에서 평화를 찾았다. 공부하라고 억압하지 않고 동기부여를 제공하는 환경이 실로 존재했다. 가난으로 공부하지 못하는 아이들에게 대학교 학비를 대폭 낮춰 기회를 공평하게 나눠 주는 제도가 있었다. 겉치레에 온갖 열정을 쏟는 결혼식 대신 시청에서 간단히 혼인신고만 하는 사고방식을 지닌 곳이 있었다.

우물 밖의 삶은 이다지도 다른데 대부분은 우물 밖의 사람들과 삶의 질을 비교하려 하지 않는다. 우물 안에 있는 개구리들끼리 경쟁하느라 본인이 진짜 추구하는 바가 무엇인지 깨닫지 못한다. 본인이 원하는 것은 따로 있는데 주변의 눈치에 목소리를 내지 못하는 경우가 많아 안타깝다.

나답게 살아야 한다. 타인의 자유를 침범하지 않는 선에서 개인의 행복을 좇아 당당하게 살 수 있어야 한다. 그리고 그런 분위기를 자연스럽게 받아들이는 문화가 되어야 한다. 물론 단 며칠간의 여행으로는 우물 밖의 삶을 제대로 들여다볼 수 없다. 하지만 꾸준히 접촉해야지만 알 수 있는 가치가 있다.


우물 밖 개구리로서 누군가에게 숨통 트이는 메시지를 전달하는 작가가 되고 싶다. 가끔 한국에 들어가면 꼭 이런 말을 듣는다. "돈만 있으면 한국은 살기에 참 좋아."라는. 하지만 국가라면 돈이 없어도 기본적인 안위를 책임져 줘야 하는 것 아닌가. 철저히 자본주의의 테두리 바깥에 내동댕이쳐진 개인들을 볼 때 화가 난다.

프랑스는 돈이 많아도 살기 불편한 나라다. 아니, 오히려 돈이 많으면 불편한 나라다. 많을수록 더 많이 나누어야 하는 책임이 늘어나기 때문이다. 재력이 있고, 지위가 높다고 해서 무례한 '갑질'을 하지 못하는 나라다. 돈이나 지위는 자신의 수많은 모습 중 하나일 뿐이라는 걸 알기 때문이다.

프랑스 사람들에게서 자신의 다양한 역할극에서 본인의 중심을 지키는 법을 배운다. 우아하게 나를 지키며 성장하는 법을 체화시키는 중이다. 그런 방법을, 나의 경험과 비결을 나눌 수 있는 사람이 되고 싶다. 그리고 그런 삶의 지혜를 담은 책이 오랫동안 회자될 수 있도록 하고 싶다.

보물지도 13

# PART 3

# 자동 수입
# 파이프라인 구축해
# 경제적 자유 누리기

· 성실애 ·

# 성실애

**'초등독서코칭협회' 대표 코치, 워킹맘 메신저, 자기계발독서 전문가, IT QA 전문가, 토목구조 SW 기획자**

엄마 경력 8년 차, 직장인 경력 12년 차로 두 아들을 키우는 워킹맘이다. 독서를 통해 아이들과 소통하고 있으며 동시에 끊임없이 자기계발을 하고 있다. 토목공학 석사학위와 국제 SW Testing 자격증을 취득할 만큼 자신의 일에도 적극적이다. 현재는 '초등독서코칭'을 통해 아이의 꿈을 찾고 워킹맘들의 꿈 실현을 돕기 위해 개인저서를 준비 중이다. 저서로는《또라이들의 전성시대 3》이 있다.

Email  sungsil0822@naver.com          Blog  blog.naver.com/sungsil0822

# 01

# 감나무 세 그루가 심긴
# 마당이 있는 집에서 살기

결혼 날짜를 잡고 결혼을 준비할 때면 예비부부는 함께 나중에 살고 싶은 집에 대해 한 번쯤은 이야기를 나눌 것이다. 정원이 있는 집, 햇볕이 잘 드는 이층집, 전망이 좋은 주상복합건물 꼭대기 층, 복층으로 된 집 등 말이다. 우리 부부 또한 그랬다. 우리가 살고 싶은 집은 간단명료했다. 바로 '감나무 세 그루를 심을 수 있는 마당이 있는 집'이었다.

어렸을 적부터 우리 엄마와 나는 감을 무척 좋아했다. 늦은 가을 시골 할머니 댁에 가면 길에 떨어져 시큼한 맛이 도는 감을 만나도 너무 반가워하며 냉큼 주워 먹곤 했다. 먹다가 벌레도 함께 먹을 뻔한 일이 한두 번이 아니었지만. 그럼에도 불구하고 도시 소녀였던 나는 까치밥이라고 남겨 둔, 벌거벗은 나무 위의 감도 탐할 정도로 감을 좋아했다.

내가 대학을 들어갈 때까지 우리 아빠는 과일·야채 장사를 하셨다. 아빠는 엄마가 좋아하시는 장군감을 잔뜩 사 오시곤 했다. 그런데 그 조금 덜 익은 감을 익히신다고 장롱 위에 올려놓고 잊고 계시다 하루살이가 잔뜩 끼어 못 먹게 된 적도 있다. 그럴 때면 나는 딸 몰래 엄마만 챙기시다 감을 다 썩혔다고 엄마, 아빠의 사이를 질투하기도 했다.

감이 풍년인 해에는 우리 집도 풍년이었다. 덜 익은 감을 스티로폼 박스에 켜켜이 쌓아 집으로 가지고 왔다. 그러곤 베란다 한쪽에 두고 빨리 익는 감부터 하나씩 꺼내 먹었다. 매일 까치발을 하고 스티로폼 박스를 열어 익은 감을 확인하면서. 또한 시골 고모가 감을 예쁘게 깎아 채반에 널어놓으면, 사촌 언니와 나는 덜 마른 감을 하나씩 주워 먹곤 했다. 그 맛은 지금도 종종 생각날 만큼 완전 꿀맛이었다.


2007년 가을, 결혼을 약속하면서 신랑과 나는 미래에 살 집을 그려 보았다. 나는 우리가 살 집에는 꼭 감나무 세 그루가 있어야 한다고 했다. 한 그루는 장군감, 한 그루는 단감 그리고 한 그루는 곶감을 만들 수 있는 감이 열리는 나무여야 한다고 말이다.

이 특이한 주문은 엘리베이터도 없는 4층 빌라 꼭대기의 14평

신혼집에서 감나무를 키우게 했다. 신랑의 직장 상사가 이 특이한 꿈을 응원하며 감나무 묘목 한 그루를 선물해 준 것이었다. 가지 하나 달랑 달려 있는 그 감나무를 심으려고 차도 없는 우리는 그 묘목을 들고 화원을 찾아갔었다. 그 감나무는 더 이상 화분에서 클 수 없는 크기가 되었을 때 할머니 묘 옆에 심겼다. 지금은 우리 아이들의 키를 훌쩍 넘고 신랑의 키보다도 크게 자랐다. 작년 그 감나무는 처음으로 열매를 맺었다.

아이를 낳은 뒤 우리 부부는 친정 부모님과 살림을 합치게 되었다. 정원이 있는 집은 아니지만 베란다에서 밖으로 나갈 수 있는 계단과 작은 정원이 있는 1층 아파트로 집을 늘려 이사했다. 그러면서 우리의 '감나무 세 그루가 있는 집'은 좀 더 구체적으로 그려졌다.

우리가 꿈꾸는 집은 지하 1층부터 다락방까지 총 4층으로 되어 있다. 지하 1층은 좋은 와인과 양주가 준비되어 있는 멋진 홈 바와 좋은 음향 장비가 구비되어 있는 영화 감상실이다. 1층에는 계단을 오르내리기 힘들어하시는 친정 부모님의 방을 포함해 2개의 방이 있고 통유리 창문으로 밖이 시원하게 보이는 거실과 주방이 있다. 2층에는 부부 침실과 아이들 각자의 공부방이 있고 무드 있게 차를 마실 수 있는 작은 공간이 있다. 3층 다락방은 내 서재다. 이 서재에서 나는 책도 쓰고 강연 준비도 한다. 1층에서 3층으로 올라가는 계단 통로는 책장으로 둘러싸여 있고 책이 가득 채워져 있다. 언제 어디서든 가족들은 책을 꺼내 읽을 수 있다.

현관문을 나와 마당을 조금 걷다 보면 우리 아빠가 그림을 그리고 박 공예를 하실 수 있는 별채가 있다. 그 별채는 황토로 지어졌고 아빠의 작업 공간을 제외한 작은 방은 재래식으로 아궁이에 불을 땐다. 그야말로 황토 찜질방이다. 손님이 오면 독립적인 방으로 쓰이지만, 가끔 어머니와 엄마 그리고 내가 나란히 누워 등을 지지는 공간이다. 땀을 쭉 빼고 나면 찌뿌듯했던 몸이 하늘을 날 것만 같다. 주차장에는 나의 애마 랜드로버 사의 레인지로버와 숙소를 걱정하지 않고 어디든 떠날 수 있는 캠핑카가 주차되어 있다. 우리 가족은 이 캠핑카를 끌고 마음만 먹으면 언제든지 여행을 떠난다. 아이들이 방학이면 며칠씩 전국 방방곡곡을 누빈다.

이런 꿈같은 일은 갖고자 하는 집을 구체화할수록 더욱 가까이 다가온다고 믿는다. 실제로도 그렇다. 우리 부부가 살았던 처음 신혼집은 4,000만 원 전세자금대출로 마련한 6,500만 원짜리 전셋집이었다. 그 작은 집에 살면서도 햇볕이 잘 드는 곳에 감나무를 심고 비가 오는 날이면 옥상에서 비를 맞췄다. 계약이 만료되면서 같은 평수지만 분당의 아파트로 이사를 갔다. 화분에서 더 이상 자랄 수 없었던 감나무는 할머니 묘 옆에 심었다.

당시 주말 부부였던 데다 일을 하고 있던 나는 18개월 된 큰 아이를 혼자 키우기가 힘들었다. 그래서 친정 부모님과 합치며 용인의 34평 아파트로 이사했다. 그러곤 둘째 아들이 태어나면서 두 아들에게 뛰지 말라는 소리를 하고 싶지 않아 47평의 1층 집으로 이사했다. 2013년 12월 13일, 결혼한 지 7년 만에 아파트지만 작은 정원이 있는 집이 생겼다. 작은 정원과 연결되어 인라인을 탈 수 있는 아파트 공동 공원은 마치 우리가 그리는 정원이 있는 집처럼 느끼게 해 줬다. 우리 부부는 감격에 겨워, 이삿짐을 나르는 아저씨들의 틈 사이로 조용히 사진을 찍어 댔다.

이사하는 날에는 함박눈이 펑펑 내렸다. '이사하는 날 눈이 많이 오면 복이 들어온다'라는 말이 있지 않은가. 그 말이 참인 듯싶다. 아이들의 자전거와 씽씽이는 작은 정원 한쪽에 세워져 어느 때나 탈 수 있다. 아이들의 친구들은 제집 드나들 듯 자전거, 인라인을 타다 물을 마시러 우리 집에 들어온다.

이건 14평 빌라에 살 때는 상상도 못했던 일이다. 하지만 감나무 세 그루가 있는 집에 살겠다는 꿈을 우리 부부가 한 번도 놓지 않았기에 가능해진 일이다.

매일 아침 남편과 함께 출근한다. 나를 먼저 내려 주러 회사로 가다 보면 판교 운중동의 고급 주택단지를 지나게 된다. 깨끗하게 정비된 도로, 곳곳에 설치된 CCTV, 주택단지 안에는 아이들을 홀리는 멋진 놀이터와 학교가 있다. 잡지 〈전원속의 내 집〉에서 소개한 집도 더러 있다. 그 집들 사이를 지날 때 집에서 나오는 사람들을 보면서 남편과 나는 동경의 눈길을 보내곤 했다.

하지만 우리 부부가 원하는 집은 그런 집이 아니다. 누군가 안을 들여다볼까 높이 둘러친 담벼락과 집의 평수를 넓히기 위해 나무 하나 간신히 심은, 좁디좁은 정원. 다닥다닥 붙은 옆집에 냄새가 풍길까 봐 마당에서 삼겹살 파티도 못할 것 같은 삭막함. 우리는 그런 집을 원하지 않는다.

언제든 아이들의 친구들이 제집처럼 들어와 놀 수 있고, 곶감을 만들려고 걸어 놓은 감을 들락날락거리며 먹을 수 있는 집. 날씨가 좋은 날에는 지인들을 초대해 마당에서 숯불을 피워 바비큐 파티를 하고 아이들은 아빠와 캐치볼을 하는 그런 부담 없는 집. 그런 사람냄새 나는 집을 원한다.

감나무 세 그루가 심긴 집에서 살 수 있는 날이 머지않았다고 믿는다. 이미 우리 가족은 그만큼 넉넉한 마음을 가지고 있고 사람냄새 나는 집에서 살고 있다.

# 02

# 양가 부모님 모시고
# 크루즈 여행 가기

결혼 후 거의 매년 3월에는 나에게 기억에 남을 만한 일이 찾아오곤 했다. 결혼 후 두 번째 3월에는 첫째 아들이 태어났고, 3년 후 3월에는 둘째 아들이 태어났다. 작년 3월에는 사랑하는 외할머니가 돌아가셨고, 이 글을 쓰고 있는 지금도 3월이다.

어느 해보다 힘들었던 때는 2016년 3월이었다. 일하는 딸을 위해 어린 손자 둘을 돌보시던 우리 엄마는 허리와 양쪽 무릎 시술을 받아야 했다. 같은 시기에 시어머니는 폐암 진단을 받고 우리 집 근처의 대학병원에서 폐 한쪽을 떼어 내는 수술을 받으셨다. 휴가를 내고 엄마와 시어머니의 수술실 앞을 왔다 갔다 하며 마음을 졸였다.

우리 부모님과 시부모님의 이야기를 간단히 해 볼까 한다. 먼저 우리 엄마는 4남매 중 위로 오빠 하나를 둔 맏딸이다. 초등학교 시절 육상선수와 핸드볼 선수를 할 만큼 운동신경이 좋았다. 엄마는 체육 중학교에 진학할 수 있는 기회가 있었음에도 오빠와 동생들의 뒷바라지를 위해 학업을 포기하셨다. 외할머니는 작년에 돌아가시기 전까지 그 일을 너무나 후회하며 안타까워하셨다. 어린 나이에 집안일을 돌보던 엄마는 스무 살의 나이에 우리 아빠를 만나 결혼했다. 그리고 그 이듬해에 나를 낳았다.

3년 후 동생이 태어났고, 그해에는 아빠의 사업 실패로 집안 사정이 많이 안 좋아졌다. 그 뒤 포장마차, 리어카 장사를 거쳐 과일, 야채가게, 슈퍼까지. 서른도 되지 않은 어린 나이에 아이 둘을 데리고 그 일들을 해내셨다. 은행의 구내 식당일을 거쳐 내가 대학에 다닌 시기에는 아빠와 함께 칼국수 집을 운영하셨다. 칼국수 집 주방은 여름이면 40도가 훌쩍 넘었다. 그 더위에 매일 칼국수 냄비를 불에 올렸다 내렸다 하셨다. 그 일은 10년간 계속되었다. 그러다 내가 아이를 낳고 엄마, 아빠께 도움을 요청하고 나서야 끝났다.

두 딸만 곱게 키우던 우리 엄마는 말썽이 끊이지 않는 손자 둘과 출근하는 딸을 위해 집안일을 도맡아 하셨다. 주말에는 무조건 집안일을 하겠다던 약속이 무색할 만큼 나는 주말에도 회사에 나가는, 일만 아는 딸로 지냈다. 그러다 엄마가 무릎과 허리를 시술해야 하는 상황에 이르게 된 것이다.

엄마 나이 이제 겨우 환갑을 바라보지만, 무릎 연골은 꼬부랑 할머니처럼 모두 닳아 없어졌다. 인공관절만이 유일한 치료 방법이라고 했따. 하지만 인공관절의 수명이 최대 15년밖에 되지 않아 비교적 젊은 우리 엄마에게 의사들은 선뜻 수술을 권하지 못한다.

우리 엄마는 못 해 본 게 많다. 그래서 기회가 되는대로 무엇이든 하려고 노력하신다. 2년 전, 꿈에 그리던 중학교에 들어가셨고, 벌써 졸업을 앞두고 계신다. 왜 갈수록 머리에 안 들어오는지 모르겠다고 하시며 영어책과 수학책 앞에서 끙끙대는 모습이 꼭 꿈 많은 중학생 소녀 같다. 중학교 동기들과 여행도 다니고, 등산도 다니고 싶으신데 무릎이 말썽이라며 주저앉는 모습이 항상 날 안타깝게 만든다.

우리 아빠는 가난한 농촌에서 8남매 중 셋째 아들로 태어났다. 자식이 많은 집에서 세 번째 아들은 그다지 귀한 존재가 아니었다. 어렸을 적 많은 형제 중 유독 아빠만 배를 많이 주렸다고 한다. 아빠가 객지에 나간 후 우리 할머니는 개밥을 줄 때마다 아빠가 생각나셨다고 했다. 개도 이렇게 배를 불릴 수 있는데 아들이 많이 굶은 것이 속상하셨던 거다.

아빠는 어린 나이에 객지에 나와서 돈을 버셨다. 미술에 뛰어난 소질이 있었던 아빠는 나전칠기를 배우셨다. 손수 그림을 그리고 조개껍데기를 오려서 가구를 만드셨다. 엄마를 만나 결혼하고 몇 년간은 아주 사업이 잘되었다. 그러나 1980년대 초, 산업화가 본격적으로 시작되면서 공장에서 찍어 내는 가구들이 시장에 나오기 시작했다. 수공 제품인 아빠의 나전칠기 가구는 인기가 떨어졌다. 설상가상으로 동업하던 친구에게 사기를 당해 길거리로 나앉게 되었다.

그때부터 아빠와 엄마와 함께 길거리 장사를 시작하셨다. 그 길거리 장사는 내가 대학을 다닐 때까지 계속되었다. 날씨가 추우나 더우나 1톤 트럭에 과일과 채소를 싣고 팔러 다니셨다. 어렸을 적 학교 밖에서 "배추요, 무요." 하는 소리가 들리면 아이들은 키득키득 웃곤 했다. 난 그게 왜 웃긴지 알 수 없었다.

칼국수 장사를 할 때, 배달을 나갔던 아빠는 오토바이에 사고를 당하셨다. 평생 단 한 번도 병원 신세를 져 본 적 없었던 아빠다. 그 뒤 몸이 많이 상하셨다. 힘들었던 시기에 누군가 전해 준 조롱박 씨를 식당 뒷마당에 심었다. 그렇게 수확한 조롱박으로 박 공예를 시작하셨다. 지금도 틈틈이 박 공예를 하시고 그림을 그리신다. SBS 〈순간포착 세상에 이런 일이〉와 OBS 〈살맛나는 세상〉에도 출연하실 만큼 재주가 좋으시다.

그다음은 시부모님 차례다. 우리 시어머니는 6남매 중에 맏딸로 태어났다. 초등학교 선생님을 아버지로 둔 덕에 학교에 갈 때마다 동네 언니들이 업고 다녔다고 한다. 인삼 농사를 짓는 집에서 비교적 부유하게 어린 시절을 보냈다. 시어머니가 초등학교 선생님을 하시던 시절, 같은 선생님이셨던 시아버지를 만나 결혼했다. 결혼 후 세 아들을 낳고 기르시며 교직생활을 그만두셨다. 외벌이 초등학교 교사 월급으로 세 아들을 가르치고 키우는 일은 힘들었다. 그래서 시어머니는 아들들 도시락과 남편의 도시락까지 하루 6개의 도시락을 매일 싸면서도 부동산 중개사 시험을 보시고 사무실을 개업해 운영하실 만큼 생활력이 뛰어나셨다.

가부장적인 시아버지를 내조하고 무뚝뚝한 아들 셋을 뒷바라지하시며 시어머니의 삶은 무미건조하기만 했다. 큰아들은 경찰대에 보냈고 둘째 아들은 서른두 살에서야 공기업에 합격했다. 막내아들도 느지막이 초등학교 선생님이 되었고 시어머니는 올해 칠순을 맞이하셨다.

이제 아무 걱정 없이 자신의 삶을 즐기실 수 있는 시기에 폐암에 걸리신 것이다. 다행히 암의 크기가 크지는 않았지만 네 번의 항암치료를 견뎌 내셔야만 했다. 수술 후 자칫 감기에라도 걸릴까봐 추운 겨울이면 외출을 자제하신다. 그러다 보니 집에서 조금 멀리 떨어진 곳은 가기를 꺼려하셔서 올해 칠순을 기념하는 가족여행도 가까운 서해 안면도를 택했다.

우리 시아버지는 7남매 중 누나가 다섯인 귀한 막내아들로 태어나셨다. 시아버지께서 태어나고 얼마 되지 않아 어머니가 돌아가셨다고 한다. 그렇지만 누나들의 극진한 보살핌을 받으며 자랐으며, 무사히 대학교를 졸업하고 초등학교 선생님이 되셨다. 그러곤 몇 년 전 교장선생님으로 정년 퇴임하셨다. 시아버지의 환갑잔치 때 누나 다섯 분이 다 오셨다. "우리 막내 장수가 환갑이란다. 하하하." 하시며 예순의 아버님을 마냥 막내 동생으로만 보시던 고모님들의 모습이 생각난다.

남편이 어렸을 때 시아버지는 아주 가부장적이시고 엄격했다고 한다. 하지만 천성이 초등학교 선생님이어서인지 4명의 손주는 시아버지의 열렬한 팬이다. 시아버지께서는 칠순이 넘으신 나이에도 큰 손주 넷을 혼자 데리고 학교 운동장, 천변, 놀이터를 다니며 몇 시간이고 놀아 주신다. 아이들이 아버님과 놀고 돌아올 때면 모두 신발을 양손에 든 채 맨발로 걸어 들어온다. 물론 아버님도 아이들과 마찬가지다.

시댁에 가면 아이들은 무조건 할아버지와 한 방에서 잔다. 모두 나란히 누워서 할아버지의 옛이야기를 들으며 킥킥거리다 잠든다. 아이들이 초등학교에 들어가고 바빠진 학원 스케줄과 숙제로 예전만큼 자주 보지 못해 많이 아쉬워하신다.

이렇게 앞만 바라보고 힘들게 살아오신 나의 자랑스러운 부모님들과 더 늦기 전에 여행을 가고 싶다. 아들, 딸, 손자, 며느리, 사위를 자랑하는 낙으로 사시는 부모님께 자랑거리 하나를 더 만들어 드리고 싶다. 바로 동남아 크루즈 여행이다. 크루즈 여행은 모든 여행의 마지막 꽃이라고 불린다. 3,000명 이상을 태울 수 있는 대형선박에 여느 고급 호텔 못지않은 선실과 여러 차례 제공되는 럭셔리한 음식들. 워터파크를 연상케 하는 수영장과 눈과 귀를 즐겁게 하는 공연.

그 안에서 우리 식구들은 열흘을 보낼 것이다. 그러면 다리가 아파 많이 걷기를 꺼려하는 우리 엄마도, 비행기를 타면 큰일 나는 줄 아시는, 해외여행 경험이 전무한 우리 아빠도, 건강이 염려되어 멀리 갈 엄두를 못 내시는 우리 시어머니도, 손주들과 함께라면 어디든 OK이신 우리 시아버지도 함께 즐겁고 편하게 여행을 즐길 수 있을 것이다.

하늘은 높고 하얀 구름은 그림같이 떠 바다와 맞닿아 있다. 바다는 바닥이 보일 만큼 파랗고 가는 곳마다 신기하다. 크루즈 여행을 다녀오고 우리 부모님들은 입을 모아 이렇게 말씀하실 것이다. 평생 이런 호화는 처음이라고, 실애 덕분에 평생 잊지 못할 경험을 했다고.

"엄마, 아빠, 어머니, 아버님 크루즈 여행 가요. 그날이 머지않았어요. 그날까지 운동 열심히 하시고, 좋은 생각만 하시면서 건강을 지켜 주세요. 나머지는 제가 다 책임질게요."

# 03

# 영어 콤플렉스 극복하고 미국 자유여행 하기

　평소보다 조금 이른 출근길, 라디오에서 흘러나오는 뉴스를 듣고 있었다. 그때 흘러나오던 뉴스는, 북한의 새해 신년사에 대한 미국의 반응을 다룬 내용이었고 미국에서 브리핑하는 형태였다. 어떤 이야기를 했는지 궁금했던 나와 신랑은 뉴스에 귀를 기울였다. 브리핑이 시작되고 조금 뒤 나는 "뭐라고 하는지 하나도 모르겠네."라고 말했다. 그래도 끝까지 듣고 있던 남편이 이야기가 끝나자마자 한마디 했다.

　"몇 마디 듣지도 않았는데, 제대로 듣지도 않고 모르겠다고 하냐?"

　그랬다. 나는 정말 몇 마디 듣지도 않았다. TV라면 자막을 보며 고개를 끄덕였을 테지만, 그저 소리로만 나오는 뉴스는 도저히 자신이 없었다. 나는 무엇이든 열심히 하면 다 이루어진다고 믿는 사람이다. 하지만 단 하나. 영어 앞에서만은 한없이 작아진다. 나는 영어 콤플렉스를 가진 사람이다.

중학교에 입학해서 처음으로 영어를 배웠다. 선행학습을 전혀 하지 않았던 나는 중학교 영어시간에 알파벳을 처음 배웠다. 다른 아이들은 이미 학원을 다녔는지, 대문자와 소문자도 구분하고 있었다. 두 번째 시간부터 단어 시험을 봤다. 'table', 'chair'. 난 아직도 이 단어가 낯설다. 어쩜 그렇게 안 외워지던지. 첫 번째 단어 시험에서 50점을 겨우 맞았던 것 같다. 하지만 영어가 싫지 않았다. 새로운 것을 배우는 것은 너무 재미있었다.

그해 겨울, 1학년을 대상으로 영재반 시험을 치렀다. 손가락 안에 드는 성적을 받았던 나도 시험 대상자였다. 수학과 과학은 다른 아이들보다 월등히 잘 봤다. 하지만 영어 점수가 아주 낮았다. 그날 청소시간에 담임선생님은 애들이 다 보는 앞에서 나를 불러 화가 난 투로 말씀하셨다.

"넌 담임이 영어 선생님인데, 다른 과목도 아니고 영어를 못해서 영재반에서 떨어지냐? 나 참 창피해서."

아이들 앞에서 나에게 그렇게 얘기하시니 너무 마음이 불편했다. 하지만 한마디 대꾸도 하지 못했다. 그때부터였던 것 같다. 영어시간만 되면 칠판 글씨가 보이지 않았다. 학년이 올라가고 담임

선생님이 바뀌었지만 나아지지 않았다. 결국 나는 칠판 글씨가 보이지 않는다는 핑계로 안경을 썼다. 하지만 영어시간에 칠판 위의 필기 내용이 보이지 않는다는 것은 결코 핑계가 아니었다. 나는 영어 시험을 보기 전날이면 아주 신경이 날카로워졌다. 나와 한 방을 쓰던 여동생은 안방으로 쫓아냈고, 나는 항상 배탈이 났다. 이 징크스는 수능을 보기 전까지 계속되었다.

수능을 준비할 때 나는 매일 쉬는 시간을 이용해서 영어 모의고사 문제집을 풀었다. 매일 오답노트를 만들며 영어의 끈을 놓지 않았다. 수능 당일 마지막 영어시간에 나는 듣기평가가 하나도 들리지 않았다. 결국 80점 만점인 영어에서 40점을 맞았다. 400점 만점의 수능에서 340점을 받았는데, 그중 40점을 영어로 깎아먹은 것이었다.

이쯤 되면 영어를 포기할 만도 하다. 하지만 나는 그렇게 하지 않았다. 내가 대학에 다닐 시절 토익점수는 필수였다. 어디에 취직하든 토익점수를 적어야 했다. 나는 토익 학원 새벽반에 다녔다. 토익 학원을 다니기 위해 저녁에는 중·고등학생 과외를 했다. 그렇게 몇 년을 악착같이 학원에 다녔지만 마지막까지 내 토익점수는 내가 받았던 수능 점수를 넘지 못했다. 이런 나를 안타까워하시던 엄마는 어느 날 한 말씀 하셨다.

"이제 그만해도 되지 않겠니? 시간 버리고, 돈 버리고, 몸 버리고…."

요즘에는 한글로 글을 써도 자동으로 영어로 번역해 주는 어플이 많아졌다. 현재 나는 글로벌 IT 회사에서 재직 중이다. 그런데 외국 법인에서 보내오는 메일 중 상당수가 영어로 온다. 이전에는 영어로 오는 메일을 받으면 한국 본사에서 받은 메일보다 해독하는 데 배의 시간이 걸렸다. 스스로 번역하느라 한 번, 번역한 문장의 뜻을 이해하느라 두 번. 그러나 지금은 번역기가 아주 자연스럽게 번역을 해 주기 때문에 한결 일하기가 수월해졌다. 나 또한 내 전문분야의 용어는 영어로 오가는 것이 쉽다. 그렇다고 영어 자체가 쉬워진 것은 아니다.

한번은 외국 법인에서 외국인 친구들이 출장을 왔다. 자주 메일을 주고받거나 메신저로 대화를 주고받아서인지 처음 대면한 나에게 영어로 말을 걸어왔다. 나는 "Hello, Nice to meet to you(안녕하세요, 만나서 반갑습니다)."라고 딱 한마디를 했다. 그러곤 그들이 한국을 떠날 때까지 알게 모르게 그들을 피해 다녔다.

나는 지금도 아침마다, 시간이 날 때마다 온라인 영어 강의를 듣는다. 나는 왜 이 어려운 영어의 끈을 놓지 못하는 걸까? 아마도 내 마지막 남은 자존심이 아닐까 생각한다.

아이들이 자라면서 어린이집 또는 유치원에서 영어를 배운다. 나의 속사정도 모르고 배운 말들을 엄마에게 쏟아 낸다. 아는 만큼은 대충 얼버무려 대꾸해 주지만, 정말 뜻을 모르겠는 경우도 많다. 겨우 유치원 영어인데 말이다. 그렇다고 애들 앞에서 엄마는 영어를 못한다고 말하기는 정말 쉽지 않다.

해외여행을 가고 싶다. 누구의 도움 없이 배낭을 메고 훌쩍 여행을 떠나도 영어 때문에 겁이 나지 않았으면 좋겠다. 유창하지는 않더라도 푸른 눈동자를 마주하고 길이라도 물어볼 수 있었으면 좋겠다. 지금 이대로라면 식당에 가서 샌드위치 하나도 못 먹고 나올 판이다. 이런 두려운 마음 때문에 해외여행을 망설이는 것도 사실이다.

첫째 아이는 초등학교에 들어가면서 그나마 유치원에서 조금 배웠던 영어도 다 잊은 것 같다. 요즘은 초등학교 3학년부터 영어가 정규과정에 든다는데, 이제 2학년인 우리 애는 알파벳도 잊은 것 같다. 첫째 아이가 3학년이 되면 같이 영어 동화책을 읽으며 함께 공부를 해 볼 생각이다. 이것이 영어를 잘할 수 있는 길인지는 잘 모르겠다. 다른 영어공부 방법을 찾아야 하는지, 아니면 여러 의견에 휘둘리지 않고 한 우물만 파야 하는지도 잘 모르겠다. 중요한 것은 나는 아직 영어의 끈을 놓지 않았고, 영어를 잘하게 될 때까지 노력할 거라는 것이다.

아이와 단둘이 해외여행을 갈 수 있으려면 시간이 얼마나 걸릴지는 모르겠다. 하지만 아이가 중학교에 들어가기 전으로 목표를 잡아 본다. 해외여행지는 미국이다. 유치원에서 배운 영어를 내 앞에서 뽐내던 작은아들이 말했다.

"엄마 우리나라 말을 하는 개는 '멍멍'이라고 짖고, 미국 말을 하는 개는 '바우와우(bow-wow)'라고 짖어요."

이 말에 우리 가족은 한참을 웃었다. '바우와우'라고 짖는 개가 사는 미국으로 아들과 나는 떠날 거다. 아들에게는 영어를 즐겁게 할 수 있는 동기를 만들어 주고 나는 그런 아들을 핑계 삼아 영어실력을 테스트해 볼 것이다.

아들들과 나는 공항 검색대에서 당당하게 인터뷰를 마치고 미국 땅을 밟는다. 우리가 묵는 숙소 카운터에서 이곳의 맛집을 추천해 달라고 말한다. 그리고 우리는 그 식당에 가서 우리의 취향을 이야기하고 추천받은 음식을 맛있게 먹는다. 여행자들이 어려워하는 대중교통을 이용해 쇼핑몰에 간다. 그 쇼핑몰에서 이것저것 자세히 따져가며 멋진 옷과 신발을 산다. 아이가 갖고 싶어 하는 한정판 프라모델을 찾아 돌아다닌다. 이렇게 미국 현지인처럼 지내다 돌아온다.

미국에서 돌아오는 비행기에서 아들과 나는 우리가 얼마나 영어가 늘었는지 서로의 눈을 보며 뿌듯해한다. 내 영어 콤플렉스는 사라진 지 오래다.

# 04

# 노동 없이도 수익을 얻을 수 있는 파이프라인 구축하기

내 이름은 성실애다. 이름의 무게가 느껴지는가? 나는 살아오면서 "이름값 못 하네."라는 이야기를 듣는 게 가장 치욕적이라고 생각했다. 그래서 이름값을 하기 위해 40년 조금 안 되는 삶을 성실하게 부지런히 살았다. 초등학교 들어가서부터 직장생활을 하고 있는 지금까지 공식적인 지각은 딱 한 번뿐이었다. 아이를 키우며 내 의지로 어떻게 할 수 없었던 지각이었지만, 그 일로 참 속이 상했던 기억이 난다. 문득 하루 24시간을 48시간처럼 사는 데도 허덕이고 있는 내가 불쌍하다는 생각이 난생처음으로 들었다.

시간은 하느님이 주신 가장 공평한 기회다. 시간을 더 많이 가지고 있는 사람도 덜 가지고 있는 사람도 없다. 부자든 거지든 모두 똑같은 시간을 소유한다. 그것은 누구도 반박할 수 없는 진리다. 하지만 지나가는 시간을 소비하고 난 후의 삶은 다르다. 시간을 어떻게 활용하고 사용했느냐는 우리 삶의 질을 완전 바꿔 놓을 수 있다.

《부의 추월차선》에서 엠제이 드마코는 '노동 시간은 자유 시간의 대가다'라는 부분에서 이렇게 말했다.

"당신의 일생을 구성하는 시간은 두 종류다. 자유 시간과 노동 시간이다. '자유 시간'은 즐기면서 쓰는 시간이다. (중략) 자유 시간은 시간을 돈과 바꾸지 않는 주말이나 저녁에 집중된다. '노동 시간'은 이와는 반대로 돈을 벌기 위해 쓴 시간과 그러한 시간을 쓰면서 나타나는 결과들이다. (중략) 당신이 만약 평일에 소비한 에너지를 재충전하기 위해 주말을 전부 쓴다면 그렇게 보낸 주말도 '노동 시간'이 된다. 노동 시간은 실제 당신이 하는 일과 그일을 하기 위해 해야 하는 일들을 하는 데 보내는 시간이다."

나는 나의 자유 시간이 얼마나 되는지 따져 보았다. 새벽 5시에 일어나서 출근 준비를 하기 전까지 1시간 30분. 퇴근 후 아이들에게 책을 읽어 주고 재우고 혼자 책을 보거나 글을 쓰는 1시간 30분. 주말에는 아이들의 숙제를 챙기고 빨래, 청소 등 집안일을 한다. 그리고 주중에 아이들과 놀지 못한 시간을 만회하기 위해 밖으로 나가서 논다. 그 시간을 제외하면 나에게 주어지는 자유 시간은 고작 2시간이 될까 싶다.

1년 중 주말과 공휴일, 연차를 합치면 대략 170일이다. 내가 쓸 수 있는 자유 시간은 170일×2시간 + (365일-170일)×3시간. 총 925시간이 나온다. 1년 8,760시간 중 약 11%에 해당한다. 그 나머지 89%의 시간은 모두 노동 시간에 해당한다는 말이다. 치열하게 24시간을 쓰며 살아도 내가 나에게 순수하게 쓸 수 있는 시간은 고작 하루 2시간 30분 정도다.

열심히 성실하게 부지런히 살면 되는 줄만 알았다. 읽고 싶은 책이 있으면 잠을 줄여 읽으면 되고, 아이들과 여행을 가고 싶으면 전날 며칠을 야근으로 채우면 그만이었다. 이 글을 쓰고 있는 지금도 이 시간을 얻기 위해 아침에 일어나서부터 얼마나 종종걸음을 쳤는지 모른다.

'왜 나는 365일 24시간을 허덕이며 사는 데도 다람쥐 쳇바퀴 돌 듯 제자리에서 맴도는 걸까?'

이것에 대한 해답이 시간을 소중하게 대하는 나의 자세에 있다고 생각하지는 않는다. 하지만 시간과 돈을 두고 저울질해야 할 때 시간을 핵심 고려 사항으로 간주하지 못했다. 시간을 아끼는 것이 아니라 돈을 아끼고 있었다. 30% 할인하는 옷을 사기 위해 집 앞의 쇼핑몰을 두고 1시간 이상 거리에 있는 아울렛까지 갔다. 조금 더 싼 에어컨을 사기 위해 하루 종일 인터넷 서핑을 했다.

50% 할인된 가격에 패밀리 레스토랑을 이용할 수 있다는 이벤트에 참여하려고 2시간을 밖에서 기다리기도 했다. 이 시간은 자유시간이라고 잘못 평가된 노동 시간이었다.

나는 돈을 벌기 위해, 아니 돈을 아끼기 위해 시간을 소비하고 있었다. 이제 나는 시간과 돈에 대한 나의 생각과 삶의 태도를 바꾸려 한다. 돈을 벌기 위해 시간을 소비하는 것이 아니라 시간을 사기 위해 돈을 소비할 것이다. 내가 하고 싶은 것, 즉 진정한 '자유 시간'을 얻기 위해 돈을 벌 것이다. 돈으로도 살 수 없는 것이 시간, 세월이라고 했다. 하지만 돈을 조금 더 효과적으로 빨리 벌 수 있다면 시간과 세월 모두를 살 수 있다고 생각한다.

우연히 '파이프라인의 우화'라는 제목의 동영상을 본 적이 있다. 이 동영상에는 두 젊은이가 나온다. 이들은 옆 산에서 마을로 물을 길어 와 돈을 버는데, 물을 길어 오는 만큼 마을의 이장은 젊은이들에게 돈을 주었다. 처음에 두 젊은이는 같이 양동이에 물을 길어 나른다. 그중 한 젊은이 브루노는 양동이의 크기를 더 크게 해서 더 자주 물을 나르며 돈을 모으고 집과 소를 산다. 그러는 중 점점 몸은 망가지고 늙어 간다. 다른 한 젊은이 파블로는 보다 돈을 많이 벌 수 있는 쉬운 방법을 상상한다. 그것은 파이프라인이다. 파이프라인을 만들어서 산에서 마을로 쉽게 물을 나르는 것이다. 시간과 노력이 많이 필요하다는 것을 알지만 그는 목표를 정하고 꾸준히 실천한다. 그 과정을 지켜보는 마을 사람들은 그를 비웃었다. 하지만 결국 파블로는 파이프라인을 만들었고 더 이상 양동이로 물을 길어 나르지 않아도 되었다. 파이프라인을 통해 흘러 들어오는 물로 파블로는 더 많은 돈을 벌었다. 그가 일하지 않는 동안에도, 잠을 자고 있는 동안에도, 먹는 동안에도 물은 계속 흘렀다.

나는 파블로가 만든, 바로 그 파이프라인을 만들 것이다. 내가 그 우화 속 파블로보다 젊지는 않다. 하지만 그만큼 더 많은 지식과 경험이 있기 때문에 더욱 빨리 파이프라인을 만들 수 있다고 확신한다.

나는 하고 싶은 것이 너무 많다. 그리고 그것들을 휠체어를 탄 채 하고 싶지는 않다. 하고 싶은 일을 하는 데도 다 때가 있다. 아이들과 함께 캠핑을 가고 대화를 나눌 수 있는 시간은 아이가 바빠지기 전이다. 부모님과 함께 여행을 가고 효도할 수 있는 시간도 부모님이 돌아가시기 전이다. 누구에게나 공평하게 24시간이 주어진다고는 하지만, 직장인인 나는 절대 마음껏 시간을 쓸 수 없다. 아이의 학교 면담을 갈 때도, 몸이 아파 병원에 다녀와야 할 때도, 3일 이상 휴가를 쓰고 여행을 떠날 때도 회사의 눈치를 봐야 한다.

나는 반드시 2년 안에 나의 시간을 오롯이 내 기준과 판단에 의해 결정할 수 있도록 만들 것이다. 그 2년 동안 보다 튼튼하고 오래 운영할 수 있는 파이프라인을 구축하기 위한 준비를 할 것이다.

그러기 위해 나는 지금 책을 쓴다. 내 지식과 경험을 바탕으로 세상에 보탬이 될 수 있는 내용을 담는다. 그 책은 내 파이프라인의 좋은 재료가 될 것이다. 그 좋은 재료를 이용해 파이프를 연결할 것이다. 연결된 파이프에 물이 끊임없이 흘러갈 수 있도록 시스템을 구축할 것이다. 그 시스템이 구축되면 나는 '노동 시간'에서 은퇴할 수 있다.

더 이상 할인에 현혹되어 시간을 버리는 어리석은 행동은 하지 않을 것이다. 금보다 더 귀한 시간을 아껴 좀 더 빨리 파이프라인을 만들 것이다. 조금이라도 젊을 때, 인생을 즐길 수 있을 때 내 시간의 결정권자가 될 것이다.

# 05

# 워킹맘들의 메신저 되기

작년 말, 조남주 작가의 《82년생 김지영》이라는 책을 읽었다. 이 책은 2017년의 베스트셀러다. 온라인 서점의 메인을 장식하고 있기에 호기심으로 주문했다. 가볍게 읽으려고 펼친 책이었지만 책장을 넘기면 넘길수록 한 구절 한 구절이 나의 가슴을 후벼 팠다. 아프고, 공감 가고, 허탈해서 눈물을 훔치며 읽었다. 한국 여자로 태어나 어처구니없을 만큼 부당한 상황 앞에서, 하고 싶은 말조차 참고 살다 미쳐 버린 1982년생 김지영의 이야기다. 이 책은 친절하지 않은 팩트만 던져두고 그에 대한 해결책은 제시되어 있지 않았다. 그래서 읽는 내내 가슴이 참 먹먹했다.

이 책을 읽을 즈음, 우리 부서에는 칼바람이 불었다. 남성 대 여성의 비율이 9:1 정도 되는 회사에서 우리 부서는 7명 중 5명이 여성으로 구성되어 있다. 무엇을 하든 눈에 띄는 부서다. 소프트웨어의 기획을 담당하고 출시하는 부서이기에 여성 특유의 꼼꼼함과 친화력은 필수다. 거기에 누구에게든 의견을 피력하고 필요하면 싸울 수 있는 강단도 있어야 한다. 그렇기에 어설프게 여성의 약함을 내세울 법하지도 않다. 한마디로 책임감과 열정으로 똘똘 뭉친 집단이다.

그리고 5명의 여직원 중 4명이 기혼여성이다. 그중 한 명은 출산휴가 중이었고, 한 명은 둘째를 임신한 지 8개월이었다. 그리고 다른 한 명은 육아휴직에서 갓 복직해 돌도 안 된 아가가 있었다. 나는 한창 손이 많이 가는 초등학교 1학년 아이를 둔 엄마였다. 우리는 인력이 충원되지 않은 상황에서 서로 일을 나누고 돌아가며 책임과 의무를 다했다. 그런 우리 부서에 칼바람이 분 것이다. 이유는 '염치가 없다는 것'이었다. 다행히 실장님의 대응으로 칼바람은 살짝 스치고 지나갔을 뿐이었지, 나에게 분 바람은 아니었는데도 열정과 책임감으로 가득 차 있던 내 마음에는 칼이 쑥 들어와 꽂혔다.

나는 결혼 10년 차다. 여섯 살, 아홉 살 아들 둘을 가진 엄마다. 남편은 가끔 나에게 변했다고 한다. 점점 독해지고 있다면서. 그럴 때면 나는 반박한다. 내가 변한 게 아니고 나를 둘러싼 환경이 변한 거라고.

나는 언제나 내 역할에 충실해 왔다. 연애할 때는 내 일과 내 부모님, 남자 친구에게만 역할을 다하면 되었다. 하지만 지금은 아들 둘, 시댁 식구들, 남편 그리고 10년 차 직장인으로서의 더 큰 책임이 추가되었다. 나는 내가 맡은 이 책임과 역할을 언제나 충실히 수행하고 있다고 자부한다. 그러다 보니 항상 바쁘고 여유가 없는 것은 당연하다.

일하는 여성은 어딜 가나 눈치가 보인다. 회사에서는 회사 일보다 아이나 집안일에 신경 쓰고 있다고 할까 봐 눈치를 본다. 아이들에게는 자신들보다 엄마가 일만 더 좋아하는 게 아닐까? 하는 생각이 들게 할까 봐 눈치를 본다. 가족 일이나 행사가 있을 때는 일 좀 한다고 미꾸라지처럼 빠져나간다 생각하실까 봐 눈치를 본다. 행복해서 즐거워서 하는 일도 가끔은 힘이 드는데 눈치 보며 하는 일은 오죽할까.


결혼 후 아이를 맡길 곳이 없어 계획을 미루고 있을 때, 지방의 시부모님께서 아이를 봐 주신다고 했다. 그러곤 바로 아이가 생겼다. 육아휴직은 꿈도 못 꿀 때라 3개월 된 아이를 시댁에 맡기고 성남으로 올라왔다. 그렇게 '주말 맘' 생활을 1년 이상 했다. 그러다 어머니가 몸이 안 좋아지셔서 18개월 된 아이를 집에 데리고 왔다. 주말부부였던 나는 낮에는 어린이집에, 6시 이후에는 베이비시터를 고용해 매일 10시까지 일했다. 퇴근 후, 아이를 재우고 집안일을 하면 1시가 넘었고 그제야 잠을 잤다. 아이가 아플 때면 점심시간을 이용해서 병원에 데리고 가곤 했다.

무척 더운 8월의 어느 날이었다. 아이가 차 안에 있는데 문이 잠겨 버렸다. 그런데 하필이면 차 키 또한 차 안에 있었다. 급하게 병원에 갈 생각에 아이 카시트를 채우느라 키를 의자에 던져둔 것이다. 반나절을 땡볕에 주차되어 있던 차는 한증막 같았다. 차에 아이가 있는 것을 본, 지나가던 공사장 인부 아저씨들이 긴 꼬챙이로 문을 열어 주었다.

'이런 미친 여자를 봤나. 정신이 나간 거 아니야? 어떻게 애를 차 안에 두고 문을 잠글 수 있지?'

마치 이렇게 말하는 듯 나를 노려보던 아저씨들의 눈빛은 아직도 내 등을 서늘하게 만든다. 그렇게 반년을 버티다 결국 친정 부모님께 SOS를 쳤다. 생계를 접고 부모님이 올라오셨다. 그런 와중에도 나는 일을 그만둘 생각을 하지 못했다. 이 일이 내 꿈이고, 이렇게 열심히 살면 성공하고 인정받을 줄 알았다.

그렇게 10년을 일했다. 여전히 제품이 출시되고 세계 곳곳으로 팔려 나가면 내 자식이 잘되는 것처럼 신이 난다. 품질이 안 좋다는 소리를 들으면 내 자식이 맞고 돌아온 것처럼 마음이 아프다. 여느 남자들 못지않게 내 일을 소중히 여겼다. 아니 더 열심히 움직이고 몇 배 더 열정적으로 일했다. 하지만 돌아온 말은 염치가 있어라, 였다.

아이를 키우며 크게 두 번 울었다. 처음은 여섯 살이던 첫째 아이에게 틱 증상이 나타났을 때다. 두 번째는 아이가 초등학교에 들어가고 처음 공개 수업을 한 날이다. 나는 회사로 돌아가는 길에 엄청 울었다. 학교에서의 아이 모습은 집에서와는 완전 달랐다. 수업에 집중하지 못하고 엉뚱한 짓만 하고 있었다. 이 두 번의 일을 겪으며 나는 내가 일하는 엄마이기 때문이라고 생각했다. 많이 챙겨 주지 못하고 같이 있어 주지 못해서 생긴 일이라는 생각에 세상에서 혼자 죄인이 되었다. 하지만 위기는 금방 지나갔고 지금은 나를 일깨워 준 아들에게 고마움을 느낀다.

아이를 키우며 일하는 엄마를 워킹맘이라 부른다. 결혼하기 전에는 누구보다도 뛰어나고 촉망받던 여성이었다. 그런데 엄마라는 이유로 여러 가지 제약에 부딪혀 제 실력을 발휘하지 못하고 인정받지 못한다. 그로 인해 좌절하는 경우가 많다.

거창한 꿈을 꾼 것은 아니었다. 그저 사회에 이바지하는 사람이 되기 위해 열심히 공부했고 어려운 입사 과정도 통과해서 직장을 가졌다. 그런데 단지 아이가 있다는 이유로 꿈과 야망도 없이 아이 학원비라도 벌어 보려고 일하는 여성으로 비쳐지는 경우가 많다.

이제 더 이상 꿈과 목표도 없이 월급이나 나눠 가는 염치없는 아줌마로 보이고 싶지 않다. 당당히 내 꿈과 비전을 세워 나갈 것이다. 회사가 아닌 세상에서 인정받는 사람이 될 거다. 그리고 나와 비슷한 처지의 워킹맘들의 메신저가 될 것이다. 꿈을 꾸는 워킹맘들의 본보기가 될 것이다.

일하던 여성이 일을 그만두어야 하는 위기는 보통 두 번 찾아온다. 아이가 태어났을 때와 아이가 초등학교에 입학했을 때다. 그런 상황에 처한 워킹맘들에게 꼭 하고 싶은 말이 있다. "비록 지금 당장 하고 있는 일을 포기할지언정 꿈은 포기하지 마세요."라고.

아직 우리 사회에서 일과 가정, 그리고 나 사이의 균형을 지키면서 인정받기는 쉽지 않다. 워킹맘이라면 더더욱 그렇다. 그렇다면 스스로 그 틀을 깨고 성공하는 길을 찾아야 한다. 그 틀을 깨고 나는 지금 꿈을 향해 가고 있다. 그 꿈을 향해 가는 첫걸음은 책을 쓰는 것이다. 책을 내고 세상에 내 이름을 알릴 것이다. 나의 경험과 지식을 여러 사람과 나눌 것이다. 그렇게 나는 내 꿈과 목표를 향해 달려가고 성공할 것이다.

사회가 만든 틀을 깨고 일과 가정, 나 사이의 균형을 지키며 성공한다. 그로 인해 워킹맘들의 희망이 된다. 그리고 워킹맘들을 꿈꾸게 하고 그 꿈을 이룰 수 있는 발판을 마련해 준다. 그것이 나의 최종 목표다.

보물지도 13

# PART 4

# No.1 취업
# 전문강사로서
# 많은 이들의 꿈 찾아 주기

· 이희수 ·

## 이희수
'한국재취업코칭협회' 대표, 재취업코칭 전문가, 취업 컨설턴트, 동기부여가, 강연가, 자기계발 작가

고용복지플러스센터 내 여성새로일하기팀에서 직업상담사로 근무하며 재취업을 준비하는 구직자들과 희노애락을 함께하고 있다. 또한 1만 시간 이상의 상담경력을 갖춘 전문 컨설턴트이다. 포털 사이트에서 '이희수코치', '재취업코치'를 검색해 도움을 받을 수 있다.

Email  tema117@epost.kr

Blog  blog.naver.com/tema117

Instagram  a73822612a

# 대한민국 최고의
# 취업 전문강사 되기

　서른 살의 중반쯤 기억으로 거슬러 올라간다. 우연히 TV 채널을 돌리다가 참 재미있고 시원시원한 언변으로 눈과 귀를 끄는 분과 맞닥뜨렸다. 한 대학교수님이었다. 남자분인 데도 설거지하기 전에 그릇을 물에 담가 놓아 밥알을 불리면 설거지를 더 쉽게 할 수 있다는 팁을 주셨다. 당신의 아들에게도 그렇게 가르치고 실행하게 하신다는 말씀이 20년이 넘은 지금도 기억에 남는다. 물론 나도 그 후로는 그렇게 설거지를 하고 있다. 또한 나의 아들에게도 그렇게 설거지하도록 일러 줬다.

　무릇 흘러가는 말일지라도 본인에게는 딱 꽂히면서 확 깨달음을 얻는 순간이 있다. 그럴 땐 그 말을 평생 잊지 못한다. 물론 그때 TV에 나오셨던 그분은 내가 자신의 말을 20년이 지난 지금도 기억하고 실천하고 있을 거라고는 꿈에도 모르실 것이다. 우연히 만나 내가 자신의 말을 지금까지 실천하고 있다고 하면 그분의 반응은 어떨까? 나 혼자 상상만 해도 재미있다.

그분의 말씀은 굉장히 철학적이거나 엄청난 연구 결과가 아니었다. 그렇기 때문에 더 쉽고 편하게 다가오면서 한순간 각인이 되었다. 그러면서 나에게도 꿈이 생겼다. 나도 저분처럼 너무나 평범한 일상생활의 원리지만 기억 속에 오래도록 잊히지 않는 그 무언가를 대중들에게 전하는 메신저가 되고 싶다는 꿈. 하지만 막연히 생각만 하고 바쁜 일상생활 속에서 주부의 역할에 충실하다 보니 꿈을 잊은 채 살아왔다.


나는 꿈을 다시 정해 보기로 했다. 그리고 그 첫 번째 꿈인 '대한민국 최고의 취업 전문강사'가 되리라 마음먹었다. 나는 50대 중반인 지금까지 참 많은 직업을 섭렵해 왔다. 결혼하기 전에는 대기업 회사원으로 직장생활을 시작했다. 그러다 회사를 그만두고 초·중학생 대상으로 학원을 운영했다. 그때 영어 전문강사인 남편을 만나 결혼하고 자녀를 양육하며 가정주부로 살았다.

그러던 도중에 옆집 아줌마의 권유로 네트워크 다단계를 하게 되었다. 1년 정도 하위그룹을 만들었다. 그때 성공 서적들을 참 많이 읽었다. 1년 정도 하고 그만둔 이유는 앞에서는 비전 있는 말들을 하지만 시간이 가면 갈수록 수익이 발생하지 않는 구조라는 것을 깨달았기 때문이었다. 내가 느낀 바를 솔직히 털어놓고 하위 그룹을 해산시켰다. 그 여파가 경제적으로도 왔으며, 인간관계에서도 이미지가 좋지 않아져 한동안 우울한 생활을 하기도 했다.

그 뒤로 한 피아노 방문학습지 회사에서 경기도 총판을 맡으며 일하기도 했다. 그러던 중 본사가 부도가 나 그만두게 되었다.

세월이 흘러 교회 집사님이 시험 한번 쳐 달라고 부탁해 보험회사 설계사로 입문했다. 한 사람 한 사람 고객을 만나 영업 스킬을 배울 수 있었다. 또 다른 집사님의 권유로 새벽에 강남 테헤란로 사무실로 녹즙 배달도 했었다. 영하 25도로 내려가는 추운 겨울날 새벽에 녹즙을 배달하기도 했다. 처음 시작할 때 30명이던 회원 수가 5개월이 되었을 때 100명으로 늘어나 있었다. 친화력과 추운 겨울을 버텨 내는 지구력을 그때 배웠다. 남자들이 대한민국 최고의 대학이라는 군대를 경험하듯이 나는 그때 군대를 다녀온 경험을 했다. 길다면 길고 짧다면 짧은 6개월 동안 '이러다 죽는거구나!' 했다. 그 뒤로도 나의 직업전선은 계속 이어졌다.

공부방, 초등학교 방과 후 코디네이터, 도서관 사서, 부동산 중개인, 장애인 사회복지사, 평생교육사, 자기주도 학습 전략사 등 여러 직업들을 섭렵하고 나니 이 직업들의 특징과 문제점들을 누구보다 잘 아는 내가 바로 전문가가 될 수 있겠다는 자신감이 생겼다. 그 누구보다 나의 경험과 노하우가 직업을 찾는 이들에게 도움이 되겠다 싶어 직업상담사가 되려면 어떻게 해야 하는지 궁금해졌다. 여러 곳을 통해 직업 상담사에 대한 정보를 얻은 결과, 상담사가 되가 위해서는 국가공인 자격증을 취득해야 한다는 것을 알게 되었다.

적지 않은 나이에 공부하기란 쉽지 않았으나 직업상담사 1, 2차 시험에 합격해 직업상담사 자격증을 취득했다. 그러고 나서 운 좋게도 곧바로 취업이 되었다. 그것도 정규직으로. 그렇게 나는 현역에서 적성에 맞는 직업을 상담해 주고 찾아 주는 일을 하고 있다.

나는 상담을 하면 그 사람이 어디로 가면 취업할 수 있겠다는 그림이 그려진다. 그만큼 적중률이 높다. 이것은 나만의 경력과 지식에 내공이 쌓인 덕이다. 그래서 이제는 내가 인생을 살아오면서 섭렵하고 터득한 나만의 경험을 바탕으로 대한민국에서 직장을 못 찾고 있는 구직자들, 특히 청년들 그리고 경력단절 여성들을 위한 취업 전문강사가 될 것이다. 나아가야 할 길의 갈피를 못 잡고 있는 이들에게 꿈과 희망을 찾아주는 메신저로 활동하며 대한민국 최고의 취업 전문강사로 거듭날 것이다.

# 가족과 함께
# 메이저리그 현장 야구 관람하기

나와 남편, 그리고 첫째아들, 둘째딸까지 우리 가족은 모두 네 명이다. 우리 가족은 모두 야구를 좋아한다. 그중 아들이 더더욱 야구를 좋아한다. 내가 야구에 관심을 갖게 된 것도 아들 덕분이다.

아들은 올해 스물네 살이다. 첫돌을 한 달 남겨 놓은 7월 어느 날, 시골에 있는 시댁으로 휴가를 가게 되었다. 그런데 저녁밥을 짓다 아들이 전기밥솥 에어 구멍에 손가락을 데는 일이 발생했다. 나중에 병원에서 말하길, 밥할 때 전기밥솥의 온도는 약 800도라고 했다. 이제 겨우 첫돌을 맞은 아이의 오른쪽 손의 다섯 손가락이 거의 녹아내릴 정도로 화상을 입었다. 순식간에 손이 풍선처럼 부풀어 올랐다. 하늘이 무너지는 것 같았다. 정신없이 아이를 차에 태우고 남편과 시골 읍내 병원으로 향했다. 응급처치를 받고 나자 의사 선생님께서는 당장 서울의 큰 병원으로 가야 한다고 말씀하셨다.

그때부터 매일 아들의 화상을 치료하러 병원에 다녀야 했다. 여름에 화상을 입었으니 매일 알코올로 소독해야만 했다. 아들은 비명을 지르며 울어 댔고 나는 차마 듣고 있을 수 없었다. 나는 매일 '차라리 내가 아프고 말지'라는 생각만 할 정도로 견디기가 힘들었다. 화상 치료가 끝나면 손가락 마디뼈가 휘어지는 것을 막기 위해 특수 장갑을 끼워야만 했다.

아들은 그 여파로 생후 17개월 때 피부 이식 수술을 받아야만 했다. 설상가상으로 수술 도중 아들이 마취에서 깨어나는 일이 발생했다. 하지만 당시에는 어린 것이 얼마나 힘들까 생각할 여유가 없었다. 치료에만 여념이 없던 터라 아들이 받았을 정신적인 충격이 얼마나 컸을지 미처 헤아리지 못했다. 그런데 나중에 그것이 외상 후 스트레스 장애로 나타났다.

외상 후 스트레스 장애란 심각한 사건이나 심한 외상을 겪고 난 후 발생하는 불안장애를 말한다. 어떤 사건 때문에 신체적, 정신적으로 충격을 받으면 지속적으로 고통을 경험하게 된다. 즉, 첫 사건에 대한 기억이나 단서, 장소를 접하면 그 고통으로 심장이 뛰거나 땀이 나고 심하면 간질 증상까지 보인다고 한다.

지금 돌이켜 보면 그때 엄마인 내가 현명하지 못했다. 눈에 보이는 외상 치료에만 신경을 쏟았기 때문이다. 정신적인 부분을 살필 수도 없을 만큼 무지한 상태였다. 한마디로 나도 정신이 반쯤 나간 상태였다. 아들은 새벽 2시만 되면 자다가 벌떡 일어나 비명을 질렀다. 그럴 때면 난 아들을 업고 밖으로 나가 한참을 서성거리다 집으로 들어오곤 했다. 그런 상황 속에 점점 집안 분위기는 우울해져만 갔다.

그런 세월을 보내고 아들이 사춘기가 되었다. 더불어 외상 후 스트레스로 인해 아들의 머릿속에서 전쟁이 일어났다. 단지 이건 나의 표현이다. 의학적인 면은 어떤지 나는 잘 모른다. 하지만 옆에서 보고 있는 나는 그렇게 느꼈다. 머릿속에서 전쟁이 일어나는 날에는 아들은 제정신이 아닌 것처럼 행동했다. 욕도 하고 과잉행동이 나타나기도 했다. 한참을 멍한 상태가 되기도 했다. 그러다 경미한 간질 증상이 나타났다. 그러면 아들은 순간 의식을 잃었다. 그러다가 한참 후에야 정신이 돌아왔다. 간질 증상의 횟수가 많아지면 인지능력도 떨어진다고 나중에 의사 선생님께서 알려주셨다. 아들은 나의 애간장을 태우며 중학교, 고등학교 학창시절을 보내고 다행히도 무사히 졸업할 수 있었다.

아들이 유일하게 좋아하고 잘하는 스포츠가 바로 야구다. 국내 야구선수는 물론이고 일본의 야구팀 야구선수, 미국 메이저리그 팀 선수 이름까지 다 머릿속에 넣고 있다. 덕분에 나도 국내

야구장은 모두 가 봤다. 아들과 같이 응원도 열심히 하고 선수들에게 사인도 받았다. 그중에서 제일 좋아하는 대한민국 선수가 류현진 선수다. 현재 류현진 선수는 LA 다저스 소속으로, 메이저리그에서 활약하고 있다. 그 외에도 미국의 내야수 저스틴 터너, 외야수 맷 캠프를 좋아한다.

나는 아들의 꿈을 함께 이루어 주고 싶다. 머릿속이, 아니 마음이 아픈 아들이 하고 싶어 하는 것이 있다면 그것이 무엇이든 다 해 주고 싶다. 부모들은 다 똑같은 마음일 것이다. 하물며 부족한 자식을 위해서라면 더욱 그렇다. 힘들게 아들을 키우느라 미처 돌아보지 못한 사이에 어느덧 혼자 씩씩하게 자라 준 딸에게도 미안하다.

성공할 수밖에 없는 하나님의 계획으로 나는 이 땅에 태어났다. 꼭 내 꿈을 이루고 동시에 아들의 꿈도 이룰 것이다.

# 03

# 양평 전원주택에서 살기

어릴 적 우리 집에는 마당이 있었다. 그 마당 가장자리에는 대추나무도 있었고 대문 옆에는 감나무도 있었다. 가을에 대추나무를 흔들면 대추가 후드득 떨어지곤 했다. 그 옆의 자그마한 단감나무에도 올라가 언덕 아래 지나가는 이웃들을 보는 재미도 있었다. 마당 중앙에는 아버지가 손수 만든 소나무 분재, 은행나무 분재, 잣나무 분재, 활엽수 침엽수 분재들이 이러저러한 모양으로 자리를 잡고 있었다. 그 화단 안에는 두꺼비도 살고 달팽이도 살고 나비는 물론 벌도 함께 있었다.

해 질 무렵에는 물주머니 가득 물을 담아 꽃나무에 하나하나 물을 주었다. 아버지는 나에게 그 일을 시켰다. 아마도 내가 차분히 물을 잘 주었기 때문일 것이다. 여름 한낮에는 잎이 넓은 나무의 경우 잎이 아닌 뿌리에 물을 주어야 한다고 일러 주셨다. 따가운 햇볕에 잎이 마르기 때문이라고 하셨다. 하지만 침엽수는 잎에다 물을 줘야 물을 흡수한다는 것을 아버지께 배웠다.

주말이면 아버지는 늘 배낭을 메고 산으로 가셨다. 분재 나무를 주워 오시기 위해서였다. 집에 오면 그 나무를 물에 하루쯤 불려 놓으셨다가 각종 연장으로 손질하셨다. 며칠을 다듬어 나온 분재 화분은 참으로 예술작품이었다. 그것은 아버지의 취미생활이었다. 지금 생각하면 그 화분들을 좋은 값에 판매할 수도 있었는데, 당시 경찰 공무원이셨던 아버지는 참 청렴하셨다.

마당 끝 쪽 수돗가 옆에는 토끼를 키우는 토끼장도 있었다. 그리고 그 옆에는 우리 집을 지키는 '케리'라는 이름의 개도 있었다. 초등학생 때 학교에서 돌아오면 엄마와 함께 토끼 먹일 풀을 따러 갔던 기억도 있다. 토끼들을 배불리 먹여 놓으면 밤마다 토끼를 먹기 위해 족제비들이 오곤 했다. 그것들이 한바탕 소란을 피우는 날에는 밤잠을 설치기도 했다.

겨울이면 마당에 있는 장독대가 냉장고로 변했다. 동지에 팥죽을 쑤어 장독대 위에 올려놓곤 했다. 그다음 날 먹으면 맛이 일품이었다. 장독대에는 각종 된장, 고추장 항아리가 즐비했다. 장독대에 관한 추억들도 많다. 이런저런 추억에 젖을 수 있어 나는 마당이 있는 주택이 좋다.

1990년 10월, 시댁에 인사하러 갔다. 비포장도로인 시골길로 한참을 갔다. 안동에서도 더 들어가는 경북 영양군 청기면 행화리였다. 도착하자 완전 시골 마을이 나타났다. 나는 시골이 좋았다. 시골에서 생활을 안 해 본 터라 더욱 시골이 좋았다. 시골이 좋으니까 남편도 더욱 멋있어 보였다. 아니, 땅이 좋았는지도 모르겠다. 혹시 나는 전생에 농사꾼이었을까? 왜 이리 땅을 갖고 싶은지 모르겠다.

언젠가 TV에서 연예인 이영애 씨가 양평 전원주택에서 산다는 내용의 연예 뉴스를 봤다. 이영애 씨의 양평 전원주택은 $182m^2$ (약 55평) 규모의 2층 건물로, 대지만 약 400평에 달하는 것으로 알려졌다. 자연과 어우러진 고급스러운 건물로 깔끔한 외관에 커다란 창, 넓은 잔디밭이 눈길을 끌었다. 동시에 나도 저런 곳에서 살고 싶다는 꿈을 가졌다.

나는 현재 아파트에서 살고 있다. 불편함 없이 살고 있지만 나에겐 편안하다는 느낌이 들지 않는 집이다. 사람은 고로 땅의 지기로 살아야 한다는 나만의 지론이 있다. 아마 어릴 적 마당이 있는 주택에서 살았던 영향을 받은 듯하다. 멀리서 아파트 단지들을 바라보면 공중에 떠 있는 곳에서 잠을 잔다는 사실이 기이하게 느껴진다. 내 침대 아래층에서 또 다른 사람이 잠을 잔다. 이건 좀 이상하지 않은가. 그것도 몇억 원을 주고도, 아니 몇십억 원을 주고도 못 들어가는 경우가 부지기수다. 나는 아무리 비싼 아파트라고 하더라도 조금도 부럽지 않다. 오로지 양평의 전원주택만을 꿈꾸기 때문이다.

가끔 상상해 본다. 나만의 집을 한번 지어 보고 싶다는. 거실에 누우면 밤하늘의 별이 보이도록 유리 천장을 씌운다. 낮에는 빛이 사방에서 들어오고 밤에는 별이 보이는 집. 원적외선이 나오는 사우나실과 황토 찜질방, 체력단련실, 옥외 수영장, 실내 수영장이 있는 집. 그런 집을 양평에 짓고 싶다고 상상해 본다. 나는 반드시 꿈이 이루어지게 할 것이다.

이런 꿈이 현실에서 이루어질 수 있다고 믿는 것은 모두 〈한책협〉을 만났기 때문에 가능한 일이다. 그리고 반드시 현실에서 이루어 낼 것이다.

# 04

# 남편에게 월급 1억 원 주기

나는 남편에게 월급 1억 원을 주겠노라고 일방적인 선포를 했다. 아마도 그는 농담으로 여길 것이다. 그렇다. 농담으로 시작한 말이다. 하지만 가만히 곱씹어 보면, 터무니없는 일만이 아니라는 것을 나는 안다. 나의 버킷리스트 중 하나는 '베스트셀러 작가 되기'다. 이는 대한민국 최고의 책 쓰기 코칭 협회인 〈한책협〉을 만났으니 가능한 일이다.

나와 남편은 1990년 9월 9일에 처음 만났다. 그런데 만나기로 약속한 그날, 서울 경기 중부지방에 대홍수가 났다. 사당역 부근 레스토랑에서 만나기로 했는데 당시 나의 직장은 서초동이었다. 평소에는 서초동에서 사당역까지 차로 20분 정도 걸렸다. 하지만 그날은 홍수로 인한 교통대란이 있었기 때문에 2시간을 훌쩍 넘기고 나서야 겨우 도착했다. 이미 너무 늦었기 때문에 가고 없겠지, 라고 생각했다. 그런데 남편은 그때까지 기다리고 있었다. 그렇게 우리의 만남은 시작되었다.

남편은 8남매 중 셋째다. 시부모님은 고추 농사를 하셨다. 화전을 일구어 한평생 논밭을 부치셨다. 그 시대 우리나라 전역의 시골 생활은 비슷했다. 비포장도로에 전기도 제대로 들어오는 마을이 없었다. 더군다나 남편의 집은 부유한 편도 아니었다. 부유하기는커녕 하루하루 고된 농사일을 해야 열 식구가 겨우 먹고살았다. TV는 물론 전화도 없었다. 라디오는 큰 건전지를 연결해야 들을 수 있는 정도였다. 문화적인 접촉은 라디오와 신문이 전부였다.

남편은 유년시절에 늘 혼자 있기를 좋아했다. 하지만 남편이 유일하게 대장을 할 수 있었던 놀이는 야구였다. 야구방망이는 당연히 산에서 나무를 잘라 만들었다. 야구 케첩은 비닐 비료 포대로 만들었다. 야구공은 테니스공이면 훌륭한 것이었다. 유년시절을 그렇게 보냈다.


가정형편 때문에 중학교 진학이 어렵게 되자 시아버지께서 남자는 기술이 있어야 밥 먹고 산다며 남편에게 목수 일을 배우게 했다. 그래서 남편은 초등학교 졸업 후에 목수 보조 일을 하게 되었다고 한다. 그런데 남편은 마을에서 천재로 소문이 난 덕에 중학교에 입학할 수 있게 되었다. 그러곤 전교에서 1등으로 중학교를 졸업했다. 그 결과 안동고등학교로 유학을 갔다. 서울로 대학교를 갈 가정형편이 못 되어 육군사관학교에 입학했다. 그때 시아버지께서는 동네잔치를 하셨다고 한다. 하지만 남편의 적성에는 전혀 맞지 않아 한 학기만 다니고 육사를 중퇴했다. 그날 시아버지가 남편을 산으로 데려가 엄청 두들겨 팼다고 한다. 그런 일을 겪고 그해 다시 시험을 쳐서 서울에 있는 한 대학교의 영어과에 합격했다. 그때부터 남편은 서울에서 유학생활을 했다. 나를 만났을 때는 대학원생이었다. 서울 SKY(서울대·고려대·연세대를 줄여 부르는 말)대 중 K대였다.

남편과 결혼을 결심하게 된 이유는 이렇다.

첫째, 시골에서 태어나 자랐기 때문이다. 그러니 시골의 정서를 갖추었을 것이다. 농부의 자녀로서 선량하게 성장했을 것이다. 그래서 타인을 잘 배려할 것이다. 나는 이런 이유로 남편을 선택했다. 하지만 돌연변이가 있을 수 있다는 것을 간과했다.

둘째, 나보다 영어를 잘했기 때문이다. 전기도 겨우 들어가는 곳에서 산 남편은 전화기를 고등학교 때 안동시 목욕탕에서 처음 봤다고 했다. 그 정도의 두메산골에서 어떻게 영어공부를 했을까. 영어를 잘할 수 있는 환경도 아니었는데 말이다.

셋째, 목소리 때문이었다. 중저음이면서 매끈하게 들리는 목소리가 좋았다.

마지막으로 손을 보았다. 손이 두툼하면서 큰 것이 좋았다. 이유는 없다. 그냥 좋았다.


남편과 결혼한 지 30여 년이 다 되어 간다. 남편은 노량진의 재수생 입시학원 대표 강사였다. 강사생활은 일반 직장인들의 생활과 반대였다. 오후 늦게 출근해 밤 10시가 넘어야 퇴근했다. 아이들은 아빠의 퇴근을 못 보고 잠들었다. 아이들 양육은 오로지 내가 감당해야 했다. 간간이 강의 자료도 도와줘야 했다. 그땐 그냥 그렇게 사는 줄로만 알았다.

남편은 26년을 몸 바쳐 온 직업을 과감히 접었다. 그 이유는 나이 때문이었다. 영어 강사를 계속하기는 힘든 나이가 되었다. 남편은 학생들 앞에서 그냥 강의만 잘하는 사람이다. 사람들과 친화적이지도 못하다. 사업가 기질이 있는 것도 아니다. 직업으로 할수 있는 영어 빼고는 딱히 잘하는 것도 없었다. 영어교육 콘텐츠도 만들지 못했다. 빠르게 변화하는 현실을 따라가는 순발력도 부족하다. 반면 고집은 강하다. 그러나 그 고집에는 성실함이 내포되어 있다. 묵묵히 자기 일은 잘한다. 그런 남편이 준비 없이 퇴직했다. 자격증이라곤 운전 1종 보통 면허증이 전부였다. 답은 운전하는 것뿐이었다. 아무 일도 하지 않고 그냥 있을 수는 없는 노릇이었기 때문에 남편은 눈높이를 확 낮추기로 했다.

남편은 화물차 종사자 자격증을 따 바로 1인 창업을 했다. 그간의 정신적인 노동에서 육체적인 단순 노동으로의 전직에 성공한 것이다. 주 6일 동안 새벽 4시에 시작해 빠르면 오전 9시에서 10시쯤에 하루 일의 물량을 다 끝낸다. 그리고 오후 시간은 개인 시간으로 보낸다. 남편이 이 일을 처음 시작할 때 시댁 식구들의 염려는 있었다. 하지만 남편은 일찍 자고 일찍 일어나서 하는 이 일을 너무 좋아한다. 진즉 이 일을 할 것을 26년간 적성에도 안 맞는 일을 해 왔다고 푸념한다. 역시 농부의 아들이다. 단지 나를 위로하려고 하는 말 같지 않다.

시어머니께서는 가끔 말씀하신다. "서울 가서 높은 공부를 한 아들이 지금은 힘든 일을 한다."라고. 그렇게 말씀하시면 마치 내가 죄인이 된 기분이다. 왜 그럴까? 남편은 여자 하기 나름이라는 광고 문구가 생각나서일까? 내가 뭘 잘못했나? 생각해 보기도 한다. 그래서 반드시 성공해 남편에게 월급 1억 원을 줄 것이라고 다짐한다. 퇴근하고 집에 가면 남편이 된장찌개와 저녁밥을 지어 놓고 기다린다. 사소한 일상에서 행복을 찾는 지금이 좋다.

05

# 10권의 베스트셀러를
# 출간한 작가 되기

"작가는 타고나는 것이 아니라 만들어지는 것이다."

〈한책협〉김태광 대표 코치님께서 하신 말이다. 참 희망적인 말이지만 혹자는 말한다. "책은 아무나 쓰는 것이 아니다."라고. 그러면서 그 아무나가 '나다'라고 말한다. 누구는 태어날 때부터 작가라고 이마에 새겨 나오나? 아니다. 이마에 작가라고 새기고 나오는 사람은 아무도 없다. 그러니 김태광 대표 코치님의 말씀이 맞다.

하루는 나의 5년 후 모습을 생각해 봤다. '퇴직하고 뭘 하지?' 라는 질문에 자신 있게 나오는 말이 없었다. 큰일이었다. 5년 후를 대비하려면 지금부터 준비해야 하는 것을 알고는 있었다. 하지만 뚜렷한 대안이 없었다. 그 뒤로 틈만 나면 고민했다. 나이가 들면 노동에도 한계가 있다. 자식에게 얹혀살 수도 없는 노릇이고, 100세 시대라는데 딱히 놀고 먹을 수 있을 만큼의 재산이 있는 것도 아니다.

그래서 찾았다. 두드렸다. 그리고 드디어 열렸다. 무에서 유를 창조할 수 없다면 살아온 삶을 풀어내는 작가를 해야겠다. 내가 살아온 이야기만 해도 책 10권은 충분히 쓸 수 있다. 그것도 베스트셀러로. 산전, 수전, 공중전의 시련과 고난을 넘었던 열 가지 일을 적어 보련다.

첫 번째 책은 나의 탄생부터 20대까지의 좌충우돌, 질풍노도의 시기를 지내 온 이야기, 친정엄마 이야기를 적을 것이다. 이 밖에도 이야깃거리는 무궁무진하다. 그 시대의 아버지와 이 시대 아빠의 이야기, 친정 6남매 이야기, 시댁 8남매 이야기, 씨족 마을을 이루고 사는 시댁의 이야기 등등. 참 재미있는 글감이 많다. 두 번째 책은 30대에 결혼해 겪은 늦은 출산 및 양육과 교육에 대해서 쓸 것이다. 세 번째 책은 인생의 쓴맛을 보면서 산다는 것이 무엇인지 모르고 살았던 40대 이야기. 네 번째 책은 50대에 접어들면서 내가 깨달은 이야기. 다섯 번째 책은 앞으로의 인생계획 이야기. 여섯 번째 책은 딸아이를 키우면서 느낀 것과 시대의 변화에 대해. 일곱 번째 책은 결혼생활에 대해. 여덟 번째 책은 내가 겪은 종교에 대해. 아홉 번째 책은 장애인이 되어 버린 아들로 인해 단체 기관장을 한 이야기. 마지막 열 번째 책은 현 취업 컨설턴트 일에 종사하면서 전하고 싶은 이야기를 담고 싶다.

나에게는 꼭 이루고 싶은 50가지의 버킷리스트가 있다. 그 중에 몇 가지만 이야기하자면 대한민국 최고의 취업 전문강사 되기, 가족과 함께 메이저리그 야구를 현장에서 관람하기, 연봉 1억 원 달성하기, 벤츠 E-클래스 사기, 미국의 그랜드캐니언 및 나이아가라 폭포 보러 가기, 10권의 베스트셀러를 출간한 작가 되기, 양평 전원주택에서 살기, 남편에게 월급 1억 원 주기, TV와 라디오 방송에 출연하기 등이다. 그중 지금 가장 이루고 싶은 꿈은 바로 '10권의 베스트셀러를 출간한 작가 되기'다.

"이희수 작가님, 이번에 투고하신 책 내용이 아주 좋습니다. 저희 출판사와 계약하길 원합니다. 그리고 강연도 부탁드립니다."

원고를 쓴 후 계약하고 출간하자는 전화를 받았다. 그다음에는 "베스트셀러 작가가 되신 이희수 작가님. KSB1 〈아침마당〉에 출연해 주시길 간곡히 부탁드립니다."라는 전화도 받는다. 이 모든 것은 지금은 상상이다. 그러나 이제 곧 닥칠 일이다. 모두 수락할 수는 없는 노릇이니 멋있는 거절의 답변도 생각해야 한다.

나는 10년 전 네트워크 사업을 한 적이 있다. 그때도 성공에 관한 책들을 참 많이 봤다. 지금까지도 기억에 남는 하나는 바로

'끌어당김의 법칙'이라는 것이었다. 바라는 것을 정해 두고, 이루어지기를 간절히 원하면 정말로 이루어진다는 것. 하지만 나는 믿지 않았다. '생각만 하면 다 되면 이 세상 사람들 다 부자로 살겠다!'라는 부정적인 생각을 하기도 했다.

그런데 세월이 흘러 지금 돌이켜 보니 이미 나에게는 끌어당김의 법칙이 작용하고 있었다. 〈한책협〉을 만났기 때문이다. 김태광 대표 코치님과 인연을 맺은 것도 끌어당김의 법칙에 의한 것이다. 그러니 위에 적힌 내 버킷리스트도 모두 실현될 것이라고 나는 믿는다. 나는 이제 제2의 인생을 〈한책협〉 김태광 대표 코치님과 함께할 것이다. 코치님은 내게 50가지의 꿈을 찾아 주셨다. 나는 이 모든 것을 반드시 이루어 나갈 것이다.

이 모든 일이 있도록 계획해 주시고 깨닫게 도움을 주신 하나님께 영광을 돌린다.

보물지도 13

# PART 5

# 많은 이들과
# 함께할 수 있는
# 강연문화 만들기

· 김경태 ·

**김경태** 삼성디스플레이 책임연구원, '한국독서코칭협회' 대표, '모티베이터즈랩' 대표, 독서콘텐츠 제작자, 강연가

어릴 때부터 습관이 된 집중 독서를 바탕으로 30~40대 세컨드 라이프를 준비 중인 직장인들을 위한 비전독서 방법을 컨설팅하는 '한국독서코칭협회'를 운영하고 있다. 삼성디스플레이 독서봉사단 '봄드림'의 대학생 멘토를 맡고 있으며, 현재 독서를 통한 인생의 변화에 관한 내용을 담은 개인저서가 출간을 앞두고 있다.

Email  kennie.kim@gmail.com          Blog  www.motivatorslab.com
C · P  010.9340.5605                 Instagram  @kennie.kim

# 매년 가족사진 찍기

삶은 시간이다. 엄마의 배 속에서부터 숨을 거두는 그 순간까지 우리는 시간을 산다. 시간을 통해 육체가 성장하고 정신이 자란다. 시간은 잡을 수 없기에 우리는 기록이라는 방법을 통해 시간을 잡아 둔다. 누구는 종이와 펜으로, 누구는 물감과 캔버스로, 나는 카메라로 시간을 잡아내 사진첩에 1초, 또 1초를 담아 둔다.

나는 사진을 좋아한다. 사진을 보는 것을 좋아하고 찍는 것도 좋아한다. 어렸을 때는 사진을 보는 것을 좋아했다. 사실 비싼 사진기를 만지면 안 되었기 때문에 보는 것을 좋아할 수밖에 없었다. 하지만 다른 아이들보다 유독 사진을 좋아했다.

왜 사진이 좋았는지 기억이 나지는 않는다. 하지만 내가 찍혀 있는 사진이나 가족, 친구들, 우리 집, 동네 풍경들이 담겨 있는 사진을 보고 있으면 그때 그 시간으로 잠시 돌아가는 것 같았다. 그래서 즐거웠던 소풍이나 여행, 특별했던 행사가 담겨 있는 사진을 지금까지도 소중히 간직하고 있다. 가끔 들여다보며 그 시절을 그리면서.

1995년 5월 5일 금요일 새벽, 잊을 수 없는 날이다. 고교시절 친하게 지냈던 친구 10명이 대학을 위해 서울, 대구 그리고 고향인 부산에서 떨어져 지내게 되었다. 그러다 연휴를 기회로 함께 모인 날. 전날 저녁 동네 단골 치킨 집에서 얼큰하게 취해 각자의 대학생활을 열심히 자랑하며 웃고 떠들었다. 그때 내가 제안했다.

"내일 새벽에 해운대에 해 보러 갈래?"

"왜?"

"그냥."

"오랜만에 10명이 다 모였는데 사진 한 장 찍자."

"그럴까?"

"가자."

"그러자."

다음 날, 5월 5일 새벽 6시, 우리는 택시를 나누어 타고 해운대 바닷가에 도착했다. 아직은 쌀쌀한 바닷바람, 해 뜨기 전의 그 칠흑 같은 어둠 속에서 나는 아버지 몰래 들고 나온 카메라를 꺼냈다. 그리고 해가 내 머리 위로 떠오르는 시간까지 친구들과 걸으면서 필름 2통을 다 썼다. 마지막 1컷이 남았다. 그때 이것도 기념이라며 여행 오신 분에게 부탁해 10명이 모두 담긴 단체사진을 찍었다. 그 마지막 사진은 내 손으로 찍지는 못했지만 내 인생 최고의 사진이 되었다.

1999년 5월. 군대를 제대한 후 처음으로 내 카메라를 샀다. '삼성 케녹스 포켓 카메라'. 제대 후 유럽 배낭여행을 준비하면서 구입한 카메라였다. 크기가 작아 수납이 편하고 사용이 간편해 6년 뒤 디지털 카메라를 구입하기 전까지 항상 들고 다녔다. 배낭여행할 때는 20통이 넘는 필름을 사용했다. 2002년 미국 연수 시절에는 100통 이상 사진을 찍었다. 녀석은 내 분신인지라 나와 미국을 일주했고, 유럽 14개국을 넘어 동남아를 섭렵했다.

어학연수 시절 얼마나 많은 필름을 소비하고 인화했던지 상점 주인은 가끔 1~2통은 무료로 인화를 해 주기도 했다. 이때를 계기로 "사진에 소질이 있다.", "사진 좀 찍어 줄래?"라는 주변의 얘기를 자주 듣게 되었다. 그러면서 내 취미는 자연스럽게 사진이 되었다.

2005년 가을. 다음 해에 있을 결혼을 준비하면서 내 소유의 DSLR을 샀다. '캐논 EOS 20D'. 이 녀석은 지금도 캐논을 주력으로 사용하는 사람들에게는 최고의 중급기로 유명하다. 나는 그것을 거금 250만 원에 내 방으로 모셨다. "너무 비싸지 않느냐?"라는, 지금의 아내 말에도 아랑곳하지 않고 나는 "얘 아니면 안 돼."라고 우겨서 구입했다.

신혼여행을 다녀와서 현상한 사진을 보고서는 '이미 카메라 값은 다 했다'라는 생각이 들 정도였다. 그만큼 만족스러운 사진을 나에게 남겨 준 보석 같은 녀석이다. 이 카메라 덕분에 사진을 출품해서 상도 받아 보고, 작품이라며 돈을 받고 사진을 팔아 보기도 했다. 결혼과 동시에 마련한 이 카메라는 지금까지도 아내, 아들, 딸, 아버지, 어머니, 장인어른, 장모님, 친척들, 친구들과의 시간들을 많이 담고 있다.

또한 이 사진들 덕분에 한 장의 사진이 사람들에게 기억과 추억을 되돌려 준다는 '사진의 힘'을 알게 되었다. 10만 컷을 넘긴 이 녀석은 이제 수명을 다해 내 서재의 카메라 함에 고이 간직되어 있다. 하지만 가끔 꺼내어 손에 들어 보고 뷰파인더를 들여다보면 여전히 건재하다고 말하는 것 같다. 이 녀석 특유의 맑은 셔터 소리는 아직도 내 귀에는 그 어떤 기종도 따라올 수 없을 만큼 명쾌하다.

나는 결혼 후 매년 가족사진을 찍는다. 처음에는 아내와 둘이서 현충원에 가서 삼각대를 세워 두고 찍었다. 현충원에는 내가 좋아하는 소나무가 한 그루 있는데 항상 그곳에 앉아서 찍었다. 첫해에는 둘이, 다음 해에는 아들을 안고, 몇 년 뒤에는 딸이 그 자리에 함께 있다. 날씨와 잔디 색은 달라도 그 소나무는 한결같은 모습이다. 나는 점점 소년에서 아빠가 되어 가고 있고 아내는 점점 소녀에서 엄마가 되어 가고 있다. 그 시간이 고스란히 사진에 남겨져 있다. 이 사진을 볼 때마다 가족이 함께 있는 사진이 얼마나 큰 가치가 있는지에 대해 생각한다. 그래서 나는 내 버킷리스트에 이렇게 한 줄 썼다.

'매년 감동적인 풍경을 배경으로 가족사진 찍기.'

그리고 나는 우리 가족이 함께 꼭 가 보고 싶은 곳과 추억의 장소들을 물색하기 시작했다.

첫 번째 장소는 이탈리아 피렌체의 한 광장이다. 영화 〈냉정과 열정 사이〉에서 준세이와 아오이가 다시 만나는 그 장소. 멀리 두오모 성당의 모습이 보이는 그 지점에서 아내와 아들, 나와 딸이 서로 마주 보고 있는 사진을 담을 것이다. 아들과 딸이 어른이 되고 이 영화를 이해하게 될 때 이 사진을 찾아보게 되는 순간을 맞이할 것이다. 그리고 그때 아빠와 엄마를 기억하고 웃음을 지을 것이다.

두 번째 장소는 뉴욕 맨해튼의 마제스틱 극장 〈오페라의 유령〉 간판 앞이다. 내 나이 스물일곱 살에 만난 맨해튼은 나에게 '갇혀 있지 말고 더 넓은 세상으로 나아가야 한다'고 재촉했다. 브로드웨이에서 만난 〈오페라의 유령〉은 뮤지컬에 대한 내 생각을 완벽히 바꿔 준 작품이었다. 캐스팅이 그때와는 다르겠지만 당시 내가 느꼈던 그 전율을 가족에게 느끼게 해 주고 싶다.

또한 내가 스물일곱 살에 접했던 '세계의 중심' 맨해튼을 내 아이들은 좀 더 일찍 경험해서 더 크고 더 위대한 꿈을 그리는 사람이 되었으면 싶다. 그들이 성인이 되어 자신을 돌아보는 시점에 이 사진을 보게 된다면, 어릴 때 느꼈던 뉴욕의 분주함과 화려함이 현재 그들의 삶에 어떠한 영향을 미쳤는지를 알게 될 것이다. 그리고 다시 그곳에 가 보기를 기대하고 가슴이 뛰게 될 것이다.

이렇게 한 곳 한 곳 의미를 부여하며 우선 13곳의 장소를 정했다. '해남 땅 끝 마을 끝 지점', '소매물도 정상', '지리산 천왕봉에서 아들과 함께', '영국 에든버러성에서 딸과의 포옹', '아프리카 바오밥 나무 아래에서 가족사진'…. 한 줄 한 줄 버킷리스트를 채울 때마다 마음껏 상상하고 이미지를 뒤져서 스크랩해 둔다.

나는 알고 있다. 이렇게 적어 두고 쳐다보고 있으면 이루어진다는 사실을. 그리고 꼭 증명해 보일 것이다. 내 블로그를 통해서 내가 나의 버킷리스트를 하나하나 이루어 가고 있다는 진실을. 이렇게 나는 사진기와 사진을 통해 순간에 의미를 부여하는 삶을 살고 있다고.

# 2020년까지 5권의
# 개인저서 출간하기

"여기서 어디로 가야 할지 좀 알려 줄래?"

"그건 네가 어디로 가고 싶은가에 달려 있지."

"어디든 별로 신경 쓰지 않아."

"그럼 어디로 가도 상관없겠네."

영국의 아동문학 작가 루이스 캐럴의 《이상한 나라의 앨리스》
에 나오는 대사다. 웹서핑을 하다 우연히 본 앨리스와 체셔캣의
대화에서 나는 내 미래가 왜 기대되지 않는지 알게 되었다. 그때
내 나이 서른넷이었다.

2003년 12월 22일. 내가 삼성전자에 입사한 날이다. 스물여덟

의 겨울에 나는 또래보다 2년 늦은 대학 졸업을 앞두고 우리나라에서 가장 큰 기업에 취직했다. 입학은 동기들과 같았지만 졸업은 2년 늦었다. 그때도 지금과 마찬가지로 대학생들의 취업 상황은 최악이었다.

나는 스펙이 모자라서 졸업이 늦은 것은 아니었다. 일찍 일하고 싶지가 않았기 때문이었다. 학생이었지만 아르바이트 없이도 용돈과 생활비에 대한 불편이 전혀 없었다. 그래서인지 돈을 벌겠다는 생각이 없었다. 그냥 학생인 게 좋았다. 아니 학생인 게 편했다. 그래서 1년은 배낭여행과 휴식기로, 또 1년은 어학연수로 또래보다 졸업을 2년 미뤘다. 석사를 지원해서 더 미뤄 보고도 싶었다. 하지만 나는 전공에 전혀 관심이 없었고, 공부에 취미를 잃었다는 것을 깨달았다. 때문에 더는 학생으로서 버틸 명분이 없었다. 그래서 나는 직장인이 되었다.

시작은 즐거웠다. 6주간의 합숙훈련을 통해서 끈끈한 동기애와 그 어떤 어려운 일도 다 극복해 낼 수 있는 팀워크의 힘을 경험했다. 동기들 하나하나 모두 보석이었다. 넘치는 학벌과 재능, 그리고 무한한 성장이 기대되는 잠재성. 우리는 모두가 미래의 사장단이었다. 그런데 이런 가슴 뛰는 상상이 깨지는 데까지는 그리 오랜 시간이 걸리지 않았다.

합숙 교육을 마치고 수백 개의 회사 부서 중 한 부서의 막내로 배치받은 날이었다. 나는 그날의 술자리에서 '군대는 인생의 축소판'이라는 선배들의 말이 너무나도 정확하다는 것을 실감했다. 군 시절, 훈련을 마치고 자대 배치를 받아 선임병을 따라 들어간 내무반. 관물대의 선임병들의 야상에 붙어 있는 계급장들은 덩그러니 가로 한 줄 그어진 이등병 계급장을 너무나 초라하게 만들었다.

회사도 똑같았다. 군복이 아닌 양복을 입고 선배들 앞에 서 있지만 나는 너무나 작았다. 나는 바쁜 선배들이 식당에 가서 밥 먹는 것까지 가르쳐 줘야 하는 신입이었다. 회사는 바빴고 선배들은 각자의 일을 하느라 정신이 없었다. 그들은 한 번도 들어 보지 못한 단어들로 대화했고 나는 점점 주눅이 들어 갔다. 그리고 그런 날이 며칠 반복되면서 모든 일을 해낼 수 있다고 의기양양해했던 나는 아무것도 할 줄 모르는 병아리가 되었다.

그리고 5년을 넘게 생산라인에서 3교대로 근무했다. 새벽, 오후, 야간에 각 8시간씩 7일 근무, 그리고 이틀의 휴무. 멈추지 않고 돌아가는 기계들 속에서 우리는 기계들의 정상화를 위해 비정상적으로 일했다. '사람은 해가 지면 자고 해가 뜨면 일어나야 한다'라는 말의 소중함을 깨닫기까지는 그리 오랜 시간이 걸리지 않았다.

남들이 쉬는 휴일에 근무하고 남들 일하는 주중에 쉬는 것은 인간관계를 회사에 종속시키기에 딱 좋았다. 회사 동료들 외에 친구들을 만날 시간이 없었다. 그리고 열흘 단위로 변경되는 수면 시간은 육체를 넘어 정신을 점점 힘들게 했다. 암막커튼을 달고, 술을 마시고 취기에 잠을 청해도 매번 오전에 잠을 자야 하는 야간은 힘들었다. 퇴근하는 남편을 기다렸던 아내는 아침에 녹초가 되어 들어온 남편을 위해 방 출입을 삼갔다. 아이가 태어나고 나서는 각방을 써야 했다. 회사를 위해 우리 가족의 행복을 양보했다. 그때는 오로지 정상적인 근무만 할 수 있게 되면 좋을 것 같았다.

하지만 교대근무가 단점만 있는 것은 아니었다. 추가 근무가 없었기 때문에 여유시간이 많았다. 그 시간에 책을 읽고, 영화를 보고, 오락을 하고 공부를 할 수 있었다. 처음에는 나도 그랬다. 그런데 잠이 모든 것을 망쳤다. 그래서 이 생활을 탈출할 방법을 찾기 시작했다.

그때 눈에 들어온 것이 '사내 공모'였다. 회사 내 다른 부서로 이동할 기회를 주는 것이다. 교대근무가 없는 사무직 부서로의 이동. 선배들 중 가끔 한 명씩 그렇게 부서를 떠나는 사람이 있었다. 그래서 나도 준비했고 서류심사에 합격하고 면접을 보았다. 결과는 실패. 나는 내가 왜 실패했는지 알고 있다. 면접관들에게 내가 지원한 부서로 가야 할 이유를 설명하지 못했기 때문이다. 나는 부서이동이 필요했을 뿐이지, 그 부서의 업무에 필요한 사람이 아니라는 것을 알고 있었다.

이 실패를 통해 나는 큰 것을 깨달았다. '내가 매력적일 때 사람들은 나를 원한다'는 것과 '내가 원하는 것을 얻으려면 절실한 마음만이 아니라 철저한 준비와 노력이 선행되어야 한다'는 것이다. 그리고 나는 변화를 꿈꾸기 시작했다. 그때가 바로 이 글의 서두에서 이야기한 《이상한 나라의 앨리스》를 본 시점이다.

'꿈꾸는 소년'. 인터넷에서의 내 닉네임이다. 고등학교 3학년 때 만들었던 나의 분신이다. 나는 '꿈꾸는 소년'이었다. 그런데 그것을 잊고 살았다. 꿈꾸는 소년이 꿈을 잃어버린 채 현실에서 방황하고 있었던 것이다. 고등학교 때 이 닉네임을 연습장에 쓰면서 첫사랑과의 영원한 사랑을 꿈꿨고, 내가 가고 싶었던 대학을 꿈꿨고, 친구들과의 영원한 우정을 꿈꿨다.

그렇게 꿈을 꾸며 화려하게 세상에 나서겠다고 다짐했던 내가 꿈을 잊은 채 살고 있다는 것을 이제야 깨달았던 것이다. 그래서 나는 다시 변화를 꿈꾸기 시작했다. 연습장에 회사생활을 시작했던 2004년부터 2009년까지의 6년간을 하나의 단어로 요약해 보았다. 'Brand New(2004)', '천천히 한 걸음씩(2005)', 'Together(2006)', '자랑스러운 아빠(2007)', '교학상장(2008)', '주인정신(2009)'.

가치 없이 버렸다고 생각했던 시간들이 요약해 놓고 들여다보니 '성장 중', '발전 중'이라고 말하고 있었다. 그렇게 과거를 정리했고 미래의 10년을 다시 기록했다. 미래는 구체적으로 나에게 동기를 부여할 만한 단어들을 선택했다. '전망이 좋은 50평 아파트', '매력적인 능력을 갖춘 사람', 'BMW 335i', '경영학 석사학위', '후배들의 멘토', '아이비리그 유학', '책이 가득한 내 서재' 등등.

2018년. 그로부터 약 9년의 시간이 흘렀다. 나는 회사에서 인정받는 사람이 되었다. 상사의 인정보다 더욱 기쁜 것은 후배들이 나를 인정한다는 점이다. 그리고 나는 천안에서 가장 좋은 동네의 꼭대기 아래층, 전망 좋은 서재를 갖춘 50평 아파트에서 살고 있다. 물론 자동차도 BMW를 샀다. 작년 여름학기를 마지막으로 경영학 석사도 마쳤다.

그때 썼던 대부분의 것을 이루어 냈으며 지금도 그 목표들을 향해 나아가고 있는 중이다. 그리고 계속해서 내 꿈을 발전적인 방향으로 수정해 가고 있다. 수정은 있어도 삭제는 없다. 꿈을 다시 꾸기 시작했던 9년 전부터 매년 100권 가까운 책을 읽었고, 사람들을 만났고, 강연을 듣고, 공부를 했다. 돈을 벌기 위해서가 아니라 꿈을 이루기 위해 하루하루를 살았다.

이렇게 치열하고도 의욕이 충만했던 시간들은 나에게 내 미래의 청사진을 뚜렷하게 만들어 주었다. 나는 리더가 되고 싶었던 것이었다. 그리고 내 성장 스토리와 내가 가진 지식과 노하우를 전파해 모두가 함께 행복하고 보람된 삶을 살 수 있도록 도움을 주는 메신저가 되고 싶었던 것이었다.

그래서 나는 지금 내 역량을 정리하는 책을 쓰고 있다. 그리고 이 꿈을 꾸기 시작한 2017년 10월 25일부터 정확히 3년 뒤인 2020년 10월 25일에는 5권의 개인저서를 출간한 작가이자 자기계발의 즐거움에 대해 강연하는 메신저가 될 것이다. 그렇게 성공을 향해 나아가고 있을 것이다. 생각만 해도 가슴이 떨리지 않는가? 정말 좋아하는 일을, 꿈이 비슷한 동료들과 함께, 매일매일 해나가는 자신의 모습을 마주한다는 사실이. 그래서 나는 오늘도 한 걸음 더 걷는다. 더 빨리 꿈을 만나고 싶은 욕심 때문이다.

# 03

# 행복한 죽음 맞이하기

새벽 4시, 알람이 울린다. 떨어지지 않는 눈꺼풀을 비비며 누워 있던 몸을 일으켜 본다. 천국과 지옥이 공존하는 순간이다. 이불 안은 천국, 이불 밖은 지옥. '더 자고 싶다', '일어나야 한다' 이 두 문장이 머릿속에서 계속 싸움을 하지만 오늘도 나는 몸을 일으킨다. 그리고 뜨거운 물로 샤워를 한다. 머리를 말리고 로션을 바르고 어제와 똑같이 가부좌를 틀고 명상에 들어간다. 들숨과 날숨에 집중해 본다. 어느 순간 차츰 생각이 내 숨으로 돌아오고 머리가 비워지기 시작한다.

명상을 시작하면서 새벽 4시에 일어나기 시작했다. 만물이 깨어난다는 바로 그 시간. 새벽 4시는 일상의 분주함을 잠시 한쪽으로 밀어 두고 오롯이 나와 마주하게 한다. 그리고 명상은 나에게 '내 마음이 어디로 가고 있는지' 알아차리게 한다.

명상을 마치는 알람 소리와 함께 나는 하루 중 가장 맑은 정신의 나를 만난다. 그리고 나는 서재의 책상에서 하얀 백지를 마주한다. 비워 냈던 머리에 채워지는 생각들을 종이에 써 내려간다. 형식 없이 생각나는 대로. 몇 줄이 되기도 하고, 한 페이지를 넘길 때도 있다. 그렇게 하루의 첫 생각을 종이에 다 쏟아 낸다. 생각 쓰기를 마치고 부엌으로 가 차를 한 잔 준비한 후 다시 책상에 앉는다. 그리고 천천히 썼던 글을 읽어 본다. 쓴 글은 대부분 내 목표와 가족에 대한 것들이다. 특히 요즘은 부모님에 대한 글이 잦다.

내 나이 마흔셋. 아직 나는 소년이고, 청춘이다. 뭐든 다 해낼 수 있는 젊음을 가졌다고 생각하고 있다. 세상에 내가 이루지 못할 일은 없는, 뜨거운 열정을 가진 젊은 남자다. 하지만 세상은 나를 중년이라고, 불혹이라고, 젊지 않다고 한다. 보기 싫어서 뽑아 대고 염색하던 새치가 이제는 자연스럽게 어울린다는 생각이 가끔 들기도 한다.

가끔씩 블로그나 SNS에서 예전 사진들을 볼 때면, 결국 나도 나이에 어울리는 얼굴로 변하고 있다는 사실을 알게 된다. 내 자식들이 성장해 가는 그만큼 나는 쇠퇴하고 있었다. 내 의식은 쇠퇴하지 않았지만 육체는 나이를 먹어 가고 있었다. 비단 나만 그런 것이 아니었다. 울타리가 되어 주시던 아버지의 머리칼에서도 이제는 검은색을 찾기가 어렵다. 어머니도 예외는 아니다.

언제부턴가 부모님 사진을 보고 있으면 눈물이 난다. 그리고 요즘 들어 가끔씩 '죽음'을 생각한다. 부모님의 죽음과 아내의 죽음, 그리고 나의 죽음. 언젠가는 내가 겪어야 하고 내 자식들도 받아들여야 할 숙제 같은 것. '죽음'이라는 단어는 '영원한 이별'로 치환되어 다가온다. 아직은 부모님이 건강히 잘 지내시기 때문에 나에게는 먼 미래의 일이라고 외면해 본다. 하지만 부쩍 늘어난 동료들의 안타까운 소식을 접할 때면 마냥 외면이 답은 아니라는 생각이 든다. 최근 겪은 외삼촌의 장례식과 지인들의 갑작스런 부고가 이런 내 생각에 불안을 더한다.

내가 처음 경험해 본 장례식은 외할머니의 장례식이었다. 고등학생 시절로 기억한다. 어머니가 전화를 받고 안절부절못하시며 아버지를 기다리던 모습과 아버지가 집에 오시자마자 누나와 나를 남겨 두고 바로 외가로 떠났던 기억이 난다. 3일의 장례일 중 마지막 날 아버지께서 누나와 나를 장례식에 데려갔었다. 외할머니를 떠나보내면서 아버지는 슬퍼하셨고 어머니는 오열했다. 이모들과 외삼촌도 오열했다. 누나는 그 분위기에 함께 울었고 나는 어머니가 우는 모습이 슬퍼서 따라 울었다.

두 번째 장례식은 친할머니의 장례식이었다. 2001년 12월 25일

크리스마스. 당시 여자 친구였던 지금의 아내와 서울 강남의 한 커피숍에서 영화를 기다리던 중에 누나로부터 전화를 받았다.

"할머니 돌아가셨단다. 준비하고 바로 공항으로 와."

그 순간 잠시 할머니 얼굴을 떠올렸었다. 아흔다섯 살의 우리 할머니. 2년 전부터 사고로 걷지 못하게 되면서 건강도 나빠지셨다. 아버지, 어머니가 집에서 이것저것 챙겨 드리느라 고생이 많으셨는데 예상치 못하게 갑자기 돌아가셨다. 특히나 이날은 외할머니 제삿날이라 어머니가 집을 비우셨던 날이다. 급히 내려온 부산의 장례식장에서 예쁘게 화장을 하고 누워 계시는 할머니의 모습을 봤을 때는 눈물이 많이 났다. 그리고 할머니를 떠나보내면서 비로소 나는 죽음이라는 것이 '상실'의 슬픔보다 '잊힘'의 슬픔이라는 걸 깨닫게 되었다.

우리는 인생을 살아가는 동안 자신의 인생임에도 불구하고, 자신이 주인공이라고 인지하는 경우는 거의 없다. 나 역시 학창시절에 열심히 공부하고, 취직해 부지런히 내 인생을 살아가고 있었지만 내가 주인공인 날이 없었다.

그런데 어느 날, 내가 주인공이 되는 날을 만나게 되었다. 결혼식 날이었다. 처음으로 화장을 해 본 날이었다. 수백 명의 하객들이 모두 나에게 축하한다며 웃어 주고 칭찬을 아끼지 않았던 날. 나는 그날 처음으로 내가 인생의 주인공이 되는 경험을 했다. 황

홀하고 행복했다. 그 느낌은 한참 동안 나를 마취시켰다. 그런 순간이 다시 오기를 기대하며 매일을 살았다. 지금도 그런 날이 다시 오기를 기대하며 살고 있다.

그리고 얼마 전, 그런 날이 적어도 한 번은 더 있다는 것을 알게 되었다. 바로 나의 장례식. 장례식에 참석한 사람들이 나를 추억한다. 그들의 말을 통해, 그들의 생각을 통해 내가 어떤 인생을 살았고 어떤 사람이었는지 그려진다. 내 말과 내 생각이 아닌 타인의 말과 타인의 생각이 나의 마지막을 완성하는 것이다. 이런 생각이 들었을 때 잊고 지냈던, 미국에서 경험했던 한 장례식이 떠올랐다.

홈스테이를 하던 집 주인아주머니의 친구 장례식이었다. 그분께서는 평소에 앓던 지병때문에 비교적 젊은 나이인 50대에 돌아가셨다. 그런데 교회에서 진행된 장례식은 우리와는 사뭇 다른, 특별한 경험이었다. 그때는 내가 할머니를 여읜 지 1년이 채 되지 않는 시점이라 더 크게 다가왔던 것 같다.

교회 입구에는 그날의 주인공인 캐서린 아주머니의 인생을 돌아볼 수 있는 수십 장의 사진들이 가득 전시되어 있었다. 참석한 사람들은 로비에 모여 사진을 들여다보면서 캐서린과의 추억을 회상하며 즐거워하고 있었다. 세상을 떠났음에도 슬퍼하는 것이 아니라 오히려 사진을 보며 그때를 함께 추억하고 그녀로 인해 그들의 인생이 행복했다고 이야기하고 있었다. 눈물을 보이는 사람은 없었다. 그런 문화적 차이를 경험하면서 나는 내 장례식도 슬픔이 아닌 기쁨으로 모두가 즐거워했으면 좋겠다는 생각을 했었다.

나의 장례식, 나와는 이별하지만, 나와 함께했던 추억과 기억들은 서로 다른 의미로 그들 각자의 삶에 스며들어 있을 것이다. 아쉬움은 남지만 오열하고 슬퍼하지는 않았으면 좋겠다.

그래서 나는 오늘도 거울을 보며 웃음을 연습한다. 아직은 어색한 내 웃음을 멋진 웃음으로 만들기 위해 노력한다. 정말 환하게 웃을 것이다. 마지막 내 영정사진에는 정말 멋지게 웃는 내 모습이 담겨 있을 것이다. 환한 웃음으로 나를 그리워하는 사람들을 맞이할 것이다. 슬퍼서 찾아온 사람들이 내 얼굴을 보고 웃으며 나의 삶을 추억할 수 있게 말이다.

비록 내가 내 장례식을 볼 수는 없겠지만, 행복했던 내 삶이 많은 사람들을 내 장례식으로 초대할 것이라 믿는다. 그들과 함께했던 추억들이 내 인생의 마지막 퍼즐을 맞춰 줄 것이다. 그래서 나는 내 인생의 마지막 행복을 위해 오늘도 웃음을 연습한다.

# 04

# 대한민국에
# 자기계발 붐 일으키기

"선배님, 요즘 어떤 책 읽으세요?"

"선배, 요즘 무슨 공부 하세요?"

후배들이 내 자리에 들르면 으레 물어보는 말이다. 내 책상에는 항상 두세 권의 새 책이 놓여 있다. 그리고 점심시간이나 여유가 있을 때마다 나는 책을 뒤적거린다. 후배들도 내 자리에 오면 책을 만지작거리면서 "나도 책 좀 봐야 하는데."라고 말한다. 그러면서 책과 공부에 대한 관심을 표현한다.

나는 회사에서 책을 많이 읽는 사람으로 알려져 있다. 나는 책 욕심이 많아서 많이 사고 많이 읽는다. 한 달에 보통 20만 원 정도를 책을 구입하는 데 사용한다. 그리고 일주일에 두세 권을 읽는다. 한 달에 10권. 1년이면 종잡아 100권. 술술 읽히는 자기계발서는 권수가 좀 더 많아진다. 하지만 어려운 책들은 일주일에 한 권도 벅 찰 때가 있다. 이렇게 읽어 온 지가 10년 정도 된 것 같다.

나는 소설을 좋아한다. 그래서 소설책을 많이 읽었다. 초·중·고 등학교 시절을 지나 대학교에 입학한 후에도 나의 도서 대여목록 을 보면 전부가 소설이다. 그냥 재미가 있어서 읽었다. 무협, 판타지, 추리 등 장르를 가리지 않았다. 소설 속 주인공들의 인생을 잠시 들여다보면서 그들의 희로애락을 함께 느꼈다. 이때 읽었던 책과 책 읽기 습관이 나에게 큰 경쟁력이 되어 주었다는 것을 한참 후에 알 게 되었다.

몇 년 전부터 우리나라에는 '인문학' 열풍이 불고 있다. 앞만 보고 달려오던 대한민국에 문제가 생기기 시작한 탓이다. '평생직 장'이라는 개념이 무너지고, '열심히만 하면 성공할 수 있다'라고 외치던 시대의 종말이 오고 있었다. 변화의 중간에 끼인 세대들 은 미처 준비도 못한 채 회사로부터 내침을 당했다. 추락하는 경 기 속에서 부의 쏠림 현상은 더욱 가속화되었다. 급기야 사람들은 '내가 무엇을 잘못했는가?', '국가가 나를 이렇게 만들었다'라며 상 실의 아픔을 세상에 쏟아 내고 있었다. 이렇게 병들어 버린 세상 에 나타난 치료약이 인문학이었다. 사람들은 인문학에 열광했다.

'인문학(Humanities)'의 뜻을 아는가? 많은 사람들이 인문학에 열광하며 서점에서 책을 사서 읽고, 인문학 강연을 듣는다. 그러나 그 뜻을 정확히 아는 사람은 거의 없을 것이다. 책을 읽는 것이 인문학을 실천하는 거라 짐작했던 나처럼 말이다. 그러다 최근에 사전을 찾아보고 그 의미를 정확히 알게 되었다. 인문학은 인간과 관련된 근원적인 문제나 사상, 문화 등을 연구하는 학문이었다. 즉, 인간을 공부하는 학문인 것이다.

지금까지 인간은 자연 현상과 법칙을 연구해 현대 세상의 풍요를 이룩했다. 그러나 이제는 이룩해 놓은 것들의 가치와 문제점 등을 인간의 관점에서 들여다보는 것이 필요하게 된 것이다. 그러면서 인간성이 말살되었던 중세의 르네상스의 부흥과 비슷하게 인문학이 재조명받게 된 것이다. 이런 의미를 알게 된 후, 나는 학창시절 읽었던 소설들이 큰 경쟁력이 된다는 것을 깨닫게 되었다.


나는 원래 자기계발서에 전혀 관심이 없었다. 뻔한 얘기를 하는 책, 당연한 이야기를 마치 무엇인가 커다란 것을 발견한 것처럼 침소봉대(針小棒大)하는 책이라 여겼다. 선배들의 책상에 꽂혀 있는 몇 권의 자기계발서를 보면서 소설책을 들고 다니는 나를 더 자랑스러워했다. 화제의 신간이라며 엄청나게 광고하던 《시크릿》이라는 책을 읽었을 때도 '우주의 법칙', '끌어당김의 법칙', '생각하면 이루어진다'라는 등의 허황된 얘기들에 콧방귀를 뀌었다.

그렇게 자기계발서를 부정하던 내가 바뀌게 된 계기가 있었다. 2010년 정도로 기억한다. 당시 나는 독서에 지쳐 가고 있었다. 무슨 책을 봐도 재미없던 시기, 신청해 놓은 사이버 강의의 부교재로 한 권의 책을 배송받았다. 바로 이지성 작가의 《독서천재가 된 홍대리》라는 책이었다. 만화책 같아 보이던 이 책에서 나는 독서 권태를 탈출할 방법을 찾게 되었다. 그건 바로 '목표를 정한 후 책 읽기'였다.

과거의 나는 목표를 정해두지 않은 채 책을 읽었다. 《호밀밭의 파수꾼》을 읽고 나서 근처에 꽂혀 있던 《동물농장》을 읽었고, 무라카미 하루키의 신간이 나오면 습관처럼 사서 읽었다. 인터넷에서 '꼭 읽어야 할 소설 100선'과 같은 것들을 검색해서 주문하고 읽기를 반복했다. 몇 권을 읽었는지, 무엇을 위해 이 책을 읽는지 목표의식이 전혀 없었다. 그런데 그 책에는 '100일 동안 33권 읽기'라는 권수 목표가 있었다. 그리고 10권 정도를 한꺼번에 책장에 꽂아 두고 순서대로 읽으라고 권했다.

'33권이라면 해 볼 만하겠는데'에서 목표 세워 책 읽기가 시작되었다. 첫 책인 《독서천재가 된 홍대리》가 쉽게 읽혀 다음 책들도 비슷한 자기계발서를 선택했다. 그리고 권수 채우기에 들어갔다. 오락을 할 때 캐릭터 레벨을 올리는 것처럼 한 권씩 줄여 나가면서 권수를 늘리는 기쁨과 목표에 다가간다는 설렘이 있었다. 무엇보다 자기계발서가 재미있기 시작했다. 그렇게 시작해 100일간 70권을 읽었다. 그리고 책에서 읽은 내용을 생활에 적용해 보는 나를 만나게 되었다. 이렇게 나의 자기계발은 시작되었다.

자기계발서를 읽으면서 시간 관리법, 생각 정리법을 익혔다. 목표와 납기를 정해 일했고, 꿈, 비전, 소명을 하나하나 읽고 쓰고 말했다. 이런 시간들을 보내면서 회사일이 재미있어지기 시작했다. 나아가 미래의 경영자가 되고 싶은 마음에 MBA에 도전했고 무사히 마쳤다. 이러한 내 변화를 보고 동기부여 받아 함께하는 주변 사람들이 하나둘 생기게 되었다.

나와 내 주변의 긍정적인 변화를 체험하면서 나는 생각하기 시작했다.

'어떻게 하면 사람들에게 자기계발의 필요성을 쉽게 전달할 수 있을까?'

'어떻게 자기계발의 성과를 체험하게 해 줄 수 있을까?'

이런 생각들이 내 속의 나에게 무엇을 하라고 부추겼다.


자기계발자들의 모임을 만들어 세상에 뿔뿔이 흩어져 있는 작은 거인들을 한곳에 모으는 것이다. 그들의 생각과 행동 변화, 독서법, 글쓰기 등을 서로 공유하는 공간을 만들어 더욱 발전적인 방향으로 나아갈 수 있는 커뮤니티를 만드는 것이다. 누군가는 본인의 자기계발법을 주변에 전파하면서 기쁨과 동시에 수익까지 얻을 수 있다. 다른 누군가는 선배들의 가르침을 통해서 자기계발의 진입장벽을 낮추고 시간을 벌어 새롭게 성장할 수 있는 기회를 만들 수 있다.

나 역시 그랬지만 자기계발을 하는 대부분의 사람들은 혼자 무엇을 목표하고 실천해 나간다. 이 점이 가장 큰 실패의 원인이다. "혼자 가면 빨리 가고, 함께 가면 멀리 간다."라는 말처럼 자기계발은 빨리 이루는 것도 중요하지만 꾸준함이 생명이다. 혼자 시도하고 포기하기보다 삼삼오오 모여 공동의 목표를 세우고 각자가 할 수 있는 자기계발을 한다면 참여도와 만족도가 올라가리라 확신한다.

나는 자기계발자들을 위한 포털 사이트를 만들 것이다. 이 사이트를 통해 10만 명 이상의 자기계발자들을 한곳에 모을 것이다. 그리고 성장을 원하는 누구나 이 사이트에서 배움의 기회를 얻어 또 한 명의 자기계발 리더로 성장하게 할 것이다. 그리하여 대한민국을 주입식 교육에서 벗어난 자기주도 교육의 장으로 만들 것이다. 반드시 성공해 희망찬 대한민국을 만들 것이다.

# 05

# 누구나 자유롭게 지식을
# 공유하는 강연문화 만들기

"김경태 씨, 다음번에 입장하시면 됩니다."

가슴이 뛴다. 손이 떨린다. 주먹을 쥐어 보고 두 손을 맞잡아 보지만 떨림은 멈출 줄 모른다. 긴장이 극도에 달하는 순간, 나는 문을 열고 무대로 나간다. 그리고 청중 앞에 서서 인사한다. 긴장은 서서히 누그러지고 나는 청중들과 호흡하며 노련하게 강연한다.

요즘 내가 자주 꾸는 꿈이다. 〈세상을 바꾸는 시간, 15분(이하 세바시)〉 무대에서 강연하는 꿈. 자기계발 전문가가 되겠다고 마음먹은 지난해부터 나는 청중 앞에 서는 내 모습을 상상해 오고 있다. 두렵지만 설레는 일이다. 수백 명의 청중들이 숨죽이고 나를 쳐다본다. 그들은 바삐 손을 움직여 내 입에서 나오는 말 한마디 한마디를 수첩에 적는다. 내가 가진 지식을 공유하는 그 자리, 거기에 바로 내가 있다. 살아 숨 쉬는 내가 있다.

아이들은 모두 열정적이다. 내가 그랬고 내 아이도 그렇다. 하고 싶은 것이 있으면 해야만 했다. 무얼 하나 물어보면 "선생님 저요.", "선생님은 왜 저 안 시켜 줘요." 하며 서로 대답하겠다고 난리였다. 다시 말해 우리는 모두 열정적이었다.

그랬던 우리가 중학교, 고등학교, 대학교를 지나면서 소극적으로 변한다. 지식은 어릴 때와 비교할 수 없을 정도로 많이 늘었는데, 손들어 질문하고 대답할 용기는 점점 줄어들었다. 질문이 어려워서일까? 아닐 것이다. 그렇다면 대체 왜 이런 일이 생기는가?

나는 그 이유를 '정답' 때문이라고 말하고 싶다. 정답이 존재하는 세상. 학창시절 내내 우리는 정답을 찾는 공부를 해 왔다. '맞지 않으면 틀린다'라는 이분법적 사고로 10여 년을 보냈다. 따라서 '다름'을 허용하기 힘들다. 그래서 우리는 배우면 배울수록 나를 의심하게 되는 것이다. '틀리면 어떡하지?', '괜히 창피 당할지 모르니까 가만히 있어야겠다'라는 생각들이 우리를 움츠러들게 만들었다. 대한민국의 교육 시스템이 결국 우리를 소극적으로 만들어 버린 것이다.

지난 2010년, G20의 현장에서 이 문제를 명확히 보여 주는 사례가 있었다. 오바마 대통령과 한국 기자와의 질문 상황이었다. 오바마 대통령이 대한민국의 기자에게 질문의 우선권을 주었지만 아무도 질문하지 않았다. 오바마 대통령은 재차 다시 질문을 요청했지만 한국의 기자는 아무도 손을 들지 않았다. 질문을 하지 않은 것이 아니라 못했다는 말이 맞을 것이다. 당시 뉴스는 "영어 울렁증과 큰 무대에서의 긴장감, 이런 것들이 복합적으로 작용해 중압감에 눌린 것이다."라고 보도했다.

하지만 나는 그것을 주입식 교육이 가져다준 문제점이라고 생각한다. '나보다 직위가 높은 사람이 말하는 것은 무조건 맞는 말이다'라는 암묵적인 룰에 길들여져 온 결과다. 질문은 그에게 반기를 드는 것 같은 모습으로 비칠 수 있다는 선입견이 손을 못 들게 만들었다고 생각한다.

또 다른 사례가 있다. 강인선 작가의 《하버드 스타일》에는 낙제하고 포기하는 한국인에 대한 이야기가 있다. 우수한 성적으로 하버드에 입학했지만 학업을 따라가지 못하고 포기하는 사람들 중에 한국인이 가장 많다고 한다. 이유를 들여다보니 학원과 과외로 정답을 찾는 능력은 키워졌지만, 답을 찾는 과정을 납득이 가도록 설명하지 못한다는 것이었다. 특히 정답이 없고 서로의 논리를 주장하는 미국식 토론 수업은 그들에게 입을 뗄 수 없게 했다는 것이다. 본인의 주장을 준비했어도 다른 친구들의 주장을 듣다 보니 내가 틀릴 수도 있다는 걱정이 들게 되는 것이다. 그리고 틀리면 창피당할지도 모른다는 생각, 거기에 더해진 타국어의 문제가 점점 그를 움츠러들게 한 것이다. 그리고 결국은 학업을 포기하게 만들었다는 것이다.

나도 같은 방법으로 키워진 사람이다. 그래서 나도 대부분의 사람들처럼 타인 앞에 서는 것이 두렵다. 가급적 뒤로 빠져서 관망하며 듣는 사람의 입장에서 수업을 받는 게 편하다. 하지만 내가 적극적이지 못한 만큼 잃는 것이 많다. 그래서 이 문제를 극복하고 싶은 마음이 더 간절하다.

자신을 브랜딩 하는 세상. 우리는 나 자신을 브랜딩 하지 못하면 브랜딩 되어 있는 누군가를 위해 일해야 하는 세상에 살고 있다. 나를 브랜딩 하는 방법은 많다. 다만 나의 어떤 점을 브랜딩 해야 할지를 모를 뿐이다. 그렇기 때문에 나를 제대로 알아보는 시간이 가장 중요하다. 스스로 자신의 내면을 들여다보는 시간이 꼭 필요하다. 주변 사람들에게 내가 어떻게 비치는지, 내 장점과 단점을 알아보는 그 시간을 통해 나만의 무기가 무엇인지 발견해야 한다.

나는 그 시간을 책과 함께 보냈다. 책을 보면서 책에서 만나는 거인들과 나를 비교했다. 약점을 극복하고 장점을 극대화하는 그들의 방법을 익혔다. 처음에는 뜬구름을 잡는 것 같았다. 내 방식이 맞는지 계속 의심했다. 새로운 방식을 알게 되면 지금의 방식을 잠시 멈추고 다른 방식을 진행하기를 수십 번 반복했다.

이런저런 방법을 실행하며 몇 년을 보내 온 지금 나는 모든 방법이 다 옳다는 것을 깨달았다. 문제는 방법이 아니라 끈기와 노력이라는 것을 깨우친 것이다. 나는 한참을 좌충우돌했고, 그 시간 동안 끈기를 배워 가고 있었다. 그래서 이제는 내 장단점을 알게 되었다. 또한 내가 가야 할 방향이 명확해졌고, 내가 갖추어야 할 것이 무엇인지를 알게 되었다.

하지만 정말 극복하기 어려운 것이 아직 하나 남아 있다. 청중 앞에 서는 것. 브랜딩의 기본기인 강연이 가장 어렵다. 혼자서 하는 것은 잘할 수 있는데, 공감을 이끌어 내어 타인과 소통하는 것은 어렵다. 그리고 무엇보다 여러 명 앞에 서서 말한다는 것이 두렵다. 하지만 극복할 수 있는 세 가지 방법을 찾았다.

첫째, 일단 부딪치는 것이다. 기회가 왔을 때 하겠다고 말을 내뱉는 것이다. 결과는 성공 아니면 실패, 두 가지뿐이다. 하지만 시도조차 하지 않는 것은 실패하는 것보다 더 못하다는 것을 안다.

둘째는 연습이다. 긴장으로 머릿속이 까맣게 되었다 하더라도 기계처럼 말이 튀어나올 수 있도록 연습 또 연습하는 것이다. 세상의 유명한 강연가, 연설가들도 모두 연습으로 이루어졌다. 태어날 때부터 이런 능력을 타고나는 사람은 없다. 따라서 연습을 통해 극복하면 된다.

마지막 세 번째는 완벽할 필요는 없다는 것이다. 완벽해질 때까지 기다리면 안 된다. 지금의 수준에서 최선이라고 생각하고 실전을 경험하는 것이 결국 더 완벽해지는 길임을 알아야 한다.

　나는 멋진 강연가가 될 것이다. 시작은 작은 무대일지 몰라도 점점 더 많은 청중들과 점점 더 큰 무대에 나를 세울 것이다. 그리고 언젠가 무대에서 보란 듯이 나의 무대공포증 극복기를 소개할 것이다. 그것을 통해 머뭇거리던 사람들을 강연의 무대로 끌어 올릴 것이다. 그들과 함께 지식을 나눌 수 있는 공간을 준비할 것이다. 그리고 그 공간 한가운데에 드림 홀(Dream Hall)이라 부르는 원형의 강연장을 마련할 것이다. 누구나 자유롭게 강연하며 지식을 공유할 수 있는 공간을 만들 것이다. 시작은 작고 아담할지라도 확장하고 발전시켜 우리나라 최고의 강연장으로 만들 것이다. 언젠가 유명한 자기계발자들이 책이나 인터뷰에서 "제 꿈이 드림 홀에서 시작되었습니다."라고 말할 수 있도록 할 것이다. 이러한 강연문화가 자기계발의 붐으로 이어지고 사람들의 삶에 정착될 수 있도록 더욱 열심히 뛸 것이다.

보물지도 13

PART 6

# 인생의 목표를
# 모두 이루는
# 멋진 삶 살기

· 이상영 ·

# 이상영  광고 사진가, 사진교육자, 자기계발 작가

뉴욕에서 광고 사진 스튜디오를 운영했다. 귀국 후 현재는 서울에서 '302스튜디오'를 운영 중이다. 새로운 방식의 사진교육법을 개발하고 이를 많은 이들에게 교육하고 있다.

C·P  010.9926.5230

# 01

# 지프 랭글러 사기

2018년 현재 지프(JEEP) 사의 랭글러(WRANGLER) 신차 가격은 약 5천만 원 전후다. 5천만 원은 기준을 어디에 두느냐에 따라 크다면 큰돈이고, 적다면 적은 돈일 수도 있다. 억대가 넘어가는 차들이 길에 즐비한 요즘이다. 그런 와중에 그저 5천만 원짜리 차량을 소유하는 것이 나의 소원이라고 말하는 것은 소박한 것이 아닌가 하는 생각이 들 정도다. 하지만 랭글러를 소유한다는 것은 단지 5천만 원짜리 수입차를 소유하는 것이 아니다. '랭글러 라이프스타일로 살아간다'는 뜻이다.

그렇다면 랭글러 오너의 라이프스타일은 어떤 것일까? 바위같이 단단한 몸과 하늘을 품는 가슴을 갖고 휴대전화도 터지지 않는 곳으로 훌쩍 떠나 며칠간 사색의 시간을 가질 수 있는 삶. 나의 차와 내가 도저히 건너갈 수 없을 것 같은 장애물을 보더라도 도전하는 용기. 성공했을 때 순수한 아이의 마음으로 기쁨을 표현하고, 실패했을 때 낙담하지 않고 재빨리 안전하게 위험으로부터 벗어나는 어른의 마음. 덥거나 추워도 바로 움직이는 실행력. 그리고 이 모든 것을 가능하게 하는, 시간과 수입의 독립적인 관리 능력. 이런 것이 아닐까?

3년 전, 지프 매장에 갔었다. 테스트 드라이브를 하고 자동차에 대해 설명을 들으며 신나는 시간을 보냈다. 하지만 주변의 만류와 가족의 반대, 내면의 요구를 정확히 알지 못하는 나 자신 때문에 선뜻 구매하지 못한 채 흐지부지 시간만 흘렀다.

이제까지 나는 나의 바람이나 소망 같은 것들은 어찌 되어도 상관없다는 삶을 살아왔다. 그 책임은 온전히 나에게 있다. 주변의 만류, 가족의 반대. 그래서 지금 나는 얼마나 주변의 칭송, 가족의 사랑을 받는가? 설사 주변으로부터 칭송과 사랑을 받는다 한들, 그것이 나의 바람이 아니라 타인의 꿈을 대신하기만 하는 것이라면 과연 그것이 올바른 삶인지 의문이다.

우선 지프를 사면 바로 나의 입맛에 맞게 튜닝을 시작할 것이다. 튜닝의 비용은 신차 가격을 넘어설 것이며, 그 시간은 몇 년이 걸릴 수도 있다. 험지를 달리기 위한 크고 튼튼한 발, 튀어 오르고 뾰족한 노면의 바위들로부터 나의 랭글러를 지켜 줄 튼튼한 하부, 칠흑같이 어두운 숲속의 밤을 밝혀 줄 라이트들. 그리고 늪에 빠져 꼼짝 못할 때를 대비한, 또는 다른 차량을 구해 줄 수 있는 구난장치, 나의 보금자리가 되어 줄 카라반을 힘차게 끌고 갈 견인장치 등등.

남들이 반짝이는 세단에 유리막 코팅을 하며 광을 낼 때, 나는 나의 지프를 몰고 숲속으로 들어가 훈장 같은 스크래치를 차에 새겨 올 것이다. 그러곤 차에 상처가 났다고 속 쓰려 하기보다 나의 탐험 증거가 하나둘씩 차에 새겨지는 희열을 맛볼 것이다.

또한 지프를 타고 전국을 여행하고 싶다. 간단한 취사도구와 캠핑 장비를 챙기고, 지붕에는 멋들어진 서핑보드를 묶어서 전국을 돌 것이다. 캠핑에 지쳐 따뜻한 잠자리가 그리운 날엔 시골의 민박집에서 일박하는 것도 좋겠다. 동네 시장에서 흥정한 제철 재료들로 맛있는 밥도 지어 먹고 싶다. 해가 지는 서해안에서는 바닷가에 지프를 세워 두고 지붕 위에 앉아 원두커피 한 잔을 마시며 노을을 감상할 것이다. 그 커피는 세상에서 가장 맛있는 한 잔일 것이다.

또한 지리산 노고단 주차장에 지프를 주차해 놓고, 등산화를 꽉 조여 매고 지리산 종주를 하고 싶다. 장터목산장의 옅은 공기를 마시며 천왕봉을 향해 힘겨운 발걸음을 옮기게 되겠지. 나의 육신이 예전과 같지 않음을 느끼는 동시에 이 정도면 그래도 관리 잘했다며 스스로를 칭찬할 수도 있겠고.

부산, 포항, 강릉, 양양, 속초, 고성의 서핑 포인트마다 차를 세우고 서핑보드 한 장 들고 바다로 뛰어 들어가고 싶다. 신나게 서핑을 즐긴 뒤에는 모래 잔뜩 묻은 발도 아랑곳하지 않고 차에 올라탈 것이다. 날이 좋은 계절엔 지프의 뚜껑을 다 연 채 멋들어진 선글라스를 끼고 바람을 맞으며 달리고 싶다. 컨버터블이라 불리는 반짝이는 스포츠카 말고, 지프에서 다리로, 발로, 머리로 들어오는 바람을 맞고 싶다. 그러다 소나기라도 내리면, 아무렇지 않다는 듯 그냥 달리고 싶다.

그런데 저런 재미가 얼마나 갈까? 전국 일주가 끝나고 나면? 그리고 이제 곧 중년의 나이인 내가 저런 생활을 견뎌 낼까? 그럼 지프를 팔아야 할까? 그게 끝인가? 오지 캠핑 몇 번 하고, 국내 자동차 여행 좀 해 보는 것이 인생의 크나큰 목표로서의 가치가 있을까?

인류를 위하는 것도, 가족을 위하는 것도 아니다. 타인을 위한 것이라곤 눈곱만큼도 없다. 자연을 지키고 가꾸기는커녕 오히려 자연을 조금이라도 파괴할 수밖에 없다. 기름도 많이 먹고, 청정 자연 속에서 이산화탄소를 내뿜는 것만으로도 나무들에게 미안할 일이다. 나의 재미도 매우 짧은 시간 지속될 것 같고, 공익적인 의미도 하나 없다. 처음엔 너무 싼 차여서 소원이라 하기에 민망하더니, 이제 보니 그 소원의 내용이 참 민망하다.

그러면 처음부터 원하지 않았던 것처럼 살아야 할까? 나는 그렇게 하지 않을 것이다. 갖고 싶은 것을 가지고 난 다음에 어떤 일이 일어날지는 아무도 모른다. 그 뒤에 어떤 일이 일어날지 미리 걱정하고 포기한 다음 뒤돌아서 혼잣말하겠지. "내 바람 따위가 뭔 소용이지?"라고.

더 이상은 나의 꿈을 시도도 하기 전에 포기하지 않을 것이다. 마음먹은 그 즉시 실행에 옮길 것이다. 나에게는 지금도 하고 싶은 것들이 많다. 그것들을 이루어 낼 때가 언제가 될지는 모르겠지만, 반드시 해내고 말 것이다.

지프 랭글러의 라이프스타일을 얼마나 오래, 얼마나 열정적으로 즐기게 될지는 모른다. 그렇지만 지프 랭글러는 나의 욕구에 충실한, 나를 기념하는 물건이 될 것이다. 지프를 사게 될 그날이 기다려진다.

# 02

# 바다의 왕자로 거듭나기

어느 날부터인가, 나는 서핑에 푹 빠졌다. 작년 4월, 바다에 들어가기 아직은 추운 날씨에 서해안의 유명 서핑 숍에 갔다. 처음이라 긴장된 마음에 전화로 이것저것 물어보고, 인터넷으로 후기나 이론 공부 같은 것도 하고 갔지만 실전은 달랐다.

모르는 사람들 약 10명 정도가 같이 입문강습을 받았다. 대부분 20~30대였고, 40대는 나 혼자였다. 이론과 실제로 나뉜 지상교육 후 서핑보드를 들고 바다에 들어갔다. 해변에서 보던 바다는 파도가 그리 세 보이지 않았다. 하지만 처음으로 보드를 들고 들어간 바다는 정말로 힘이 셌다.

좀 더 깊은 바다에서는 서핑 고수들이 시원스레 파도를 타고 있었다. 반면 나와 우리 초보들은 허리 정도 깊이에서 강사님이 손으로 밀어 주는 보드에 몸을 맡기고 일어서는 연습을 했다. 10명 중 한 번도 일어서지 못한 사람은 나밖에 없었다. 게다가 밀려오는 파도에 서핑보드가 날아와서 나의 얼굴을 강타했다. 입술이 터져 피가 철철 났다. 아프기도 아팠지만, 너무 창피해서 안 아픈 척하며 이를 악물고 1초라도 일어서려 끝까지 노력했다. 하지만 끝끝내 성공하지 못했다. 아이러니하게도 나는 그날 서핑에 단단히 삐졌다.

집으로 돌아오는 고속도로는 꽤 막혔다. 비록 서핑다운 서핑은 단 1초도 하지 못했지만, 몸은 매우 피곤했다. 그리고 서울로 돌아오는 시간 내내 머릿속에 '왜 나만 단 1초도 일어서지 못했을까'라는 생각만 맴돌았다. 생각을 하면 할수록 나 자신이, 내 몸이 미워졌다.

그러다 머리를 스치는 한 장면. 친구들과 삼겹살을 먹고 자리에서 일어날 때, 나뿐만 아니라 반수 이상의 친구들이 손으로 무언가를 잡고 입으로 가쁜 숨소리를 내며 일어서는 그 모습. 그래, 맞다. 나는 흔들리지 않는 땅에서도 일어서질 못했다. 그런데 어떻게 끊임없이 밀려오는 파도 위, 낙엽처럼 흔들리는 서핑보드 위에 엎드려 있다가 발딱 일어설 수 있었겠는가. 애초에 불가능한 일이었던 것이다. 나는 도전할 준비를 하지 않은 채 무작정 돌진만 하고 있던 것이었다.

좋은 파도가 왔을 때, 그 파도를 타면서 서핑보드 위에 올라서는 것을 '테이크 오프(take off)' 혹은 '팝업(pop-up)'이라고 한다. 테이크 오프를 하기 위해서는 균형감, 유연성, 민첩성, 근력, 파도에 대한 두려움을 극복하는 용기가 필요하다. 이 중 내가 가진 것은 아무것도 없었다. 근본적인 해결책은 평소에 꾸준히 운동을 하는 것이었다. 모든 부분에서의 체력 향상이 필요했기 때문에 일반적인 단일종목보다는 몸을 균형적으로 쓰는 훈련을 하는 크로스핏을 배우게 되었다. 크로스핏은 마치 군대 유격 훈련을 할 때처럼 매우 힘들었다. 하지만 이 훈련을 이겨 내면 나도 서핑을 할 수 있다는 희망으로 그 시간들을 버텨 냈다.

그렇게 몇 개월간 기초체력을 다지고 베트남으로 서핑 할 겸 여행을 떠났다. 베트남에서의 파도는 그동안 경험했던 것보다 훨씬 셌다. 바다에 사람도 없어서 좀 두려운 마음도 들었다. 서핑 숍의 마음 좋은 베트남 청년은 내 표정을 읽었는지, 나와 함께 바다에 들어가서 비용도 받지 않고 개인지도를 해 주었다. 판자 한 장에 의지해 내 키보다 깊은 바다에서 내 키보다 높은 파도를 맞는 내 모습. 그 모습이 흡사 영화 〈폭풍 속으로〉의 패트릭 스웨이지 같아서 기분이 좋았다. 불과 2, 3초의 시간이었지만, 일어섰고, 파도 위에 올라탄 기분을 만끽할 수 있었다. 찰나와 같은 그 2, 3초를 위해 몇 개월을 고생했는가.

한국에 돌아와 본격적인 서퍼의 길에 들어섰다. 주말마다 강원도 양양 바다를 찾고, 서핑하는 다른 사람들과 서울에서 모임도 가지며 마음만은 열혈 서퍼로서 생활하기 시작했다. 여전히 서 핑 실력은 보잘 것 없었지만 그럼에도 불구하고 나는 충분히 행복했다.

내가 서핑하는 모습을 지켜 본 딸도 함께 서핑에 입문했다. 이 제 열 살인 딸아이는 서핑하는 언니 오빠들의 귀여움을 받으며, 신나게 서핑에 빠져들었다. 작고 귀여운 여자아이가 거듭된 실패 에도 아랑곳하지 않고, 웃음을 머금고 끊임없이 도전하는 모습. 그 모습이 아비인 나뿐만 아니라 다른 사람들이 보기에도 좋았나 보다. 딸아이를 예뻐해 주는 분들에게 참 감사했다.

서퍼들은 문신도 많고, 남자라고 하더라도 머리를 길게 기르 고, 남녀노소할 것 없이 전신 쫄쫄이를 아무렇지 않게 입고 다닌 다. 뿐만 아니라 얼마나 서핑을 했으면, 온몸이 새카맣게 타서 한 국인인지 외국인인지 알 수 없을 정도다. 여하튼 일반인의 눈에 좀 날라리 같고, 비정상으로 보일 수도 있다. 그래서 아이 교육상 괜찮을까 하는 걱정이 살짝 들기도 했다.

하지만 직접 겪은 서퍼들은 매우 인간미가 넘치는 사람들이었 다. 바다 위에서는 부모님도, 선생님도, 애인도 도움이 되지 않는 다. 서로 도울 수 있는 상황이 아니다. 물론 익사 위기에 빠진 사 람을 구하는 것은 다른 문제지만, 서핑 자체를 도와줄 수 있는 방 법은 없다.

그렇다 보니, 서핑을 하는 사람들은 매우 독립적이고 의지가 강한 사람들이었다. 강인한 체력은 말할 것도 없고. 엄청난 운동량 덕분에 갖춰진 몸매 역시 도시의 헬스클럽에서 가꾼 몸과는 다르게 생명력이 있어 보였다. 나의 딸이 스무 살이 되었을 때, 그들처럼 멋있는 서퍼 걸이 되었으면 하는 소원이 있다. 후에 남자 친구를 사귀게 된다면, 남자 친구에게 서핑도 가르쳐 줄 수 있는 멋진 아가씨가 되었으면 한다.

작년 10월, 양양에서는 국제 규모의 서핑대회가 열렸다. 19세 이하 주니어부 대회도 있고, 입문 2년 이하의 성인 남자 초급부 대회도 있어서 딸과 함께 출전했다. 난 보기 좋게 성인 남자 초급부 예선에서 탈락했다. 19세 이하의 초·중·고등학교 학생들은 출전 숫자가 적어 세분화하지 않고 한꺼번에 대회를 치렀다. 딸아이는 말하자면, 초등학교 여학생이 고등학교 오빠들이랑 경쟁을 하는 상황에 놓인 것이었다. 말이 안 되는 상황이었지만, 여전히 저변이 얇은 우리나라 서핑의 특성상 어쩔 수 없는 일이라고 이해했다. 다만 몇 년간 전문 선수를 목표로 수련해 온 언니, 오빠들과 경쟁하다가 흥미를 잃게 되면 어쩌나 하는 게 걱정되었다.

하지만 그것은 기우였다. 세상일이 다 그렇듯, 운이 따르면 생각지도 못하게 일이 풀린다. 딸아이의 1차 예선 대진에 우승후보 고등학생들은 없었다. 파도 운도 좋아 딱 한 번 멋지게 파도를 타게 되었다. 그 한 번으로 정말 운 좋게도 1차 예선을 통과했다. 우리 부녀는 뛸 듯이 기뻐했다.

서핑은 정말 매력적이다. 뭐라고 설명하기가 어렵지만, 한 가지 확실한 것은 매우 정신적이고 영적인 종목이라는 것이다. 서퍼들은 서핑을 레저나 스포츠라고 말하는 것조차 꺼릴 정도다. 파도를 타기 위해서는 해변에서부터 라인업이라고 하는 먼바다까지 나가야 한다. 라인업까지 도달하기 위해서는 파도가 무섭게 부서지는 임팩트 존이라는 곳을 지나야 한다. 무동력으로 자신의 키보다 큰 보드를 건사하며 겨우겨우 먼바다로 나갔다고 생각한다. 그러다 임팩트 존에서 부서지는 파도를 맞고 해변으로 내동댕이 쳐지기를 반복한다. 그리고 겨우 라인업까지 다다르게 된다.

그곳은 평화롭다. 매우 조용하다. 서핑보드 위에 앉아서 해변 쪽을 바라보면, 수많은 서퍼들이 임팩트 존을 통과하기 위해 애쓰는 모습이 보인다. 그 모습을 보면, 나도 저랬나 싶어 옅은 웃음이 나기도 한다. 그 웃음은 나는 여기에 있다는 자만심의 웃음도 아니고 나만 안전하다는 안심의 웃음도 아니다.

파도를 타면 세상을 다 가진 것 같고, 기분이 정말 좋다. 하지만 중요한 점은 한번 파도를 타고 나면 라인업까지 오기 위해 또다시 그 임팩트 존을 뚫고 지나야 한다는 것이다. 서퍼들은 그걸 알면서도 끊임없이 파도를 타기 위해 노력한다. 그렇게 해서 파도를 잡아타게 되면 길면 30여 초, 짧으면 5초 정도에 끝난다. 나 같은 초보자들은 그런 파도조차 열 번 시도에 한두 번 잡아탈까 말까. 파도를 잡아타건, 실패하건 간에 해변으로 가까워지기 때문에 다시 그 고생스러운 과정을 반복해야 한다.

인생길 같다. 고행길인 줄 뻔히 알면서도 찰나의 성취를 위해 고생을 자초한다. 다음은 없고, 정신을 집중하지 않는 순간 파도에 휩쓸려 물에 빠지고 위험한 상황까지 갈 수 있다. 현재에, 내가 있는 이 순간에 집중해야만 한다. 서핑에서 인생을 배운다.

# 03

# 건강한 육체를 통해
# 멋진 삶 살아가기

나는 두 가지 상반된 특성을 가지고 태어났다. 한 가지는 체력이 약하고 잠이 많다. 피로를 쉽게 느끼고, 회복이 그렇게 빠른 편은 아니다. 첫돌이 되기 전에 탈장이 와서 거의 먹지 못했다. 간단한 수술임에도 너무 어리고 너무 허약해 수술 후 전신 마취에서 며칠간 깨어나지 못했다. 그런 나를 두고 죽는다고, 친절히 관까지 준비해 주신 분이 계셨다고 한다. 초등학교 저학년까지는 피구를 하다가 등에 공을 맞으면 코피가 터지는 아주 허약한 체질이었다.

반면에 어깨가 넓고 가슴이 두꺼운 편이라 운동 전문가분들은 조금만 운동하면 엄청난 체력을 갖출 수 있는 몸이라 하신다. 또한 머리가 작고 팔다리가 긴 편이라 옷맵시가 잘 사는 체형이기도 하다. 성인이 된 이후로는 가끔 감기에 걸리긴 해도 이렇다 할 병치레를 한 적도 없다. 그러다 보니 건강에 대해 전혀 신경 쓰지 않는다. 음주와 흡연을 즐기며 불규칙적인 수면과 식사를 한다. 그럼에도 불구하고 언뜻 보면 운동을 열심히 한 것 같은 착각을 주는 체형이기도 하다. 자세히 보면 아닌 게 바로 드러나지만.

작년부터는 몸에 이상이 오기 시작해 갑상선 항진증, 고혈압, 고지혈증에 목, 어깨, 손목, 발목, 무릎, 허리, 골반 등 몸의 큰 관절들은 거의 다 아프다. 무릎의 경우엔 퇴행성관절염, 쉽게 말해 노화가 왔다고 한다. 의사는 규칙적인 식사와 수면, 적당한 운동이 필요하다고 한다. 오늘날은 '100세 시대'라고 하는데, 아직 반도 못 산 내가 마음대로 움직이지 못한다면 큰 형벌이 될 것이다. 그에 대한 두려움이 크다.

가끔 그런 상상을 해 본다. 멋진 배우처럼 적당한 근육이 골고루 자리 잡고 있고, 쓸데없는 지방들은 찾아볼 수 없으며, 얼굴엔 건강한 기운이 느껴지는 내 모습을. 날렵하고 재빨라 내가 생각하는 것들을 바로 실행하는 그런 사람. 하지만 실제의 나는 비대한 몸통에 비해 연약한 팔다리, 얼굴을 감싼 두 턱, 옷으로 가린 복부 지방들로 이루어져 있다. 온몸의 관절에 통증이 느껴져 동작들은 소극적이다. 운동이 필요하다고 느낀다. 하지만 자꾸 미룬다. 비교적 쉽게 포기하는 성격이기도 하다. 타고난 허약한 체질과

갑상선 항진증이라는 아주 좋은 핑곗거리까지 있다.

백 살까지 30대의 체력으로 잘 살고 싶다. 그리고 그것을 가능하게 만들어 줄 수 있는 것은 오로지 나뿐이다. 내가 행한 만큼의 결과가 나에게 온다. 백 살까지 30대의 체력을 가질 수 있는 결과를 만들어 내자. 아이디어는 좋으며 전문분야의 능력 역시 평균 이상이다. 하지만 행동하지 못하는 성격, 쉽게 포기하는 성격으로 인해 능력만큼의 성공을 거두지 못했다. 그 모습이 나의 능력이라고 믿어 가고 있다. 바꿔야만 한다. 시작하자. 지금 당장.

앞으로 100일 뒤, 나는 보디 프로필 사진을 찍을 것이다. 필요한 곳에 필요한 만큼 멋지게 자리 잡은 근육들, 등이 가려우면 긁을 수 있고 넓은 보폭으로 빠르게 걸을 수 있으며, 급할 땐 뛸 수 있고, 가끔은 잠을 자지 않아도 끄떡없을 체력을 기를 것이다. 100일 뒤의 나의 모습은 오늘의 모습과 많이 다를 것이다. 그러기 위해서는 나 자신과 몇 가지의 약속을 해야 한다.

먼저 규칙적인 생활이다. 매일 아침 6시에 일어나 밤 12시에 잠자리에 든다. 잠자리에 누워서는 휴대전화를 절대 하지 않는다. 이 첫 번째 약속이 가장 중요하다. 이 약속이 지켜지지 않는다면 모든 것이 물거품이 된다.

아침에 일어나면 우선 깨끗한 물을 한 잔 마신다. 천천히 기지개를 켜고, 온몸의 세포들을 서서히 깨운다. 목, 어깨, 팔꿈치, 손목, 손가락까지 그리고 허리, 골반, 무릎, 발목, 발가락까지 머리부터 발끝까지의 모든 관절들을 움직이며 가벼운 스트레칭을 한다.

간단한 세수와 양치를 한다. 세수를 하며 거울 속의 나를 칭찬하고 싶다. '오늘도 6시에 일어났구나. 잘했다. 평생 아침잠의 유혹을 이겨 내지 못한 네가 오늘도 그 유혹을 이겨 내고 이렇게 서 있구나' 하며 칭찬해 줄 것이다. 물론 군 생활을 하는 동안에도 6시에 일어났다. 하지만 그것은 나의 의지가 아닌 강제에 의한 것이었다. 그 기간을 빼면 난 평생 아침 6시에 일어난 적이 없다.

그 후 편안히 앉아 15분에서 30분가량 명상을 한다. 처음엔 여러 가지 생각들이 머릿속을 어지럽힐 것이다. 하지만 서서히 머리가 비워지고 나의 내면으로 들어가게 될 것이다. 그동안 알지 못했던, 만나지 못했던 나 자신을 만나는 시간을 갖는다.

명상 후에는 창문을 통해 들어오는 햇빛을 온몸으로 받으며 맛있는 아침 식사를 한다. 반숙으로 익힌 게란 프라이, 신선한 우유, 간단한 과일 몇 가지, 시리얼. 이 정도면 아침을 채우는 식사로 손색없을 것이다. 너무 배부르지 않게, 골고루 맛있게 감사한 마음으로 먹는다.

식사 후 나의 버킷리스트를 작성한다. 나의 갈망을 정확히 알며 그것을 매일매일 글로 쓴다. 어제 쓴 버킷리스트 중 실현된 것들을 지우는 기쁨, 새로운 소원을 적는 설렘을 매일 아침 느낀다. 그 버킷리스트에 따라 오늘 하루의 계획을 세운다. 중요하고 급한 일, 중요하지만 급하지 않아 지나치기 쉬운 일들에 집중해 계획을 세운다. 매일매일 계획을 세워 실천하다 보면, 어느 순간부터는 중요하고 급한 일은 나의 계획표에서 없어질 것이다. 나에게 일어난 대부분의 중요하고 급한 일들은 해야 할 일을 제때 하지 못한 게으름과 나태함의 결과였기 때문이다. 중요하고 급하지 않은 일들은 나의 현재와 미래를 풍요롭게 할 것이며, 세상의 변화에 당황하지 않고 대처할 수 있는 힘과 지혜를 줄 것이다.

그리고 30분간 독서를 한다. 나의 상상력과 믿음을 강하게 해줄 책들을 읽는다. 나는 우주에 지혜의 창고가 있다고 믿는다. 그 지혜의 창고엔 우리가 알고 싶어 하는 모든 질문의 답이 있다. 모든 질문의 답. 모든 지식과 지혜가 있다. 지혜의 창고에 있는 지혜를 받을 수 있는 방법은, 지혜의 창고에 주파수를 맞추는 것이다.

여기까지 이르는 데 2시간에서 2시간 30분 정도 걸린다. 이제 외출복으로 갈아입고 집을 나선다. 지금까지는 내면에 집중했다면, 이제부터는 나의 몸 자체에 시간과 노력을 쏟는다.

일주일에 6일 운동을 하고, 하루는 몸에도 휴식을 준다. 운동의 방법은 운동 선생님의 말씀을 기초로 하며, 너무 힘들어서 도저히 못 할 때 한 번 더 한다. 항상 한 번 더 한다. 완전히 기진맥진해질 수 있게 나 자신을 쏟아붓는다. 오버트레이닝이 되지 않도록 선생님의 지도를 잘 따르며 한다. 근육을 키우는 것 이상으로 중요한 유연성 훈련도 매일매일 다치지 않는 선에서 고강도로 한다. 2시간 정도 무산소 운동, 유연성 운동을 한다.

오전 운동 후, 오늘의 계획에 의해 할 일들을 한다. 하나하나 지워 나가며, 그날의 일들을 해 나간다. 그 일들은 오후 6시 이전에 반드시 끝내도록 한다. 감사한 마음으로 나의 일을 즐기며 열심히 일한다.

일을 마치면 저녁 운동을 한 시간가량 한다. 이번엔 유산소 운동 위주다. 조깅도 좋고, 농구도 좋고, 그것이 지루하다면 흥미 있는 종목을 배워 보는 것도 좋겠다.

운동뿐만 아니라 식사도 매우 중요하다. 오전 7시쯤의 아침 식사, 오전 10시의 오전 간식, 오후 12시의 점심 식사, 오후 4시의 오후 간식, 오후 8시의 저녁 식사로 다섯 번의 식사를 한다. 식사라고 해서 한정식집의 진수성찬을 말하는 것은 아니다. 단백질, 탄수화물, 지방 등 균형 잡힌 3대 영양소에, 필수 영양소들을 식사를 통해 섭취하도록 한다. 양은 많지 않게 하되 질 좋은 식사를 위해 좋은 식재료를 조금씩 준비한다. 좀 비싸더라도 질 좋은 재료를 구입하며, 그 대신 많이 사서 낭비되지 않게 꼭 먹을 만큼만 준비한다.

저녁 식사를 마치고 여러 가지 해야 할 일들을 부지런히 하고 나면 오후 9시 정도 될 것이다. 좋아하는 영화를 봐도 좋고, 게임을 해도 좋고, 그냥 좀 쉬어도 좋다. 그럼에도 불구하고 반드시 한 시간 이상의 독서시간을 갖는다. 아침에 읽었던, 나의 머리를 열어 주는 책들도 좋을 것이다. 아니면 나의 전문분야에 대한 책들도 좋을 것이다. 잠자리에 드는 시간은 12시로 정해 놨지만, 책에 빠져든다면 좀 더 오래 책을 읽어도 좋을 것이다. 어쨌건, 아침 6시에 일어날 것이니, 잠자는 시간을 줄여도 괜찮을 정도의 가치가 있어야만 독서시간을 늘리겠지. 책이란 항상 재미있지만, 잘 쉬지 못하면 몸이 만들어지지 않는다고 하니, 아주 특별한 일이 없다면 12시에 꼭 잠자리에 들도록 한다.

배에 왕(王) 자를 가지고 있고, 다리를 일자로 찢을 수 있는 사람이 되겠다고 결심했다. 그 방법은 몸을 만드는 것이 아니라, 내 일상생활을 바꾸는 것이다. 내 일상생활을 바꿔 나의 인생을 바꿀 것이다. 그렇게, 내 삶을 내가 만든다. 아주 멋지게, 꿈꾸던 모습으로.

# 사진으로 세상의 아름다움을
# 전하는 메신저 되기

나는 사진작가다. 지금껏 이 하나의 직업에만 매진해 왔으며, 앞으로도 그럴 것이다. 사진에 대해 대다수의 사람들이 기대하는 것이라면 사진에 좀 더 멋있게, 예쁘게 나오는 것이다. 때때로 그 마음이 너무 커서 사진의 특성 자체를 파괴해 버리는 경우도 있다. 열망이 크니 그럴 수 있다고 이해는 한다. 그러나 그것이 공식적인 무언가에 기록되는 사진이라면, 결코 인정받지 못할 것이다. 또한 기업체의 제품이나 서비스를 과장한 사진이라면, 그 기업의 도덕성에도 또 매출에도 영향을 미치게 될 것이다.

세상은 아름답다. 아름답다고 소문난 곳을 일부러 찾아가지 않아도, 아름답다. 다만 아름다움을 알아보지 못하는 경우들이 많다. 그래서 사진은 참 좋은 취미다. 아름다운 사진을 찍으려고 애써 노력해 아름다움을 찾기 때문이다. 사진을 취미로 갖게 되면, 세상은 그대로인데, 세상이 훨씬 더 아름다워지는 신기한 경험을 하게 된다. 많은 사람들이 착각하는데, 사진이 취미인 것과 카메라 수집이 취미인 것은 아주 다르다. 나는 내 카메라의 기본적인 사용법만을 알고 있다. 기계에 큰 관심이 없다. 직업의 특성상 일부러 기계에 대해 잠깐씩 공부하는 경우는 있지만.

"내가 그의 이름을 불러주기 전에는 그는 다만 하나의 몸짓에 지나지 않았다. 내가 그의 이름을 불러주었을 때 그는 나에게로 와서 꽃이 되었다."

시인 김춘수 님의 〈꽃〉이라는 시의 일부다. 내가 제일 좋아하는 시다. 사진의 특성을 언어로 가장 잘 표현했다고 생각하기 때문이다. 우리는 일상 속에서 일상적인 것들을 마주하고, 지나치며 지낸다. 지나치면 아무것도 아닌데, 사진으로 찍으면 한 장의 사진은 하나의 의미가 된다. 남들이 인정하는 의미가 될 수도, 아닐 수도 있다. 그렇지만 최소한 나에게는 의미가 있다. 나에게 의미가 있다고 꼭 남들에게도 의미가 있어야 할 필요는 없다.

남들에게 인정받기 위해 나의 의미는 생각지도 않은 채 풍경이 멋지다는 곳으로, 예쁜 사람이 있는 곳으로, 유명한 곳으로 떠난다. 그리고 복사하듯 사진을 찍어 온다. 우리가 톨스토이의 《죄와 벌》을 베껴 쓴다고 하여, 좋은 연습은 되겠지만 노벨문학상을 받을 수 있는 문학가가 되는 것은 아니다. 그와 마찬가지로 멋진 사진을 내 카메라로 복사한다고 하여 내가 훌륭한 사진가가 되는 것은 아니다.

그것의 이름을 불러내 마음에 꽃을 피운다. 그렇게 피어난 내 마음의 꽃을 현실의 대상에 투영해 찍는다. 그러면 나와 내가 찍은 그 피사체가 서로의 마음에 의미가 된다. 이것이 사진 찍기의 전부다. 사진의 가장 중요한 본질이다. 이것도 모르면서 조리개니 심도니 하는 기술들이 무슨 의미가 있나. 심지어 그 모든 것들은 이제 인공지능을 가진 기계들이 다 해 준다.


사진으로 아름다워지는 삶에 대해 알려 주겠다. 먼저 사진가는 두 가지 특성을 지녀야 한다. 이름 짓기와 시 쓰기다. 일상적으로 만나는 모든 것들에 관심을 가진다. 그러다 특히 내 마음이 더 쓰이는 것에 잘 어울리는 이름을 붙인다. 그리고 그 이름이 제목인 시를 쓴다. 카메라로.

그렇게 나의 일상은 이름 없던 것들의 집합에서 하나하나 이름들로 채워져 간다. 하나하나에 나의 의미가 더해진다. 삭막하고 생명 없던 일상에, 살아 있는 것들로 채워진다. 나의 일상은 빛나기 시작한다. 그리고 그것은 나만의 비밀이다. 출퇴근길, 등하굣길, 일상의 순간에 나만의 친구에게 눈인사를 한다. '안녕, 봄 햇살아. 안녕, 비 내리던 내 마음아. 안녕, 윙크하는 신호등아' 등등. 나는 시인일 뿐 아니라 동화 작가이기도 하고, 매일 일기를 쓰는 사람이기도 하다.

나는 사진에 관해서라면 뭐든지 할 수 있다. 사진으로 나의 세상을, 우주를 만들어 간다. 사진 친구가 있으면 더 좋다. 내가 붙인 이름과 그 사람이 붙인 이름을 비교해 본다. 나에겐 이런 의미인데, 그 사람에겐 저런 의미다. 같은 장소에서 찍은 서로의 사진을 보며 이야기를 나누는 것은 즐겁다. 서로의 의미를 바라보고 대화하고 이해한다. 그러다 보면 가끔은 나의 우주와 그 사람의 우주가 만나기도 한다. 말을 하지 않고 마음을 나눈다.

엑스레이 같은 특수한 촬영법을 제외하면 사진은 일반적으로 보이는 것을 찍는 것이다. 그렇기 때문에 내가 어떻게 보느냐가 가장 중요하다. 카메라는 내가 보는 그대로를 찍는다. 하지만 다른 사람이 보는 현실과는 다르다. 그래서 눈이 더 열려 있는 사람의 사진을 보면 많은 사람들이 "우와, 여기가 이랬나?"라는 말들을 하게 된다. 그렇다고 현실을 왜곡하는 보정을 한 것도 아닌데.

눈을 뜨는 방법은 간단하다. 관심을 갖는 것이다. 따뜻한 시선을 보내는 것이다. 내가 먼저 주면, 세상도 나에게 준다. 이것을 믿으면 세상 어디에서도, 무엇으로부터도, 누구로부터도 아름다움을 발견할 수 있다.

비싼 카메라로 좋은 데 가서 찍으니 당연히 사진이 멋있다는 말은 이제 그만하자. 닫혀 있던 눈을 뜨면 세상이 아름다워진다. 아름다운 세상에서는 사진도 아름답다. 그 과정에서 기계를 사용하게 되니 기계 사용법은 그때그때 필요한 만큼씩만 배우면 된다.

비싼 카메라와 멋진 곳을 가는 데 드는 돈과 시간만을 생각하면 일상의 아름다움, 내 세상의 아름다움을 놓칠 수 있다. 슬픈 일이다. 내 삶의 어떤 부분의 가능성이 사라지는 일이다. 어떻게 보느냐에 달렸다.


우리나라는 스마트폰 보급률 세계 1위의 나라답게 전 국민이 사진가다. 싸이월드부터 시작된 유구한 SNS의 역사는 사람들에게 사진을 좀 더 잘 찍고자 하는 열망을 불러일으켰다. 사진을 배우고자 하는 분들도 많고, 사진 입문서들이 서점 한쪽 면을 크게 차지하고 있다. 그러나 어떤 곳에서도 나의 일상을 아름답게 만드는 사진의 본질을 가르치지 않는다.

당신이 살고 있는 그 세상이 가장 아름다운 세상이다. 먼저 애정 어린 눈길을 보내 주자. 그러면 당신의 세상도 당신에게 애정 어린 몸짓을 보내 줄 것이다.

# 딸에게 마음을 담은
# 편지 전하기

아빠다. 아빠는 아빠가 처음이다. 너도 딸이 처음인 것처럼. 완벽하진 않았지만 서로 간에 처음인 것치고는 꽤 잘해 온 것 같은데, 너는 어떻게 생각하니? 너를 생각하면 고마움, 미안함, 자랑스러움, 안타까움, 뿌듯함 등의 여러 감정들이 떠오른다.

"네가 좋아하는 아빠, 싫어하는 아빠 모두 다 너를 위한 모습이라고 생각해."라고 말했던 적이 있다. 지금 그 말을 후회하며 네가 싫어하던 아빠의 모습에 대해 사과하고 싶다. 대부분의 부모들이 그렇듯 내가 생각하는 정답이 있고, 옳다고 믿는 것이 있다. 그것을 자식에게 물려주고 가르치고 싶은 마음은 당연하다. 그래서 처음에는 너를 올바르게 가르치기 위해 육아 책도 보고, 내가 먼저 배우려는 모습이 있었다. 하지만 시간이 지날수록 내가 배우는 것은 적어지고, 가르치려는 마음만 커져 갔던 것 같다.

그런데 살아 보니 세상에는 정답이 없더라. 나의 기준은 나에게만 중요하고, 나만 그 기준에 맞게 살면 되는 것이었다. 너의 세상에는 너만의 방법이 있다. 그 길에 너의 모든 믿음이 있었으면 좋겠다. 그렇게 살다가, 네가 아빠의 길을 보았을 때 좋아 보이는 것을 따라 하면 기쁠 것이다. 너의 길이 좋으면 너는 너만의 길을 걸으며 마음껏 행복해하렴. 그 모습을 보는 것은 나에게 더 없는 기쁨일 것이다. 너의 길 위에서는 언제나 너의 방법이 옳다. 언제나 이 믿음에 흔들림이 없었으면 좋겠다.

네가 엄마 배 속에 있을 때였다. 침대에 엎드려 있던 너의 엄마가 갑자기 배가 아프다며 돌아누웠다. 그때 너의 발이 엄마의 배 위로 쑥 튀어나와 있는 모습을 보고 재미있어했던 기억이 있다. 그리고 네가 세 살 정도 되었을 때, 그 이야기를 해서 깜짝 놀랐다. 엄마가 엎드려서 답답해 발로 찼더니 엄마가 돌아누웠다는 말을 했었다. 어느 육아 책에 배 속의 기억을 가진 아기들에 대한 내용이 있었다. 그 생각이 나면서 정말 신기했다. 그래서 일부러 아직 어린 아기인 너를 데리고 인체의 신비라는 전시회도 갔었다. 배 속에서 가지고 놀던 줄이 있다며 신나하던 너의 모습이 아직도 눈에 선하다.

넌 미국에서 태어났지. 그것은 축복일 수도 형벌일 수도 있다. 너에게는 보통 사람들이 대부분 갖지 못한 선택권이 있기 때문에 축복이라고 말해 줬다. 하지만 다른 사람들이 고민하지 않아도 될 것까지 고민해야 하는 너에게는 혼란일 것이다. 대부분의 사람들은 경험하지 못했기 때문에 너의 그 혼란스러움을 이해해 줄 수 있는 사람도 없을 것이다. 그러니 그 부분에 있어서는 외로울 것이다. 다만 세상에 공짜는 없다는 것만 알아주었으면 한다. 너의 혼란은 앞으로 네가 가질 선택권에 대한 대가라고 생각하렴. 한국 사람이니 한국 국적도 좋고, 세계를 대상으로 훨훨 날고 싶다면 미국 국적도 좋을 것이다.

우리 가족이 한국에 올 때 너는 미국에서는 초등학교 1학년 나이, 한국에서는 유치원에 다닐 나이였다. 그때의 너는 보통의 미국 아이들, 혹은 한국 아이들에 비해 언어가 매우 취약한 상태였다. 모국어를 자연스럽게 배워야 할 신생아부터 일곱 살의 나이가 되기까지 너는 두 가지 상반된 문화와 언어에 노출되어 있었다.

모든 외국어 능력은 튼튼한 모국어 능력의 바탕 위에 더해지는 것인데 너에게는 모국어라 할 수 있는 언어가 없는 상황이었지. 내가 잘한 것인지 아직도 잘 모르겠다. 한국인 부모에게서 태어났으니 당연히 집에서는 한국어를 사용해야 한다는 나의 생각이 너의 영어 습득을 더디게 한 것은 아닐까 자책하곤 한다. 그렇다고 하여 한국으로 귀국할 당시 너는 한국어를 한마디도 하지 못했는데, 무엇을 위해 너를 힘들게 했는지 모르겠다.

한국에 처음 와서 너는 유치원에 다니기 시작했지. 아빠도 엄마도 너도 새로운 환경에 적응하느라 많이 힘들고 어리둥절했을 것이다. 아빠도 새로운 나라에 적응해 나가는 과정이 쉽지만은 않았기 때문에 너에게 많은 신경을 쓰지 못했다. 그러던 어느 날, 네가 평소보다 조금은 우울한 모습이어서 그때부터 알아보기 시작했지. 한국의 여느 일곱 살 아이들의 어른 뺨치는 어휘력과 말하기 능력에 너는 억울한 일도 많이 당했다고 했다.

한국의 어린이들이 평균적으로 미국의 어린이들보다 좀 더 똑똑하고 말도 훨씬 잘한다는 것을 그때 나는 알게 되었다. 그런 상황에서 친구들과의 사소한 갈등이 있으면 외국에서 온 아이들이 항상 당한다는 사실도. 유치원 선생님께 억울하고 분한 상황을 설명하고 싶어도 말은 나오지 않고 마음엔 화만 쌓여 가겠지. 그럴 때, 너와 같은 상황의 아이들은 크게 두 가지 성향으로 나뉘게 된다고 한다. 억울한 상황을 이겨 내기 위해 폭력적이 되거나, 억울한 상황을 피하기 위해 소극적이고 자발적인 외톨이가 된다고 말이다.

그 이야기를 듣고 매우 가슴 아팠다. 그 당시 아빠의 상황도 역시 비슷했었거든. 평생의 친구라고, 형제라고 생각했던 친구와 싸웠다. 군 제대 후 처음 미국에 갔을 때도 두렵고 어려웠고, 13년간 미국에서 살다가 돌아온 한국에서도 두렵고 어려웠다. 하지만 아빠는 미국에 갔을 때는 20대였고, 한국으로 돌아왔을 때는 40대였다. 너는 일곱 살이었다. 얼마나 힘들었을까? 영어도 마음대로 안 나오고, 한국말도 마음대로 안 되는 상황. 세상에 너를 이해해 주고 위로해 줄 수 있는 사람이 하나도 없는 상황. 이해받고 사랑받고 해맑게 뛰어놀아야 할 나이에 너무 큰 어려움이었을 것이다.

하지만 너는 이겨 냈다. 폭력적이지도 않았고, 외톨이가 되지도 않았다. 그 어려운 상황에서 적처럼 보였을 아이들을 너의 친구로 만들었다. 누구도 도와주지 않았다. 도움을 요청해도, 알아차리는 사람도 없었다. 그 상황을 혼자만의 인내와 노력으로 견뎌내고 이겨 냈다. 그리고 열한 살인 지금은, 함께 놀기도 힘들 정도로 친구가 많다. 자랑스러운 딸이다. 하지만 자랑 이전에 너에게 정말 미안하고 가슴 아프다. 그 아슬아슬했던 순간들을 너 혼자만의 힘으로 이겨 내었으니…. 참으로 수고했다.

한국에 온 지 벌써 5년이 되어 가는구나. 시간 참 빠르다. 그렇게 시간이 흘렀지만, 어린 시절 모국어를 배워야 할 때 완벽히 배우지 못해 여전히 한국어에 어려움을 겪는 너의 모습이 안타깝다. 그래서 함께 한자 공부를 하려고 한다. 싫어하면서도 나의 의견에 따라 줘서 고맙다. 이 또한, 내가 정답도 모르면서 너에게 강요하는 게 아닌가 하는 의문이 들기도 한다. 그렇지만 세상에 정답이란 없다. 단지 노력할 뿐이다. 그리고 너와 내가 이 상황을 극복하기 위해 함께 노력하고 무엇인가를 했다는 것만으로도 의미가 있을 것이다.

나는 너와 함께 서핑을 할 때 정말 행복하다. 혈기 왕성한 20대 언니, 오빠들도 힘들어서 금세 포기하는 그 서핑을 너는 즐겁게 해낸다. 실내 수영장처럼 선생님 또는 아빠가 도와줄 수도 없는 상황인데, 무서운 파도 앞에서도 흔들리지 않는 너의 뒷모습을 보면 눈물이 난다.

서핑을 하는 너의 모습을 본 선생님이 말씀하셨다. "체계적으로 꾸준히 배우지 않아 기술적으로 부족한 면이 있다. 하지만 바다에서의 용기와 자신을 지키려는 절제가 조화롭다. 때문에 평생 안전하게 서핑을 즐길 수 있는 인성을 타고난 것 같다."라고. 하지만 아빠의 생각은 다르다. 그것은 타고난 것이 아니라, 네가 매 순간 자신의 한계를 뛰어넘으려는 용기를 내기 때문이다. 타고난 것이 아니라 네가 매 순간 노력하는 것이다.

그리고 자신을 극복하는 너의 습관은 네 인생에서 가장 큰 재산이 될 것이다. 다른 사람들이 갖지 못한 가장 큰 재산을 너는 이미 가지고 있다. 그래서 너의 미래를 상상하는 것은 나에게는 아주 큰 행복이다. 너 역시도 너의 오늘과 너의 미래를 상상할 때 크게 행복했으면 좋겠다. 매 순간 극복하는 습관을 가진 사람, 더 대단하게는 그런 극복을 기쁘고 행복하게 해내는 너 같은 사람들에게 불가능한 일이란 없다. 무엇이든 상상하고 그 과정 안에서의 어려움들을 기쁘게 극복해 가길 바란다.

한 사람이 세상에 나와 살면서 겪은 모든 일들은 사라지지 않는단다. 시간이 지난 후에도 그보다 큰 용기와 밝음으로 이겨 나가는 것이란다. 설사 앞으로 살면서 힘들었던 너의 어떤 경험이 불쑥 튀어나온다 해도, 나도 놀라지 않을 테니, 너도 놀라지 않길 바란다. 그리고 내가 옆에서 같이 노력할 것이다. 그러니 놀라지도, 걱정하지도 않았으면 좋겠다.

네가 나의 딸이라 정말 자랑스럽고, 마음이 든든하다. 너는 내가 아는 사람 중에 가장 강하고 명확한 사람이야. 내 딸로 이 세상에 와 줘서 고마워. 사랑한다.

2018년 여름, 아빠가.

보물지도 13

# PART 7

# 대한민국 최고의
# 공부 코치 되기

· 김도희 ·

# 김도희 수학학원 부원장, 학습 컨설턴트, 학습법 코치, 자기계발 작가

현재 동대문구에 위치한 '더큰수학학원'에서 부원장 및 일타강사로 활동 중이다. 더불어 학습 컨설턴트로서 학습법 코칭 및 컨설팅을 진행하며 공부가 어려운 학생들에게 희망과 비전을 제시한다. 꿈을 이루며 행복해 할 청소년 및 청년들의 미래를 꿈꾸며 청소년들의 인생 멘토로 상담 활동도 진행하고 있다.

Blog  blog.naver.com/happykkon          C · P  010.7138.8009

Instagram  dreamdesigner77

# 01

# 공부 코치로서
# 월 1억 원 벌기

어릴 적부터 나는 남들과 똑같이 혹은 평범하게 살고 싶지 않았다. 그래서인지 매사에 참 특이하게 생각했고 순진하고 단순하게 행동했다. 그저 적당히 부모님께 혼나지 않을 정도로 공부해도 성적이 잘 나오는 편이었다. 그래서 마음 편히 놀 수 있었고 딱히 공부의 필요성을 느끼지 못했다. 하지만 공부를 어려워하는 친구들을 도와주는 데 흥미가 있었던 나는 친구들을 우리 집에 불러 함께 공부하고 어려운 문제들을 설명해 주었다. 특히 수학을 어려워하는 친구들이 많아 대부분 수학의 개념 설명 및 문제풀이를 해 주었다. 그런데 놀랍게도 나에게 설명을 들은 친구들은 보통 30~40점 이상 성적이 향상되었다.

그렇게 지내다 고등학교 3학년이 시작되는 3월의 어느 날, 나는 부모님께 당당하게 선포했다.

"저 대학에 안 가고 바로 사회생활 할래요! 그래서 경력 쌓고 취업할래요!"

어안이 벙벙한 표정으로 나를 바라보시던 부모님의 눈빛이 아직도 생생하다. 내가 뱉은 말이지만 지금 생각하면 참 무모했던 것 같다. 젊은 날의 패기였을까. 결국 그 말을 한 지 한 달이 채 지나지 않아 나는 내 결심을 번복했다. 그저 내가 할 줄 아는 게 공부밖에 없었기 때문이다. 그런 데다 하고 싶은 공부가 생기면서 그 분야를 심도 있게 공부하기 위해 대학을 가기로 했다.

대학교에 입학한 후 1년간은 누구보다도 열심히 그리고 신나게 대학생활을 즐겼다. 잘 놀고 잘 즐기는 성격인지라 최선을 다해 동아리 활동을 했다. 그렇게 1년간 청춘을 바쳐 놀면서도 나는 적은 액수지만 장학금까지 받으며 학교생활을 했다. 그러다 문득 '내가 공부를 한다면 어디까지 할 수 있을까'라는 의문이 들기 시작했다. 이른바 '머리만 믿고 공부하느라' 나는 사력을 다해 공부했던 적이 단 한 번도 없었다. 그렇기 때문에 공부는 내게 도전의 주제가 될 수 있었다.

나의 한계를 시험해 보고자 하는 단순한 호기심에서 나의 공부는 시작되었다. 공부를 하기에 앞서 나는 '나에게 맞는 공부법'이 무엇일까 생각했다. 그러곤 A4 용지에 내가 해야 할 리스트를 하나씩 빼곡히 적어 내려갔다.

　매일 공부해야 할 최소 시간, 무조건 지켜야 하는 공부 습관, 내가 선택할 공부 방법 등 나에게 최적화된 공부법을 찾았고 하루도 빠짐없이 실행했다. 그 당시 나는 교직 이수와 복수 전공, 부전공까지 하는 바람에 수업과 과제는 늘 넘쳐 났다. 그러다 보니 상대적으로 공부할 시간이 턱없이 부족해 나는 과감히 잠과 이동 시간, 먹는 시간을 줄였다. 체력이 약한 편인 데다 하루 한 시간도 채 잠을 잔 적이 없었기 때문에 학교에서 과제를 하거나 공부를 하다가 쓰러지는 일이 부지기수였다. 오죽하면 학교 관계자분에게서 "이번 학기엔 구급차 그만 타자!"라는 말을 들을 정도였다. 1주일에 한 번은 실려 갔던 것 같다. 그렇게 나는 나의 공부 한계를 시험했고 두근거리며 2학년 1학기 중간고사와 기말고사를 마쳤다. 과연 결과는 어땠을까.

　이렇게 열정적으로 공부한 결과 나는 과 수석을 하게 되었다. 보고도 믿기지 않는 내 성적표를 보자마자 나는 학과 사무실에 전화를 걸어 이게 진짜 내 성적이 맞느냐고 확인 전화까지 했다. 등록금 고지서가 나왔을 때도 '납부금액 0원'이 믿기지 않아 재차 학과 사무실에 확인했다. 그 정도로 놀라운 결과였다.

　그 당시 우리 과에는 공부에 목숨을 건 몇 명의 친구들이 있었다. 그래서 과 수석을 하기가 쉽지 않았다. 때문에 나는 나의 한계를 시험하는 첫 목표로 1등을 선택했고 그것을 보란 듯이 이루었다. 쉬운 목표를 잡으면 제대로 나를 시험할 수 없다고 보고 불가능해 보이는 목표를 택했다. 그리고 그 목표를 향해 달렸으며 멋지게 이루었다.

한 번 학과 수석을 하고 나니 이젠 나의 공부법에 확신이 생겼다. 학과 공부 외의 공부에도 써먹을 수 있을지 확인하기 위해 자격증 시험에도 적용해 보았다. 학교 정기 고사가 끝나는 기간에 맞춰 자격증 시험을 준비했다. 그리고 나만의 공부법을 적용했다. 한 달 전부터 공부를 시작해 결국 3년 동안 10개의 자격증을 취득했다. 그것도 단 한 번의 실패도 없이 모두 한 방에.

스스로 검증한 공부법을 통해 나는 공부에 대한 자신감을 얻었다. 그 결과 졸업할 때까지 4년간 계속해서 성적 장학금을 받았다. 물론 공부가 너무 즐거웠고, 매일 매 순간 공부에 미쳐 살았지만 공부만 했던 건 아니었다. 친구들과의 술자리도 즐기고 연애도 했으며 심지어 아르바이트도 했다. 예쁜 옷을 입고 여성스럽게 꾸미는 것을 좋아했기 때문에 늘 높은 힐을 신고 캠퍼스를 활보했다. 그런 나를 지도 교수님들은 '독한 선배'라고 후배들에게 소개했다.

공부가 너무 좋아서 매일 어떤 공부를 할지 찾았다. 그리고 10년 후의 유망 자격증을 검색해 끊임없이 나를 계발하는 데 투자했다. 그 덕분에 4학년 교생실습을 누구보다 여유롭고 행복하게 즐길 수 있었다. 하늘은 스스로 돕는 자를 돕는다고 했던가! 마침내 나는 고등학교 3학년 아이들의 담임으로 배정받았다. 그 덕분에 나는 완전히 인생을 바꾸는 계기를 갖게 되었다.

나는 남들처럼 어릴 때부터 열심히 공부해서 교직을 이수한 학생이 아니었다. 반대로 공부하기 싫어 학원 수업도 아프다는 핑계로 빠지고 놀기도 했던 학생이었다. 그래서 수험생이 가진 고민과 딜레마에 더 진심으로 공감할 수 있었다. 때문에 아이들은 나에게 멘토링을 받기를 원했다. 쉬는 시간이나 틈만 나면 '공부상담, 진로상담'을 받기 위해 달려왔다.

자습 시간이면 1명, 2명 나와 공부상담을 시작했다. 그러다가 결국 10여 명의 학생들이 나를 둘러싸고 본인들의 공부 고민과 진로 고민을 상담받고자 했다. 자신들의 상황을 진심으로 고민하고 조언해 주었더니 아이들의 태도와 눈빛이 바뀌었다. 그 모습에 나는 '아! 나는 선생님을 해야겠구나! 이게 내 천직이구나' 싶었다.

그렇게 시작된 공부 코칭이 약 10년이 지나 현재까지도 이어지고 있다. 현재는 수학을 가르치는 강사이자 수학학원 부원장이다. 하지만 수학의 지식보다 올바르게 생각하고 공부할 수 있는 법을 아이들에게 전달하고 아이들이 바뀌는 모습을 볼 때 나는 더 행복하다.

내가 나에게 적용했던 공부법을 약 10년째 나의 아이들에게

도 적용해 가르치고 있다. 그런데

"수학이 가장 어려워요. 공부가 가장 어려워요."라는 말을 달고 살던 아이들이, 혹은 50~60점의 수학 점수도 못 받던 학생들이 80점, 90점 심지어 100점까지 받아 오는 사례들이 굉장히 많았다. 이 중엔 물론 그 방법을 제대로 따르지 않아 실패한 학생들도 있었다. 하지만 98% 이상의 학생들은 성적 혹은 공부 습관에서 엄청난 성장을 보였다. 그 덕분에 그들은 공부에 대한 자신감까지 회복할 수 있었다.

이런 사례들로 인해 나는 내 가르침에 굉장한 보람을 느꼈다. 앞으로도 더 많은 아이들에게 스스로의 능력을 발휘할 수 있는 기회를 제공하고 방법을 제시하고자 한다. 그런 선한 영향력을 주는 공부 코치로서 활동할 예정이다.

나는 어린 나이에 누구보다 값진 경험을 많이 가진 사람이다. 그래서 어떠한 환경 속에서도 아이들이 스스로를 인정하고 아끼며 빛나게 하는 공부를 할 수 있도록 만들어 주고 싶다. 자기 자신보다 공부 코치인 내가 더 그들을 믿어 주고, 끌어 주려고 한다. 그렇게 이 세상 모든 아이들이 행복하게 공부할 수 있도록 돕는 것이 나의 첫 번째 꿈이다.

# 2년 안에 현금으로
# 벤츠 구입하기

나는 자동차를 참 좋아한다. 어릴 때부터 자동차를 좋아하시는 아버지의 영향으로 지나가는 차에 대한 이야기를 듣고 구경하는 것이 일상이었다. 그 덕분인지 자동차에 관심이 많은 편이다. 자동차 잡지라든지 신차 발표회나 기사들을 통해서 접하는 내용만으로도 흥미를 가졌다.

그래서 나는 대학을 졸업하고 운전면허를 취득했다. 내 차에 대한 부푼 꿈을 안고 말이다. 일반적으로 사람은 본인이 흥미와 느끼는 분야는 잘하게 되고 열심히 하게 되어 있다. 내게 운전은 그런 분야였다. 운전면허 학원에서 운전 연수를 받을 때도 강사들의 칭찬을 한 몸에 받으면서 면허 시험에 합격했다. 초보임에도 운전을 잘한다는 소리를 들으면서. 가벼운 사고가 있기 전까지는 말이다.

면허를 따고 한 달 만에 나는 가벼운 접촉사고를 냈다. 그 충격으로 운전이 두려워지고 무서워졌다. 때문에 운전을 하기 위해 차를 타면 나도 모르게 온몸이 떨렸다. 물론 사고는 앞서 말한 대로 가벼웠다. 정차된 상태에서 났던 사고이기에 정말 그냥 넘길 수도 있는 일이었다. 하지만 내겐 그 사고가 트라우마가 되어 버렸다. 그렇게 약 4년 동안 난 운전대를 잡지 않았다. 이후 만나던 남자 친구에 의해 다시 운전을 할 일이 생겼다. 오랜만에 운전을 한 터라 급커브 구간에서 브레이크 대신 액셀러레이터를 밟으며 나는 또다시 트라우마에 갇혀 버렸다.

이런 작은 사고로 인한 두려움으로 결국 난 다신 운전하지 않겠다고 마음먹게 되었다. 그럼에도 불구하고 차에 대한 관심은 식지 않았다. 새로운 차를 보며 행복해하고 즐거워하면서 '나도 꼭 저런 차를 타고 다녀야지' 생각하고 있었다.

그러기 위해선 내겐 큰 용기가 필요했다. 도로 연수를 다시 해야 할까 말까 숙고 중이던 겨울 어느 날, 나는 눈 딱 감고 일을 저질렀다. 바로 자동차를 계약한 것이다. 운전도 못하던 상태의 내가 차를 계약한 건 사실 어머니 때문이었다. 추운 겨울날 대중교통을 이용하시는 모습이 자꾸 마음에 걸려 무작정 차부터 마련한 것이다.

차가 생기니 드는 돈이 아까워서라도 차를 타야겠다는 생각이 들었다. 자연스럽게 도로 연수를 다시 했다. 20시간의 연수를 이수하고 이 정도면 다시 타셔도 된다는 강사의 말에 나는 그다음 날부터 바로 차를 몰기 시작했다. 물론 운전석에 앉기까지 내가 잘할 수 있을까 라는 생각에 겁이 나 수백 번을 망설였다. 하지만 "나는 할 수 있다!"라고 외치곤 운전대를 잡았다.

집 근처를 한 바퀴 도는 것으로부터 시작해 살살 거리를 늘려 갔고 운전에 대한 두려움이 조금씩 녹아 내렸다. 그러다 보니 지금의 차가 부족한 부분이 많고 좁고 불편하게 느껴졌다. 현실은 뒷유리창에 '초보운전'을 붙이고 다니는 왕초보 운전자였지만 나는 꿈을 꾸기 시작했다.

오래전부터 꿈꾸었던, '드림카를 몰아야겠다!'라는 결심이 선 것이다. 아마 부모님께서 들으시면 콧방귀를 뀌실 테지만 못할 게 뭐가 있겠는가! 하지만 나의 꿈은 일주일을 채 가지 못했다. 유턴을 하던 중에 주차된 차와 가벼운 접촉사고가 났던 것이다. 역시 사람은 교만하면 안 된다는 교훈을 몸소 체험했다.

너무 놀라고 당황해서 보험사를 부르고 도로 한복판에서 눈물을 쏟았던 그때를 떠올리니 지금도 간담이 서늘해진다. 이쯤 되니 '역시 나는 운전을 하면 안 되는 사람인가?'라는 의문이 든다. 사고 트라우마를 조금씩 극복할 만하면 또 이렇게 두려워하는 일들이 생기니 어찌 마음 편히 운전할 수 있겠는가.

결국 나의 차는 주차장에 한 달 동안 방치된 상태로 있었다. 어머니께서 가끔 운전하시는 경우를 빼곤 그저 주차장의 한 공간을 차지하고만 있었다. 운전을 다시 해야지 하다가도 그때의 사고들만 생각하면 아찔하고 겁이 나서 도저히 발걸음이 떨어지지 않았다. 새삼 '내가 이렇게 겁이 많구나' 실감하는 순간들이었다.

하지만 역시 사람은 자신이 좋아하는 것에 열정을 다한다 했던가. 얼마 지나지 않아 다시 자동차에 관한 기사와 출시 예정 차들을 둘러보기 시작했다. 작심삼일을 보여 주는 가장 좋은 예가 아닐까 싶을 정도로.


지나가는 차들을 보면 볼수록 마음속에서는 '운전 그까짓 것 하면 되지!'라는 생각이 다시 움트기 시작했다. 생각이 바뀌니 점점 마음은 편해졌고 예전처럼 차에 대한 관심이 커졌다. 길을 걷다가 주차된 드림카를 보면 사진도 찍고 내부도 구경하며 '이게 내 차라면 얼마나 좋을까!' 하는 생각이 들었다. 인터넷 기사나 카탈로그로만 보다가 막상 실물을 보니 그 차를 타고 싶다는 열망이 더 강해졌다.

타고 싶던 '벤츠 CLS'를 눈앞에서 보고 나니 이상하게도 그 차가 자꾸만 내 앞에 나타났다. 무슨 운명이라도 되는 것처럼 내가 가는 길엔 항상 그 차가 있었다. 나는 직감했다. '이 차가 내 차가 되려나 보다!'라고. 그래서 쉬거나 여유가 있을 때 나는 벤츠 CLS를 떠올렸다. 시각화가 되기 전에는 그저 갖고 싶다 정도의 상상이었다. 하지만 이제는 내가 벤츠 CLS의 운전석에서 차를 운전하는 모습이 생생하게 그려졌다. 더불어 한 가지 욕망이 더 생겼다.

'1억 원대의 차를 현금으로 사면 어떨까?'

상상만으로도 아찔하고 신나는 일이다. 자동차 매장에 가서 벤츠 CLS를, 그것도 현금으로 산다는 것은 아무나 할 수 있는 일이 아니기에. 그렇게 생각하고 나니 기분이 이상했다. 내게 주어진 것은 아무것도 없는데 마치 당장이라도 내 눈앞에 나의 진주색 벤츠 CLS가 서 있을 것 같은 기분이 들었다.

벤츠의 엠블럼이 카리스마를 뿜어내며 나를 꿈의 세계로 데려다줄 것 같은 생생한 그림이 그려진다. 강하게 원하고 구하고 바랄수록 내 꿈을 현실로 이룰 수 있는 시간은 단축된다. 나는 그것을 자주 겪어 봤기에 점점 더 강하게 상상했다. 진줏빛 벤츠 CLS를 타고 나는 강연을 하러 간다. 맑은 공기를 가르며 쌩쌩 달리는 중이다. 목적지는 지금 책을 읽는 독자들이 기다리는 곳이다. 꿈을 나누고 함께하기 위해 나의 벤츠는 오늘도 달린다.

이 상상 역시 현실이 된다, 반드시!

# 03

# 매년 자유롭게
# 해외여행 하기

　내가 처음 해외여행을 한 것은 대학교 2학년 때였다. 심지어 그때의 여행은 비행기도 아닌 배로 시작되었다. 그 당시 나는 한창 일본어과를 복수전공하고 있었다. 그때 지도 교수님의 권유와 추천으로 보름간 일본으로 연수를 가게 되었다. 난생처음 하는 해외여행인지라 나는 너무 설레었다. 서울역에서 연수생들과 함께 KTX를 타고 부산 국제 여객터미널로 향하는 것만으로도 나에겐 이미 행복이 넘쳐 났다. 부산 국제 여객터미널에서 '팬스타 드림호'를 타고 오사카까지 16시간! 그렇게 큰 배를 태어나 처음 본 나는 연신 탄성을 질렀다.

　오사카를 기점으로 나는 보름간 폐자전거로 일본의 서해를 모두 돌며 매일 지역 주민들과 교류회를 진행했다. 환경연수였기 때문에 환경문제를 논의했다. 그리고 마지막은 후쿠오카에서의 자유여행으로 마무리했다. 보름이라는 짧은 시간 동안 나는 일본에서 많은 것을 배우고 느꼈다. 성공적인 첫 해외여행의 벅찬 설렘과 함께 잠자던 의식이 깨어나는 기분이 들었다. 그래서 부산에서 서울로 올라오는 기차 안에서 나는 다짐했다. '기회가 되면 무조건 해외로 나가자!'라고.

하지만 생각보다 나의 결심은 실행하기가 어려웠다. 복수전공뿐만 아니라 교직이수와 부전공까지 하느라 정신없이 바쁜 나날을 보냈기 때문이다. 4학년 때는 교생실습까지 나가야 했기 때문에 해외여행은 꿈도 못 꿨다. 그렇게 2년이 흘러 막상 대학을 졸업하고 나니 취업이라는 관문을 넘어야 했다. 마음 같아선 어디든 떠나고 싶었지만 여건이 되지 않아 가까운 국내로 여행지를 옮겼다. 동생과 함께 며칠을 보내고 올라와서는 교육과 관련된 일을 찾았고 학원에 취업했다. 취업 후엔 일을 배우느라 여행은 까맣게 잊고 살았다.

첫 학원에서 1년을 보내고 나오자마자 잠원동에서 과외들이 들어왔다. 퇴사 후 2일 만에 다시 일을 시작했다. 매일 5개의 과외를 하다 보니 제주도 외에는 바다를 건널 기회가 없었다. 그러던 중 건강이 급격히 악화되어 모든 일을 쉴 수밖에 없는 상황에 처했다. 손가락 하나 까딱할 힘이 없었지만 '지금이 아니면 안 되겠다' 싶어 나는 오사카행 비행기 티켓을 끊었다. 어머니를 모시고 가게 된 첫 해외여행이기도 했다.

뇌경색으로 건강상태가 그리 좋지 않은 어머니와 함께하는 여행은 사실 휴식에 가까웠다. 그럼에도 불구하고 어머니와 나에게는 미소가 끊이지 않았다. 멋진 곳을 보고 즐기는 것도 여행의 묘미지만 일탈 자체가 즐거움이었던 것이다. 그 즐거움도 잠시, 여행 후 1년 동안 나는 악화된 건강상태로 아무것도 하지 못한 채 누워 지내기만 했다.

아침에 눈을 떠 거실로 나가기까지 걸린 시간이 무려 3시간. 심각한 상황이었다. 매월 가는 대학병원 진료조차 버거웠다. 열정적이고 패기 넘치던 20대 초반의 나는 없었다. 앙상한 뼈만 남은 내가 있었을 뿐이다. 약 부작용으로 입맛을 잃었고 3일간 물밖에 마실 수 없었다. 집 안에서도 쓰러지는 일이 다반사였다. 10분만 걸어도 일주일간 침대에서 일어나지 못할 정도로 상태는 악화되었다. 나는 극단적인 생각을 했고 실행했지만 결국 실패로 끝났다. 사는 게 지옥이었고 다시 일어날 수 있으리란 희망은 없었다. 하루하루를 눈물로 보내던 중에 문득 죽기 전에 세계일주를 하고 싶다는 생각을 했다.

그렇게 몇 달이 지나고 내게 기적 같은 일이 생겼다. 난치성 통증으로 처방받아 매일 먹던 약은 치료가 아닌 진통 완화가 목적일 뿐이었다. 오히려 과민반응으로 난 제정신으로 살 수 없었다.

약을 먹는다고 달라지는 건 없었다. 그래서 매일 먹던 약을 과감히 끊기로 결심했다. 통증을 맨몸으로 견뎌야 했다. 그럼에도 불구하고 정신이 깨어 있음을 느끼니 모든 것을 이겨 낼 수 있었다. 하루하루 죽은 삶을 살았던 내가 생기를 되찾게 된 것이다.

살아 있음에 감사하며 다시 일할 수 있다는 희망을 안고 지내던 어느 날이었다. 디자인과에서 공부 중이던 친동생의 미국 연수 소식을 들었다. 부모님께서는 동생과 함께 뉴욕에 가길 제안하셨고 나는 흔쾌히 동행하기로 했다.

사실 그때의 나는 전보다 호전이 되긴 했지만 18시간의 비행을 견딜 수 있는 상태는 아니었다. 그럼에도 불구하고 나는 가야겠다는 생각뿐이었다. 약 3주 정도를 뉴욕에 머물며 현지에서 생활 중인 한국인 디자이너 3명과 인터뷰를 했다. 그중 한 디자이너는 색맹이라는 불편함을 이겨 내고 미국에서 알아주는 디자이너로 성공했다고 했다. 그분의 인생사를 듣고 나니 내게도 희망의 불씨가 피어났다. 만약 내가 아프다는 이유로 미국 여행을 포기했다면 나는 여전히 병상에 있거나 이 세상에 없을 수도 있었다.

이러한 일들을 겪고 나니 내게 여행은 인생에서 큰 즐거움이자 희망이 되었다. 그래서인지 여행에 대한 갈망은 점점 더 커져만 갔다. 송파의 한 학원에서 일할 때였다. 처음으로 동생을 데리고 홍콩여행을 했다.

무더운 7월 말이었기 때문에 호텔 문을 나서면 1분도 채 안 되어 땀으로 온몸이 흥건했지만 우린 즐거웠다. 맛집을 찾아다니고 여행지를 돌아다니며 깔깔깔 웃느라 정신없었다. 신나게 웃고 돌아다니느라 하루에 9시간 정도를 걷고 또 걸었다. 물론 약을 먹지 않으면 다음 날 일어날 수 없었지만 그래도 나는 행복했다.

여행으로 인해 아픈 내 몸과 마음은 치유받고 있었던 것이다. 물론 피곤하긴 했지만 마음이 밝아지니 상태도 점점 나아졌다. 그래서 나는 좀 더 과감해졌다. 혼자 해외여행을 하기로 결심한 것이다. 그리고 2016년도에 나는 그것을 이뤘다. 3박 4일 동안 홀로 싱가포르를 여행하며 스스로를 돌아보고 미래를 계획했다. 늘 그랬듯 혼자 떠난 여행 속에서도 많은 답을 찾을 수 있었고 잊고 있던 '매년 해외여행하기'라는 꿈을 다시금 꾸게 되었다.

지금 나는 수학학원 부원장으로서 바쁜 삶을 살고 있다. 더불어 작가로서의 삶이 추가되며 종전보다 더 바쁘게 지내고 있다. 하지만 책을 통해 나는 내가 나아갈 방향을 찾았다. 내가 없어도 돌아갈 수 있는 자동화시스템을 설계하고 그것을 이루면 내겐 시간과 금전의 풍요가 주어진다. 그렇게 되면 내가 그토록 간절히 원하는 유럽여행을 그 어떤 것에도 구애받지 않고 즐길 수 있다.

파리에서 브런치를 즐기는 내 모습을 상상만 해도 저절로 미소 짓게 된다. 파리의 유명한 미술관에서 원하는 만큼 미술품을 감상하는 내 모습이 보인다. 영국에서는 차분하게 애프터눈 티를 즐기며 다섯 번째 책을 쓰고 있다. 그리고 원격으로 컨설팅을 해 주는 모습도 보인다. 독일에서는 교육에 관한 투어를 진행하며 더 큰 교육 사업을 꿈꾸는 모습이 보인다. 이탈리아 피렌체에서는 예쁜 선글라스를 끼고 건축물들을 감상하며 젤라또를 먹고 있는 나를 발견한다. 그러다 문득 오로라가 보고 싶어져 아이슬란드로 떠난다. 이렇게 한 달 동안 유럽 곳곳을 여행하고 돌아왔음에도 내겐 더 큰 풍요가 기다리고 있다.

마음에 행복이 가득 차니 생각의 영역이 더 넓어져 나의 교육 사업을 해외로 진출시킬 꿈을 꾼다. 내 삶에서 여행의 의미는 단순히 보고 즐기는 것이 아니다. 여행을 통해 얻은 정보와 배움으로 사고를 확장하고 더 나은 미래를 그려 간다. 지금까지보다 훨씬 더 많은 이익을 안겨 줄 꿈을 꾼다.

상상만으로도 이렇게 행복할 수 있으니 얼마나 흥미롭고 즐거운 일인가. 이것이 여행이 내게 주는 선물이다. 생각만으로도 웃음 짓게 하는 힘! 나를 일으키고 버티게 하는 힘! 매년 이렇게 풍요롭고 행복한 여행을 즐기며 내 부모님과 가족들에게도 행복과 추억을 선물하고 싶다.

# 04

# 100억 원대 가치를 지닌
# 교육 사업가 되기

나는 진정한 교육가가 되고 싶다. 물론 처음부터 교육을 하겠다고 마음먹은 것은 절대 아니다. 오히려 내가 선생님이 되면 아이들을 망친다고 손사래를 쳤던 사람이다. 그런데 신기하게도 지금 나는 교육가로 살고 있다. 사람에게는 모두 타고난 운명이 있다고 한다. 어릴 때부터 부모님이나 할머님께서는 자주 나의 사주를 보러 점집에 가곤 하셨다. 그럴 때면 무조건 나에게 선생님이나 교수나 강연가를 시키라고 했다고 한다. 나는 그 말에 큰 의미를 두지 않았다. 오히려 내가 하고 싶은 일을 하며 살 거라고 큰소리쳤다. 그리고 속으로는 절대 선생님은 하지 않으리라 다짐했다.

그런데 신기하게도 대학 때부터 모든 흐름은 철저히 내가 교육가가 되도록 흘러갔다. 사범대학이 아니었음에도 우리 학과는 '교직이수'가 가능했다. 평점 3.8이었던 내가 사력을 다해 공부한 결과 교직이수 과정에 합격했다. 그것도 4.0 턱걸이로. 이때까지만 해도 나는 교직 자격증은 일종의 보험 정도로 생각했다. '내가 하고 싶은 일을 실컷 하고 난 후에 할 일이 없으면 선생님을 해야지' 라는 마음이었다.

그런데 나의 생각이 바뀐 계기가 있었다. 교육학개론을 들을 때의 일이다. 교육 관련 책을 읽고 독후감을 써 오는 것이 과제였다. 독후감이라는 것은 모두가 알고 있듯 책을 읽고 난 후의 나의 소감을 쓰는 것이다. 그런데 나는 평범한 독후감을 제출하기 싫었다. 어떻게 하면 특별하고 독특한 독후감을 제출할 수 있을까 고민했다. 여러 고민을 거듭한 끝에 책과 관련해 현직 고등학교 교사들을 대상으로 설문지를 만들었다. 약 20장 정도의 설문지를 수거한 후 나의 독후감과 함께 엮어 한 권의 책으로 제출했다.

나의 과제는 A+를 받았고 나는 깨달았다. '스스로 필요성을 느낄 수 있도록 이끌어 주는 것이 진짜 교육이구나!'라고. 그러면서 점점 교육학에 빠져들기 시작했다. 매주 교직 과목이 있는 날을 손꼽아 기다렸다. 각 교직 과목마다 동기들과 교수님 앞에서 시범강의를 해야 했다. 때문에 교육 지도안과 수업 자료를 만들어야 했다. 그럴 때마다 아이들 앞에 서 있는 내 모습을 생생하게 떠올렸다. 매우 행복하게 웃고 있는 나의 모습을.

실제로 나는 교생실습에서 여섯 차례의 수업을 하고 교생 대표로 연구수업을 했다. 그리고 모든 수업을 진심으로 즐겼다. 연구수업을 할 때는 교장선생님과 교감선생님 등 많은 부장 선생님들이 수업을 참관한다. 그래서 더 긴장되고 어려운 것이 연구수업이다. 그럼에도 불구하고 나는 연구수업을 매우 편하게 진행했다. 피드백을 받을 때 "연구수업 해 보셨어요?"라는 말을 들었을 정도로 말이다. 아이들과 함께 진정으로 수업을 즐겼기 때문에 가능한 일이었다. 나는 또 한 번 결심했다. 이 진심을 다시 아이들에게 전해 주겠다고.

졸업 후 학교 선생님을 하는 대신 학원 강사를 한다고 했을 때 다들 의아해했다. 게다가 다른 일들을 하다가 학원 측 제의로 시작한 일이었기에 더욱 그러했다. 주변에선 이왕 선생님을 할 거면 학교에서 하라고 했다. 하지만 나는 학원이 더 낫다고 판단했다. 내가 원하는 교육을 확실하게 전달하기 위해선 보다 유연한 틀이 필요했기 때문이다. 그리고 내가 하고자 했던 교육은 학교에서의 수업이 어렵거나 버거운 학생들에게 더 필요한 것이었다. 그들에게 제대로 된 공부법을 가르쳐 주기 위해서라도 학원이 더 나은 선택이었다.

나의 판단은 정확하게 맞았다. 아이들은 나에게서 반복학습과 시간관리 노하우를 배웠다. 그 결과 아이들은 확연히 달라졌다. 나는 진심으로 아이들이 필요로 하는 부분을 채워 주려 했다. 뿐만 아니라 아이들의 고민을 함께 나누었다. 공부뿐만 아니라 인생, 연애, 가정사까지도 멘토링을 해 주었다. 매 순간 아이들을 더 많이 이해하려고 노력했다. 진심은 통하는 법, 아이들은 나를 믿고 따랐다.

　나는 공부보다도 인성을 중요시한다. 문제를 많이 틀리는 것보다 버릇없이 행동하는 것에 더욱 엄격했다. 머리를 채우기보다 마음을 채우는 사람이 되도록 아이들을 이끌었다. 그런데 아이들의 마음이 곱고 예뻐지는 것과 달리 성적은 아름답지 못한 경우가 많았다. 그래서 공부를 할 때는 독한 마음을 가질 수 있도록 다양한 방법을 코칭했다. 차근차근 공부의 기본부터 가르치니 수학 성적과 더불어 타 과목 성적들도 눈에 띄게 향상되었다.

　자신은 안 된다고 생각하며 자존감이 낮았던 아이들도 성적이 오르자 점점 자신감을 회복했다. 나는 아이들과의 개별 상담을 통해 꾸준히 "너는 할 수 있다."라고 다독였다. 그러자 아이들은 조금씩 스스로를 믿기 시작했다. 그 결과 지속적으로 좋은 결과를 얻었다. 물론 그 과정에서 교만해지거나 나태해진 아이들은 다시 원점으로 돌아가기도 했다. 몇몇의 아이들은 '역시 나는 안 돼'라며 좌절했다. 하지만 꾸준하게 아이들을 응원하고 "너는 할 수 있어!"라고 다독이며 다시 도전할 수 있도록 도왔다.

다시 용기를 낸 학생들은 점차 자신감을 회복했다. 스스로 잘 못을 인정하고 반성했다. 자신도 할 수 있다는 것을 경험을 통해 습득한 것이다. 이것이 공부의 가장 큰 핵심이다. 무조건 1등이 중 요한 것은 아니다. 자신을 아끼고 사랑할 줄 아는 것부터가 공부 의 시작이다. 나는 공부의 진정한 가치와 의미를 아이들에게 전달 해 주고 싶다. 이왕이면 공부를 즐겁게 할 수 있기를 바란다. 또한 주먹구구식의 교육보다는 머릿속에 오래도록 남는 공부를 시키고 있다.

성적이 변하면 아이들의 성격도 변한다. 자신감을 가진 학생과 그렇지 않은 학생은 눈빛이나 말투부터 다르다. 성적이 오르면 아 이들은 자존감을 회복하고 눈빛도 영롱해진다. 하지만 반대의 경 우는 대답도 하지 않고 스스로를 성적의 굴레에 가두곤 한다. 이 경우가 가장 안타깝다. 성적은 오를 때도 있고 떨어질 때도 있다. 그러나 문제는 포기하지 않고 다시 도전하면 반드시 이루어 낼 수 있다는 믿음을 잃는 것이다.

결국 '교육'은 단순히 성적의 유지와 향상보단 아이들 개개인에 게 중점을 두는 것이다. 이것을 아는 만큼 아이의 마음을 한 번 더 들여다보고 개인에게 맞는 학습법을 안내한다. 그 과정에서 아 이의 말에 귀 기울이게 된다. 아이들이 덜 힘들고 즐겁게 공부할 수 있게 하는 것이 진정한 교육이다. 지금도 나는 수학 강사로서 강의도 할뿐더러 일대일 멘토링도 진행 중이다. 자신이 이야기를 들어 주는 사람이 있다는 사실만으로도 아이들은 마음의 짐을 덜 수 있다. 그래서 멘토링을 시작했다. 생각보다 아이들의 반응이 좋았고 아이들은 한결 수월하게 공부했다.

더 많은 아이들이 스스로를 사랑하며 공부할 수 있도록 돕고 싶다. 자책이나 좌절이 가득한 공부 대신 위로가 되는 공부를 할 수 있도록. 그래서 나는 교육 사업을 계획하고 있으며 현재 가지고 있는 브랜드를 멋지게 키워 낼 것이다. 마음이 아픈 아이들이 공부를 통해 위안을 받을 수 있다면 얼마나 좋을까. 작은 성취감을 통해 무너진 자신감을 회복할 수 있도록 하는 것이 내가 원하는 방향이다.

공부도 마음이 중요하다. 무조건 성적만을 위한 주입식 교육 대신 힐링이 되는 교육을 실현할 것이다. 내가 공부를 통해 위안을 받고 스스로를 믿게 되었던 것처럼. 더 많은 아이들에게 좋은 교육 기회를 제공하고 교육의 본질을 체험할 수 있게 해 주는 회사를 만들 것이다. 더불어 한국을 기점으로 싱가포르, 독일, 미국 등 해외에서도 진정한 교육의 기회를 줄 수 있도록 회사를 확장해 나갈 것이다.

좋은 것은 나누어야 기쁨이 배가 된다. 희망을 나누는 첫 발걸음으로 저서 출간을 준비 중이다. 나의 경험을 통해 많은 아이들에게 희망을 줄 수 있기 때문이다. 마음을 다독여 주는 교육, 그 것이 내가 죽을 때까지 실현해야 할 소명이다. 그 소명을 실현하기 위해 오늘도 더 따뜻한 교육을 꿈꾸며 책을 쓴다.

05

# 러브콜이 끊이지 않는
# 억대 연봉의 동기부여 강연가 되기

중학교 2학년 때의 일이다. 중간고사가 시작되기 하루 전이었던 걸로 기억한다. 갑작스런 두통으로 도저히 책상에 앉아 책을 볼 수 없었다. 두통약을 한 움큼 먹었지만 상태는 전혀 호전되지 않았다. 오히려 고열까지 동반되었다. 다음 날 중간고사는 시작되었지만 두통은 잡히지 않았다. 결국 10분도 채 안 되어 문제를 풀다 포기했다. 원인을 알 수 없는 증상들이 생겨났다. 신체에 조금만 충격이 가해져도 부서질 듯 아팠다. 아주 작은 충격에도 나는 엄청난 통증을 느꼈고 "아!" 하며 소리를 질렀다. 예민한 사춘기 여학생들 사이에서 나는 엄살을 부리는 여우가 되었다.

그때부터 아픈 내색 대신 참는 것을 선택했다. 그렇게 1년 후 나는 고등학교에 입학했다. 그 당시엔 수업 시간에 대한 규제가 없었다. 학원에서 새벽 4시가 넘어 끝나는 날도 많았다. 점점 잠을 잘 수 있는 시간이 줄었다. 적게는 하루 1시간 정도, 많게는 하루 3시간 정도 자며 학교와 학원을 오갔다. 주말에도 예외는 없었다. 게다가 3개월간 매일 저녁과 야식을 라면으로 해결했다. 턱없이 부족한 잠과 영양가 없는 식사를 지속하던 무더운 여름날이었다.

그러던 어느 날이었다. 그날도 어김없이 학원에서 수업을 듣던 중이었다. 한여름이라 강의실에는 에어컨이 켜져 있었다. 나는 갑자기 오한이 느껴졌다. 에어컨을 꺼도 추위는 가시지 않았다. 복통과 두통이 동반되어 오히려 더 힘든 시간을 보냈다. 그렇게 3시간 동안 수업을 마치고 집으로 가기 위해 학원을 나가던 중이었다. 속이 메스껍더니 하늘이 노랗게 변했다. 당장이라도 쓰러질 것 같았다. 선생님의 도움으로 겨우 집에 도착했지만 결국 밤새 40도가 넘는 고열에 시달렸다.

날이 밝고 병원에 갔더니 급성 신경성 위염이라고 했다. 열이 너무 높아 수액에 해열제를 투여했는데도 열은 내리지 않았다. 3시간 정도 수액을 맞다가 화장실을 다녀오던 중 병원 문 앞에서 쓰러졌다. 처음으로 하늘이 빙빙 도는 기분을 느꼈다.

그때부터 나는 조금만 스트레스를 받거나 피곤하면 위경련이 오기 시작했다. 하지만 예민한 성격이라 그런가 보다 하고 대수롭지 않게 넘겼다. 중학교 때부터 느끼던 통증이 조금씩 심해지는 것도 그저 성격 탓이려니 했다. 그런데 이상하게도 점점 아픈 부위가 늘어났다. 고등학교 3학년 때는 약 두 달 동안 위염과 장염으로 물 한 모금도 제대로 넘길 수 없는 지경에 이르렀다. 40도의 고열이 나는 횟수와 기간도 늘어났다. 대학병원에 가서 검사도 받아보았지만 단순한 위염 혹은 신경성 두통 외엔 이상이 없다고 했다. 그러나 나는 점점 더 아팠다.

대학교에 가서도 쓰러지는 횟수가 늘어났지만 결과는 같았다. 미칠 노릇이었다. 몸은 너무나 아픈데 모든 의사는 아무런 이상이 없다고 했다. MRI나 X-ray, 혈액검사 등등 약 20개의 검사 결과는 수면 부족, 만성피로, 역류성 식도염이 전부였다. 도무지 이해할 수 없었다. 이유도 모른 채 아파야 한다는 사실에 머릿속이 하얘졌다. 내가 할 수 있는 거라곤 그저 참는 것뿐이었다.

'걸어 다니는 종합병원'이라는 별명과 함께 대학생활을 보냈다. 그러다 공부에 관심을 갖고 매일 누구보다 열정적으로 살았다. 공부에 미쳐 살다 보니 아픈 건 금세 잊었다. 수면 부족과 영양실조로 병원에 실려 가긴 했지만 큰 문제는 아니었다. 아니, 아니라고 했다.

그렇게 4년의 대학생활을 마치고 여러 업종의 일을 찾아 전전긍긍했다. 어떤 일을 할지 고민이 많았다. 그러던 중 학원에서 강의를 시작했다. 교육 관련 일을 하다 보니 생각보다 신경 쓸 일이 많았다. 스트레스 강도도 센 편이었다. 하지만 세상에 편한 일이 어디 있으랴!

약 1년 후 나는 잠원동에서 과외를 했다. 과외의 특성상 수입이 불규칙했다. 고정 지출을 생각하면 세컨드 잡이 필요했다. 그래서 나는 카페에서 야간에 일했다. 워낙 커피를 좋아하는 데다 밤잠도 별로 없던 내게 적합한 일이었다. 카페는 잠원동에서 그리 멀지 않은 곳에 있었다. 과외가 끝나고 2시간 정도 휴식 후 밤 11시부터 아침 7시까지 근무했다. 하루 3~4타임 수업하고 카페에서 밤을 새우며 일하길 두 달이 지났다.

휴무일 아침, 일이 터졌다. 눈을 떴지만 몸을 움직일 수 없었다. 손부터 시작해서 온몸이 엄청나게 부어 있었다. 세수만 한 채로 집 근처 통증의학과를 찾았다. 초진이었기 때문에 기록지를 작성해야 했지만 펜조차 잡을 수 없었다. 간호사의 도움으로 기록지를 작성하고 진료를 받았다. 간단한 혈액검사와 통점검사, 문진을 하고 나니 1시간 정도가 지났다. 그리고 나는 난치병 통보를 받았다.

하염없이 울고 있는 내게 진료 의뢰서를 써 준 의사는 대학병원에서 확진을 받길 권유했다. 그 분야에서 유명한 교수의 진료를 특진으로 예약했다. 2시간 정도 사전검사를 진행했다. 손만 스쳐도 나는 울고 있었다. 탈진 상태로 진료실에 들어갔고 역시 같은 병명을 선고받았다. 억울했다. 꿈인 줄 알았다. 그저 열심히 살기 위해 노력했는데 난치병이 웬 말인가.

가장 힘들었던 것은 부모님께 내 입으로 이 소식을 전하는 것이었다. 밤새워 울었다. 하루, 이틀, 일주일. 모든 일을 쉬었고 그렇게 1년 동안 나는 어둠에 갇혔다. 빛을 잃었고 죽음만을 생각했다. 치료제나 방법이 없었기 때문에 희망도 없었다.

약에 대한 과민반응으로 밤새 구토하고 탈진해 쓰러져 잠들기를 반복했다. 그렇게 10개월을 보내며 나는 과감히 결단했다. 어차피 아플 거라면 사람답게 살자! 그래서 과감하게 약을 끊었다. 그러고 나니 조금씩 일상이 돌아왔다. 그리고 희망이 보였다. 다시 강의를 할 수 있겠다는 희망. 간절히 원하니 조금씩 나는 호전되어 갔다. 3주간의 미국여행을 다녀올 수 있을 만큼 말이다. 물론 후유증을 오롯이 견뎌 내야 했다.

육체는 정신이 지배한다는 말이 있다. 나는 그 말을 온전히 나로써 보여 주고 있다. 미국을 다녀온 이후 내겐 꿈이 하나 생겼다. 어쩌면 사명감일지도 모르겠다. 내가 앓고 있는 난치성 통증은 전 세계의 약 2%의 인구가 앓고 있다고 한다. 나는 그들에게 희망이 되어 주고 싶었다.

난치성 통증을 대상으로 하는 온라인 카페에 들어가면 90% 이상의 사람들이 "죽고 싶다."라는 말을 한다. 일반적인 사람들은 생각도 못할 통증에 하루 24시간 시달리기 때문이다. 나는 그중에서도 통증 정도가 꽤 심한 편이다. 옷의 무게만으로도 누군가 어깨를 밟는 듯한 통증을 느낄 만큼. 그래서 사는 것 자체가 고통이라는 환우들의 심정을 충분히 이해한다.

그런데 매일 카페에 들어가 글을 읽고 있자니 이겨 낼 희망을 찾기보단 죽을 이유만 눈에 보였다. 그래서 다시는 그 카페에 들어가지 말아야겠다고 다짐했다. 그리고 결심했다. 내가 병을 이겨 냄으로써 희망이 있음을 보여 주어야겠다고 말이다. 나도 해냈으니 당신도 할 수 있다는 말을 해 주고 싶었다.

앞서 소개한 바와 같이 나는 현재 수학학원 부원장으로서 아이들을 지도하고 있다. 병으로 힘든 사람들 대신 학생들에게 "너도 할 수 있다."라고 말한다. 너무나 간절히 해 주고 싶었던 말이었다. 나도 다시 일어서기까지 엄청난 용기가 필요했다. 그것을 알기에 마음을 담아 그 말을 전하고 싶었다.

이 세상에서 이겨 내지 못할 것은 없다. 생각과 의식이 바뀌면 육체는 그에 맞게 움직인다. 지금의 내가 그렇다. 여전히 나는 난치병 환자다. 불과 얼마 전까지만 해도 대학병원을 다녔다. 심지어 매일 약을 먹지 않고는 생활이 어렵다. 그러나 나는 행복하다. 누구보다 열정적으로 매일을 산다. 그리고 생생하게 꿈꾼다. 〈한책협〉을 통해 저서를 출간하고 강의하는 모습을 상상한다. 5년 후, 교육가, 강연가로서 더 멋지게 성공할 나의 모습을 그린다. 간절히 원하고 이루며 살아간다.

내가 특별해 보이는가? 절대 아니다. 한없이 평범한 사람이다. 단지 비범한 생각을 하며 살 뿐이다. 이러한 나의 이야기를 더 많은 이들과 나누며 희망을 전하고 싶다. 내가 해냈으니 당신도 할 수 있다. 몸이 건강하다면 더 잘해낼 것이다. 그러니 두려워하지 말고 도전하라. 그 어떤 합리화도 단지 핑계일 뿐이다. 나는 많은 사람들이 행복해지길 진심으로 바란다. 그러니 당신도 행복하자. 몸도 마음도 아프지 말고.

보물지도 13

PART 8

# 많은 이에게
# 선한 영향력을
# 끼치는 삶 살기

· 김하정 ·

**김하정** '김하정감정코칭협회', '아이안요가커뮤니티' 대표, 요가·명상 지도자, NLP심리상담사, 여행가, 자기계발 작가

15년간 요가와 명상을 지도·상담해 오고 있다. 과거의 상처와 감정을 해결하는 방법을 알지 못해 삶에서 고통을 겪는 사람들의 몸과 마음의 통합적인 치유를 돕고 있다. 모든 존재가 행복한 삶을 살 수 있기를 꿈꾸는 이상주의자다. 여행과 삶에서 만난 많은 사람들과 다양한 경험들을 토대로 감정에 대한 개인저서를 집필 중이다.

Blog  blog.naver.com/kkhlstar　　　C·P  010.6556.1488

Instagram  kimhajeong3

# 5년 안에
# 상담치유센터 설립하기

나는 지금 햇살이 가득 들어오는 3층 창문 밖으로 푸른 정원을 내려다보고 있다. 정원에는 계절마다 피고 지는 꽃나무들이 있고, 그늘을 만들어 주는 적당한 키의 나무들이 있다. 정원의 한쪽에는 작은 데크가 있다. 날이 좋으면 이곳은 의자에 앉아 햇살을 느끼며 야외수업을 하기도 하고 공연도 할 수 있는 무대가 되기도 한다. 내가 서 있는 이 방은 은은한 노란 조명에 바닥과 벽이 나무로 인테리어 되어 있다. 앉아 있는 것만으로도 몸과 마음이 치유되는 힐링 공간이다. 이곳은 지금부터 5년 안에 설립될 치유센터 안 수련실이다.

정원이 있는 건물에 요가와 명상을 할 수 있는 공간. 그것을 마음속에 그리기 시작한 것은 2004년 요가지도자과정을 끝내고 요가 지도를 막 시작했을 때부터였다. 지금 그때와 달라진 것이 있다면 2층에서 3층으로 한 층이 더 올라갔다는 것. 그리고 내부가 좀 더 구체적으로 그려진다는 것이다. 뿐만 아니라 그때보다 훨씬 더 많은 사람들이 나의 상상 속에 등장하고 있다.

그 그림 속에는 한국인뿐만 아니라 다양한 국적을 가진 사람들도 포함되어 있다. 요가와 명상을 원하는 사람들에게 다양한 프로그램으로 기회를 주고, 요가지도자와 명상지도자 그리고 상담가를 양성하는 곳. 국내와 해외의 깨어 있는 영적 지도자들을 강연에 초청하고, 영적 성장을 위한 다양한 프로그램이 진행되며, 그 모든 것이 사랑 안에서 이루어지는 곳. 사람들은 이곳에서 진정한 자신을 찾아 간다. 자신이 가지고 있던 틀에서 벗어나 자유로워지고 더 크게 자신의 잠재력을 펼친다.

2000년 4월, 3년 넘게 다니던 광고대행사에 사표를 던졌다. 그러곤 책꽂이에서 《굿모닝팝스》 한 권을 무작위로 꺼내 들고는 인도행 비행기에 올랐다. 언제부터인지 TV를 켤 때마다 매우 낯설지만 강렬하게 나의 마음을 사로잡았던 나라가 있었다. 그게 바로 인도다. 그중 한 다큐멘터리에서 소개되었던, 인도의 북부 히말라야에 걸쳐 있는 '라다크'는 내 마음속에 '꼭 가야 하는 곳'으로 자리했다.

회사에 다니며 반복되는 일상에 지쳐 갈 때쯤 새로운 것을 찾아 헤매던 나는 드럼을 배우기 시작했다. 그즈음 재즈에 심취해서 찾아 들어간 재즈동호회에서 이미 인도를 다녀온 사람들을 여럿 만났다. 그들에게서 생생한 인도 여행 이야기를 들으면서 나의 꿈이 되살아나기 시작했다. 해외여행이라곤 3박 4일 패키지로 일본을 다녀온 것이 전부인 나였다. 그럼에도 불구하고 나는 망설임 없이 회사에 사표를 던졌다. 그러곤 3개월이라는 장기간의 인도 여행을 계획했다. 그리고 3개월을 훌쩍 넘겨 6개월을 인도에서 지내게 된다.

마치 맛있는 음식을 아끼고 있다가 가장 나중의 순간에 먹는 것처럼, 라다크는 인도를 크게 한 바퀴 돈 뒤 여행의 마지막 목적지가 되었다. 창문도 없이 모래바람이 슝슝 들이닥치는 버스의 딱딱한 나무의자에 앉아 2박 3일을 덜컹거리며, 해발 5,000m를 넘어 가는 여정 끝에 도착한 곳 라다크. 그 사막같이 건조한 곳에서 나는 그때까지 만나 보지 못한 오아시스를 만났다.

인도로 향하는 비행기 안에서 나는 다이어리에 간절함을 담아 질문을 던졌다. '사랑이 뭡니까?'라는. 살면서 가끔 내 안에서 여러 질문들이 떠오를 때가 있다. 그런 질문이 왜 떠올랐는지 기억나진 않는다. 하지만 남녀 간의 사랑을 넘는, 좀 더 심오하고 깊은 무언가가 있을 거라고 확신했었나 보다. 가끔 원하는 것이 있을 때만 찾던 신에게 간절하게 기도도 했다. 나는 이 질문을 여행

중 화두처럼 들고 다녔다. 여행에서 돌아왔을 땐 인도에서 만났던 많은 사람들과 상황들이 내 질문에 대한 해답이었다는 것을 알았다. 그리고 이미 나의 많은 것들도 변해 있다는 걸 깨달았다.

라다크는 나를 요가와 명상의 세계로 인도하는 다리 역할을 했다. 한국에 돌아와 라다크의 게스트하우스에서 함께 지냈던 한 언니를 방배동의 명상아카데미에서 만났다. 얼떨결에 먹었던 맛있는 밥, 고요하게 움직이는 사람들, 조용히 담소를 나누며 차를 마시는 사람들을 보며 편안함을 느꼈다. 그것이 명상에 대해 내가 가진 첫 이미지였다.

"여긴 뭐 하는 곳이에요?"

"명상하는 곳이야."

그녀의 대답은 매우 간단했다. 나에게 명상을 권유할 마음이 조금도 없는 사람처럼 보였다.

"어떻게 하는 건가요?"

"등록하고 일주일 지내면서 방법을 배우면 돼."

역시 간결한 대답이 돌아왔다.

"그럼 한번 해 볼게요."

나 역시 간단하게 답하고는 다음 날 짐을 싸서 들어와 그로부터 6개월을 살았다. 그리고 그곳에서 매일 아침 6시에 요가를 하기 시작했다. 아침잠이 유난히도 많은 나는 기상하는 것이 힘들었지만 요가를 하는 시간만큼은 너무나 행복했다. 그렇게 요가와 명상이 내 삶에 스며들기 시작했다.

나는 어렸을 때부터 무언가 하나에 파고들어 본 적이 별로 없다. 그나마 좋아했던 그림이나 서예는 집안 형편이 어려워 중도에 그만두어야 했다. 성인이 되어 만난 요가와 명상은 내가 집중하고 몰입했던 최초의 일이었을 것이다. 요가지도자과정을 밟을 때는 하루 온종일 요가만 떠올리고 꿈에서까지 요가를 했었으니까. 요가와 명상을 통해서 나와 진정으로 만나는 시간은 행복했다. 그토록 궁금해했던 사랑에 대한 해답도 얻었다. 세상에 대한 이해를 넓혀 가는 게 재미있었다. 그리고 항상 부족한 듯 위축되고 작았던 나는 요가와 명상을 통해서 당당하고 떳떳하게 살게 되었다.

10년이 넘게 프리랜서 요가 강사로 지내다가 2016년 겨울, 드디어 요가원을 오픈했다. 아름다운 정원이 있는 주택이 아닌 도로변 상가 건물이다. 하지만 햇살이 잘 드는 2층인지라 나의 경험들을 사람들과 나누기엔 부족함이 없다. 이곳에서 몸과 마음이 하루가 다르게 변해 가며 행복해하는 회원들을 보며 나도 따라 성장하고 변해 가고 있다. 매일 어떤 새로운 일이 펼쳐질까 기대된다. 회원들도 요가원의 변화에 함께 기뻐한다.

나는 지금 이곳에서 또 다른 꿈을 꾸고 있다. 이젠 그 꿈이 나만을 위한 꿈이 아니란 걸 알기에 멈출 수가 없다. Keep going(계속 하라)! 두려움 없이, 아니 두려움과 함께 나아가고 있다. 오늘도 나는 벽에 붙여 놓은 버킷리스트와 이미지들을 보며 나의 꿈을 떠올린다.

나는 지금 햇살이 포근하게 들어오는 3층 창가에서 정원을 내려다보며 미소 짓고 있다. 은은한 정원의 새소리, 바람소리가 하나의 음악처럼 조화롭다. 정원을 가로질러 걸어오는 회원들이 나를 보며 인사한다. 우리는 지금 꿈꿔 왔던 바로 그곳에서 만나고 있다.

# 2026년에 그림책으로
# 문학상 수상하기

내 이름으로 된 책을 내고 싶다고 생각한 게 언제부터였을까? 이 질문을 던졌을 때 처음에는 명확하게 기억이 나지 않았다. 막연히 성인이 되어 여행을 다니기 시작하면서부터였다고 생각했다. 그러다가 원고를 쓰려고 일어난 어느 날 새벽에 불현듯 한 가지 기억이 떠올랐다.

초등학교 4학년 때로 거슬러 올라간다. 나는 서울 신림동에 위치한 '펭귄아파트'에 살고 있다. 아파트 벽면의 '펭귄'이란 글자 아래 위풍당당하게 펭귄 두 마리가 그려져 있었던 게 기억난다. 그 당시 동네에서 유일한 5층짜리 아파트였다. 나는 아파트 화단에서 동네 친구들과 고무줄놀이를 하고 있었다. 고무줄놀이가 지루해졌을 때쯤 화단 이곳저곳을 돌아다니다가 참새 한 마리가 바닥에 떨어진 크래커를 쪼아 먹고 있는 것을 목격했다. 순간 그 참새가 나에게 어떤 메시지를 알려 주려 한다는 생각이 섬광처럼 스쳤다. 그건 바로 추리소설의 한 장면이었다.

나는 순간 꼬마탐정이 되었다. 이미 한 손엔 검정테두리의 동그란 돋보기가 들려 있었다. 먼저 크래커 조각의 부서진 부분과 남아 있는 구멍들을 관찰한다. 그러고 나서 뾰족한 부분을 따라 남은 구멍의 수만큼 걸어간다. 그 자리에서 땅을 파면 어떤 사건의 단서가 나온다. 참새는 이 사건의 실마리를 푸는 열쇠였다. 대충 이런 내용이었다. 《명탐정 코난》 같은 판타지 미스터리 추리소설쯤 되겠다.

이런 내용으로 책을 쓰면 되겠다는 생각에 나는 굉장히 흥분했었다. 그러고는 흥분이 채 가라앉지 않은 상태로 친구들에게 떠오른 아이디어를 쏟아 내면서 책을 내자고 제안했다. 나는 매우 진지했다. 책을 써서 출판사에 보내는 건 어디서 들었는지 함께 원고를 써서 출판사에 보내자고 이야기했다. 하지만 아이들의 반응은 매우 싸늘했다. 지금 생각하면 당연한 반응이지만 그 당시 나의 실망은 매우 컸다. 짧은 순간이었지만 진짜로 책을 내고 작가가 될 수 있다는 확신에 차 있었기 때문이었다. 그 사건 이후로 나는 책에 대한 생각을 잊고 지냈다.

언니는 나와 나이 차이가 여덟 살이나 난다. 내가 중학생이었을 때 이미 대학생이었던 언니는 종종 소설을 쓰고 있다고 했다. 그게 왠지 멋있어 보였다. 다음 날이면 나는 수업시간에 선생님 몰래 노트 한쪽 귀퉁이에 소설을 쓰며 언니의 흉내를 내곤 했었다. 엄마한테 잔소리를 듣는 아이를 주인공으로 삼아.

책을 내고 싶어 하는 사람들을 주위에서 종종 만나 왔다. 하지만 그중 정말로 작가가 된 사람은 없다. 나와 비슷한 생각을 갖고 있다면 그들이 왜 책을 쓰지 못했는지 이해할 수 있다. '널려 있는 게 책이지만 책은 아무나 쓰는 게 아니다', '완벽하게 내 안에서 체화되어 결정체로 나와야 하는 게 책이다. 그래야 자신에게 부끄럽지 않다', '사회적으로 지위가 있거나 한 분야에서 오랜 시간 스펙을 쌓아 온 사람이 쓰는 것이 책이다'란 생각 때문일 것이다.

내 주위에도 쉽게 책을 내는 것은 자기 자신을 속이고 독자들을 기만하는 것과 같다는 생각을 가진 사람들이 있다. 나 자신을 비춰 보며 짐작건대, 그건 완벽주의적인 자신의 신념에 부딪히기 때문이 아닐까? 자신의 생각이나 이야기를 세상에 내놓는다는 것은, 부족하지만 벌거벗은 나를 보여 줄 만큼의 용기가 필요한 것이다. 그리고 그만큼 자신의 한계와 만나는 일이며 두려움과 직면하는 일이다.

나도 〈한책협〉을 만나기 전까지는 책을 쓴다는 것이 가 보지 않은 나라를 떠올리는 것처럼 막연하고 흐릿했다. 내 이름으로 된 책이 나온다고 생각하면 '기분이 좋겠구나!' 하는 정도로 만족했었다. 그러다가 〈한책협〉을 만나고 나서 생각보다 훨씬 빠른 시간 내에 나도 작가가 될 수 있다는 믿음이 생겼다. "성공해서 책을 쓰는 것이 아니라, 책을 써야 성공한다."라는 김태광 대표 코치의 말은 성공에 대해 이제 조금 마음을 열기 시작한 초보 성공자의 마음을 사로잡았다.

최근에 나는 성공이나 돈에 대해서 내 안에 부정적인 신념들을 많이 쌓아 놓았다는 것을 알게 되었다. 요가나 명상을 하는 사람들이라면 부나 성공에서 멀리 떨어져 있어야 한다는 신념이 뿌리 깊었다. 하지만 그런 신념에 따라 실현되는 내 삶이 한쪽으로 기울어진 시소처럼 조화롭지 못하다고 느껴졌다.

그때 〈한책협〉의 〈1일 특강〉을 만나게 되었다. 10년 동안 200여 권의 저서를 쓴 김태광 대표 코치의 에너지 넘치는 강의를 들었다. 그리고 책 쓰기 강의를 들은 뒤 책을 출간했거나 출판사와 계약 중이라는 작가들을 만났다. 그러자 '나도 할 수 있다!'라는 확신이 마음속에 피어올랐다. 그리고 어릴 적 작가의 꿈을 꾸며 설레었던 마음과 다시 마주하며 가슴이 뛰기 시작했다. 그러고 보니 참 오랜 시간을 돌고 돌아 다시 만난 꿈이었다.

〈1일 특강〉을 듣고 돌아오는 길에 가슴 깊은 곳에 숨겨져 있던 감정이 북받쳐 올라 눈물을 흘렸었다. 꺼내 보기조차 두려워 꽁 꽁 숨겨 두었던 내 꿈을 다시 만난 것이 너무나 반가워서 흘린 기쁨의 눈물이었다. 〈한책협〉을 만나 용기를 내지 않았다면 나는 지금도 가수 이상은 씨의 노래 제목처럼 '언젠가는'이라는 말을 되풀이하고 있을 것이다.

나는 지금 꿈에 그리던 나의 첫 책을 집필 중이다. 앞으로 내가 강의를 하고 요가지도를 하고 지도자를 양성하는 데 교재처럼 쓰일 이 책이 벌써 자랑스럽다. 아직은 예비 작가이지만 책을 쓴다는 것이 얼마나 큰 치유를 할 수 있고 큰 배움인지를 알고 있다. 삶의 경험에서 얻은 깨달음과 지혜가 하얀 백지 위에 글로 펼쳐진다는 것은 정말 멋진 일이다. 나의 책을 읽은 사람들이 감응을 받거나 영감을 얻는 모습을 상상하는 것만으로도 행복하다.

나의 첫 책이 출간될 2018년부터 나는 매년 한 권씩 지혜와 사랑과 통찰을 담아 세상에 내놓을 것이다. 내가 다양한 경험들을 한 만큼 책은 독창적이고 깊이 있고 재미까지 더한 모습을 갖출 것이다. 현재 집필 중인 책은 감정에 관한 책이다. 하지만 앞으로 다양한 주제로 삶의 지혜를 나누는 책들을 1년에 한 권씩 출간할 것이다. 그중의 하나가 바로 그림책이다.

나의 작품들로 채워진 그림책을 떠올리면 미소가 지어진다. 따뜻한 이야기와 예쁜 그림들로 어린이는 물론 어른에게도 영감을 주는 그림책을 남기고 싶다. 생텍쥐페리의 《어린왕자》처럼 읽을 때마다 새로운 감동을 주는 책 말이다.

그래서 나는 조금 더 욕심을 내 본다. 2026년, 그림책으로 문학상을 수상한다. 연단에 올라가 상패와 꽃다발을 받고 수상 소감을 이야기한다. 가족들과 친구들은 진심으로 나를 축하해 준다. 서점과 도서관에 진열된 내 그림책 표지에는 반짝반짝 금딱지가 붙어 있다. 그리고 표지 안쪽엔 '나의 사랑하는 아이들, 상현과 재인에게 바칩니다'라고 적혀 있다.

그것과 연결해서 나의 버킷리스트에 한 가지 더 추가한다. 나의 책은 유럽, 일본, 미국, 남미, 동남아시아 등 세계의 서점과 도서관에 자리할 것이다. 그리고 독자와의 만남에 초대되어 책과 삶에 대한 이야기를 나눌 것이다. 또한 해외여행을 할 때 각국의 서점과 도서관에서 나의 책을 찾아보고 인증 샷을 찍는 기쁨을 누릴 것이다. 그날을 꿈꾸며 오늘도 열심히 달려나간다.

# 03

# 아이들과
# 세계여행 하기

공동체란 같은 목적이나 가치관을 공유하는 조직을 말한다. '공동체'라는 단어를 들으면 가장 먼저 무엇이 떠오르는가? 나는 내가 여행 중 지냈던 공동체의 '따뜻함'이 떠오른다. 그리고 떠오르는 이미지는 '동그라미'다. 사람들이 손을 잡고 원을 그리고 있는 모습 말이다.

인도에서는 공동체를 '아쉬람'이라고 부른다. 인도는 전국이 다양한 성지 순례 코스라고 해도 과언이 아니다. 어느 곳을 가도 신전이 있고, 기도처가 있고, 아쉬람이 있다. 이곳에서 사람들은 함께 명상하고 봉사하고 기도한다. 나도 네 번 정도 인도를 여행하면서 아쉬람을 방문하거나 그곳에서 생활했었다.

리쉬케쉬에서 지낼 때다. 이곳은 비틀스가 여행하다가 명상에 눈을 뜨기 시작했던 곳으로 유명하다. 이 마을은 사람들은 채식만을 한다. 이곳에서는 당연히 술도 팔지 않는다. 사람들은 이곳에서 구루(스승)의 강의를 듣고 요가와 명상을 하고, 밥을 먹고 카르마 요가(일하면서 알아차리는 명상)를 한다. 거리엔 언제나 명상음악이나 만트라가 흐른다.

밤마다 아쉬람을 바꿔 가며 저녁을 무료로 먹을 수도 있다. 바닥에 앉아 바나나 잎 위에 얹힌 음식을 손으로 먹는 소박한 식사다. 하지만 기도하면서 만든 짜파티와 커리는 잊지 못할 맛이다.

태국에서 지낸 공동체는 아주 크고 유명한 절이었다. 이곳에선 원하는 사람들이 기부 형식으로 명상 코스를 밟으며 생활할 수 있다. 당연히 새벽에 일어나고 하루 2식을 하는데 마지막 식사는 12시에 끝난다. 그 사이에 아무것도 먹을 수가 없어서 하루 2식에 적응될 때까지 꽤나 배가 고팠던 기억이 난다. 남방불교를 믿는 태국은 수행이나 생활의 규율이 엄격하기로 유명하다.

영국의 공동체를 방문했을 때는 인도나 태국에 비해 많이 자유로워 보였다. 아시아와는 다르게 유럽만이 가지고 있는 자유가 느껴졌다. 그리고 그들만이 가지고 있는 손님에 대한 예의 바름이 느껴졌었다. 이곳에선 여러 가족들이 함께 살고 있다. 같이 농사를 짓고 가축을 돌보고 빵을 만들어 카페를 운영하고 있다. 함께 아이들을 돌보며 교육도 한다. 각자 자신의 재능을 공동체 안에서 마음껏 펼친다. 매주 금요일엔 동네 주민들을 초대해서 식사를 대접한다.

이 밖에도 아직 가 보지 못한 공동체들이 지구상엔 무궁무진하다. 아르헨티나의 한 기독교 공동체는 매일 농사일을 함께 한다고 한다. 그러다 밭에서 동그라미를 만들어 손을 잡고 춤을 추기도 하고 기도를 하기도 한다고 한다. 또한 프랑스의 플럼빌리지는 자두마을이라는 뜻의 명상 공동체다. 많은 명상에세이를 집필하기도 한 틱낫한 스님이 지어 유명해진 곳이다. 나의 지인은 이곳에서 매일 기도하고 걷기명상을 하고 노래를 하며 행복한 시간을 보냈다고 이야기했었다.

함께 살아가는 여러 공동체를 소개했지만 공동체는 꼭 같이 산다는 의미만은 아니다. 같은 목적과 가치관을 공유하며 살아간다면 바로 공동체다. 가족이면서 같이 살지 않는 사람도 있고 같이 살지만 남남처럼 사는 사람들도 있다. 어떤 형태로든 마음이 연결되어 있다면 가족이라고 생각한다.

나도 사랑하는 두 아이들과 떨어져 지내고 있다. 이혼 후 아이들은 전남편과 할머니, 할아버지와 살고 있기 때문이다. 지금은 어떤 방식으로든 행복하게 살 수 있다고 믿고 있으며, 실제로도 그렇다. 하지만 이혼 후 초반에는 아이들과 떨어져 지내야 하는 것이 마음 아파 견딜 수가 없었다. 그렇지만 이혼을 계기로 아이들과 떨어져 지내야 하는 부모들의 마음을 헤아릴 수 있게 되었다. 내가 행복할 땐 주변의 괴로움에 관심이 없었다. 하지만 내가 경험한 것에 대해선 훨씬 더 깊은 공감을 하게 된다. 그러면서 나는 세상을 바라보는 이해의 폭이 좀 더 넓어졌다.

나는 아이들에게 이혼한 것을 솔직히 얘기하는 편이다. 당당하지 않을 이유는 없다. 힘든 시간을 이겨 내야 했지만 내가 선택한 삶이다. 이 세상엔 많은 형태의 삶이 존재한다는 걸 알고 있다. 그리고 상황에 관계없이 아이들을 사랑하는 마음에는 변함이 없다. 지금까지 살면서 내가 어떤 일을 하고자 할 때 이혼을 핸디캡으로 느낀 적은 없었다. 이혼을 그저 삶의 한 방식이라고 생각했기 때문이리라.

이런 나의 성향은 외국여행을 많이 하면서 생긴 것이기도 하다. 다른 사람의 생활방식을 인정하는 그들의 관점에 놀랐었다. 서양은 이혼율이 높아진 지 워낙 오래되어 이혼을 당연하게 생각하기도 한다. 여행에서 만났던 친구들이 자신의 부모나 자신이 이혼한 얘기 또는 내가 이혼한 이야기를 들을 때의 덤덤한 반응이 처음엔 조금 신기했었다.

한번은 여행에서 만난 영국인 친구가 자신의 의붓아들이 게이라며 나에게 소개해 주기도 했다. 그들은 그 사실을 아주 편안하게 이야기했고 나 역시도 아무렇지 않게 그런 얘기를 들을 만큼 내공이 생겼다. 가끔 그들의 그런 문화가 당연하게 생각되지만 동양권 문화에서 답답함을 느낄 때면 한편으론 부럽기도 하다.

우리 아이들이 살면서 부모의 이혼으로 상처받을 때도 생길 것이다. 그럴수록 나는 더욱 아이들에게 다양하고 넓은 세상을 보여 주고 싶다. 세상에는 인구수만큼 다양한 삶이 존재하고 다양한 가족의 형태가 있다는 것. 결국 우리는 하나로 연결되어 있다는 걸 알려 주고 싶다.

나는 지금 이 글을 쓰며 아이들과 세계 공동체를 여행하는 걸 상상한다. 다양한 나라와 피부색이 다른 사람들, 다른 말을 하는 사람들을 만날 것이 너무나 기대된다. 아이들이 나처럼 여행을 통해서 시야를 넓혀 열린 마음으로 세상을 보길 바란다. 그러면 자신과 다른 사람들을 이해할 수 있는 넓은 가슴을 가질 것이라고 확신한다. 거기에 새로운 것에 도전하는 즐거움도 배우게 되리라.

같은 꿈을 가지고 있기에 몸은 떨어져 있지만 우리는 연결되어 있다. 내가 행복해야 아이들이 행복하다는 걸 알기에 나는 항상 행복함을 유지하려고 한다. 그리고 이런 나의 고민과 해답이 나와 같은 고민을 하고 있는 많은 사람들에게 도움이 될 날이 곧 올 것이다.

# 04

# 일 년의 절반을 해외에서
# 보낼 수 있는 시스템 만들기

　해외로 배낭여행을 다니면서 아시아인과 서양인의 여행 방식의 차이를 많이 느꼈다. 누구나 그런 것은 아니지만 내가 만난 대부분의 사람들에게서 발견한 공통점이었다. 우선 서양인들은 여행기간을 길게 갖는다. 한 곳에 오래 있는 편이고 하루에 몇 번은 꼭 카페에 앉아 여유를 즐긴다.

　나는 여행을 하는 동안 우리나라 대학생들을 간혹 만났다. 방학기간인 사람도 있었고 휴학을 하거나 졸업 후 취직을 준비 중인 사람, 군대에 다녀와 복학을 준비하는 사람들이었다. 그런데 그들은 늘 무언가 쫓기는 사람처럼 여행했다. 마치 축지법을 쓰듯 빠른 속도로 관광지를 둘러 보고 다녔다. 그러면서 학교와 취직을 걱정했고 사회를 탓했다. 이것은 한국에만 국한된 일은 아닐 것이다. 단지 나의 편견일지도 모른다. 하지만 나는 그런 이들을 만날 때마다 느꼈던 안타까움을 이야기 하고 싶다. 그들은 한곳에 오래 머물며 그 나라의 냄새, 골목길, 음식과 사람들을 깊이 알아 가는 것이 얼마나 즐거운 일인지 느껴 보지 못한다. 그리고는 다시 학교로 돌아가 바쁘게 움직이며 또다시 사회를 탓하게 될 것이다. 그러고 나서 축지법 여행을 무용담처럼 얘기하고 다닐 것이다.

반면 내가 만난 서양인들은 참으로 여유로워 보였다. 경제적, 시간적, 정신적인 여유를 다 갖춘 사람도 있었고, 돈이 없는 데도 크게 개의치 않는 사람도 있었다. 그런 이들은 심리적으로 여유를 찾아가고 있었기 때문이리라.

내가 인도에서 만난 캐나다인 제이슨은 지금 태국에서 스님이 되었다. 또 다른 친구는 인도에 정착한 지 10년 정도 된 스위스 인 부르노다. 지금도 그는 인도에서 히피로 살며 명상을 한다. 태국에서 만난 한국인 미와 미국인 남편인 션 부부는 세계를 여행 다니다가 지금은 발리에 정착해 한국레스토랑을 운영하고 있다. 태국에서 만났던 또 다른 션은 지금 베트남에서 영어와 명상을 가르치고 있다.

뿐만 아니라 자신의 나라에 살면서 일 년에 몇 개월씩 타국을 여행하거나 사는 사람들도 만났다. 스페인인 라몬은 일 년의 반 정도를 이웃 유럽국가와 아시아로 여행을 다닌다. 영국인 알제이는 일 년의 반은 고향인 영국에서 반은 태국에서 지내며 싱잉볼 (singing bowl) 테라피스트로 활동하고 있다. 그리고 산티아고 순례길에서 만난 영국인 스티븐은 40대에 명예퇴직을 한 뒤 연금으로 여행을 하며 매년 순례길을 걷는다. 또 다른 순례길 동무였던 독일인 한스는 크루즈사업을 하는 사람이었다. 칠십에 가까운 나이에도 매년 시간 내서 산티아고를 걷는다고 한다.

내가 위에 언급한 사람들은 스스로 원하는 것을 알고 이를 적극적으로 실행에 옮기는 사람들이다. 이런 것들이 가능한 것은 분명 문화적인 차이나 우리나라와는 다른 복지정책 덕이기도 하다. 또한 우리와 다른 교육시스템이 이유이기도 할 것이다. 하지만 그들이 여유로운 가장 큰 이유는 그 일에 얼마나 가치를 두느냐 하는 것이다. 그리고 얼마나 절실하냐의 문제라고 생각한다.

이들의 공통점과 차이점을 생각해 보았다. 차이점의 하나는 돈은 없지만 정신적인 것을 추구하며 살아가는 것이다. 다른 하나는 시간과 정신적인 여유에 경제적인 여유가 받쳐주는 경우다. 공통점은 그들 모두가 자신의 삶에 매우 만족하고 있다는 것이다. 나는 그들이 불평불만을 말하는 것을 들어보지 못했다.

한때 나는 히피처럼 맨발로 옷 한 벌 달랑 들고 여행 다니면서 사는 것이 행복했을 때가 있었다. 그러다가 한국에 다시 돌아오면 도시생활에 괴리감이 느껴지며 혼란이 왔다. 그리고 여전히 하고 싶은 것이 너무 많았다. 지나고 나서 보니 히피생활도 단지 호기심 많은 내가 해 보고 싶은 일 중에 하나였다는 걸 알았다.

돈이 없어도 행복할 수 있다는 것을 애써 증명이라도 하려는 듯 나는 정신적인 면만을 추구하면서 살아왔다. 하지만 하고 싶은 것들을 하려고 할 때마다 돈이 없어 속상한 적이 많았다. 그래서 종종 돈 걱정 때문에 하고 싶은 일을 미루거나 다른 일로 대체하며 합리화를 시켰다. 내가 원하는 것이 최상의 해결책이 아니라는 끝없는 이유를 대면서 말이다. 한마디로 내면의 나의 욕구를 무시했던 것이다. 여러 번의 시행착오를 겪고 나서야 그런 자기합리화가 성공의 걸림돌이라는 걸 알았다. 이제는 내가 원하는 것을 하기 위해 돈이 필요하다는 걸 인정한다. 아니 인정을 넘어서 돈을 긍정한다.

일주일에 4시간만 일하고도 한 달에 4만 달러를 버는 사람이 있다. 살고 싶은 곳에서 살고, 일하고 싶을 때 일하면서. 바로《나는 하루에 4시간만 일한다》의 저자 팀 페리스다.

그는 "행동을 미룸으로써 당신이 경제적, 정서적, 육체적으로 잃게 되는 것은 무엇인가?"라는 질문을 던진다. 그리고 반문한다. "행동의 부정적인 면을 판단하는 것만큼 행동하지 않아서 생기는 엄청난 손실을 측정하는 것도 중요하다. 당신을 흥분시키는 일을 하지 않는다면 1년 후, 5년 후, 10년 후에 당신은 어디에 있을까?" 라고.

그렇다. 지금 아무것도 하지 않으면서 5년 후, 10년 후에 경제적, 시간적 자유로움을 바라는 건 안일한 생각이다. 원하는 목적지가 있으면 내가 나아갈 화살표대로 가야한다. 망설이다간 곧 해가 질지도 모른다. 길거리에서 밤을 보내고 싶지 않다면 단호하게 선택해야 한다. 설사 잘못된 길을 갔다가 유턴을 할지라도 말이다.

1년의 반을 외국에서 보낸다. 그것도 통장에 돈이 떨어질까 봐 불안해하지 않으면서 여유롭게. 정말 달콤하고 기분 좋은 상상이 아닐 수 없다. 나는 그 꿈을 위해서 재정적인 준비를 하고 있다. 외국에 나가있는 동안 수입이 저절로 창출되는 시스템을 만들어 정말 하고 싶은 일만을 하면서 살겠다.

팀 페리스가 4시간만 일하며 성공한 것은《나는 하루에 4시간만 일한다》를 쓴 뒤 작가가 되면서부터였다. 나도 팀 페리스처럼 책을 쓰고 있다. '일 년에 반을 해외에서 보낼 수 있는 재정과 시스템 만들기'라는 내 꿈의 여정에 책 쓰기는 내가 선택한 첫 번째 화살표가 되었다. 그리고 책 쓰기를 시작으로 〈한책협〉에서 1인 창업시스템을 습득하고 내 것으로 만들고 있다. 그렇게 하나씩 나의 영역을 확장 시키고 안정적인 재정시스템을 만들어 갈 것이다. 그것은 세계 어디에서도 내가 사랑하는 일을 할 수 있고, 여유롭게 휴가를 보내는 동안에도 돈이 들어오는 시스템이 될 것이다.

나는 몸과 시간의 자유를 이미 누려 보았다. 그리고 정신적인 여유도 추구하고 있다. 내 삶의 트라이앵글을 완성시키는 데에 경제적인 여유가 빠질 수 없다는 걸 이제는 안다. 정신적, 경제적, 시간적 풍요로움의 삼박자를 위해서 나는 글을 쓰고, 1인 창업으로 내가 원하는 삶을 살 것이다. 그리고 끊임없이 가슴 뛰는 일에 도전할 것이다. 그리고 세계를 다니며 이 모든 경험들을 더 많은 사람들과 나눌 것이다.

# 05

# 백 살에도 많은 이들에게
# 영감을 주는 삶 살기

"정말 하고 싶은 일을 하세요. 신이 기뻐하시며 성공의 문을 열어 줄 것입니다. 당신의 나이가 이미 팔십이라 하더라도요."

애나 메리 로버트슨 모지스. 모지스 할머니로 더 친숙한 그녀의 책, 《인생에서 너무 늦은 때란 없습니다》는 나의 가슴을 뛰게 했다. 이 책은 40여 편의 따뜻한 그녀의 작품들로 채워져 있다. 겨울, 봄, 여름, 가을 그리고 다시 겨울을 반복하며 마을의 풍경을 시종일관 따뜻한 색채로 담아낸다.

농장에서 자라 농장의 아낙으로 살던 그녀의 유일한 취미는 자수였다. 그런데 관절염으로 자수를 놓기가 어려워지면서 바늘을 놓게 된 그녀는 새로운 취미로 그림을 그리기 시작했다. 일흔

다섯 살부터 본격적으로 그림을 그리기 시작한 그녀는 백한 살까지 1,600여 점의 작품을 남겼다. 그 작품들은 지금까지도 많은 이들에게 감동과 희망을 주고 있다.

그녀의 그림은 그녀의 삶을 이야기하고 있다. 자신의 삶을 하나하나 추억하며 일기를 쓰듯 그렸기 때문이다. 그녀의 그림을 보고 있노라면 그림 속에서 사람들이 움직일 것만 같다. 가축들이 소리를 낼 것만 같고, 바람에 나뭇가지들이 흔들리고 있는 듯 느껴진다. 그림이 사실적이라는 의미가 아니다. 그녀의 그림은 그녀가 느꼈을 인생처럼 살아 있다. 그녀의 그림에 많은 사람들이 감동과 위로를 받는 이유는 진심이 담겨 있기 때문일 것이다.

그녀는 그림을 시작한 지 5년 만인 여든 살에 첫 개인전을 열었다. 이후 그녀의 그림은 미국 전역을 열광시켰다. 그녀가 그린 그림으로 만들어진 크리스마스카드가 1억여 장가량 팔려 나갈 때도 그녀는 담담했다. 그녀가 그럴 수 있었던 것은 유명세나 언론의 관심에 신경을 쓴 것이 아니라, 가슴에서 우러나온 '정말 하고 싶은 일'을 했기 때문이다.

"모지스 할머니는 평범한 일상을 특별함으로 보는 눈을 가졌고, 그것을 그림으로 옮겼다."라는, 그녀에 대한 소개 글을 읽은 적이 있다. 나는 그녀를 "그녀의 마음엔 이미 평범함과 특별함의 차별이 없었다. 그녀는 모든 것에서 신의 선물을 발견했고 그것을 그림으로 옮겼다."라고 소개하고 싶다. 그녀의 글과 그림엔 '애씀'

이 느껴지지 않는다. 그래서 나는 편안함을 느낀다.

나의 버킷리스트엔 그녀의 사진이 프린트되어 있다. 꽃무늬 원피스를 입고 초록이 만발한 정원의 캔버스에서 그림을 그리고 있는 사진이다. 그녀는 하얀 머리를 단정하게 묶고 나이가 믿기지 않을 만큼 앳된 얼굴로 부드럽게 미소를 보내고 있다.

그녀는 말한다. "나는 예쁜 그림을 좋아합니다. 예쁘지 않다면 뭐 하러 그림을 그리겠어요?"라고. 그렇다. 우리는 예쁜 그림을 그리고 싶으면 예쁜 그림을 그리면 된다. 그런데 내가 예쁜 그림을 그려도 되는지 의심부터 할 때가 있다. 그 그림을 봤을 때 나와 상대가 얼마나 행복할까를 생각하기 이전에 내가 그걸 그릴 자격이 있는지를 먼저 판단하는 것이다.

나는 내가 풍요로워지고 사랑받는 것이 부자연스럽고 거북하게 느껴질 때가 있었다. 나는 사랑받을 자격이 없고, 충분하지 않으며, 성공과 부와는 거리가 멀다는 깊은 신념들에 지배당하며 살아왔다. 나에게 그런 신념들이 자리 잡기 시작한 건 언제부터였을까?

내가 초등학교에 들어가기 전까지 우리 집은 동네에서 부잣집 중 하나였다. 경상도 어느 유명한 절 뒤에 만 평의 땅이 있었고 부동산도 몇 채 가지고 있었다고 한다. 그리고 1980년대 초에 아버지는 이름도 생소한 외제차들을 타고 다니시며 뿌듯해하셨다고 한다.

나는 넉넉한 집안에 늦둥이로 태어나 귀여움을 받으며 자랐다. 그러다가 아버지의 사업이 크게 부도났다. 아마도 부모님의 말다툼이 잦아졌을 때쯤이었을 것이다. 가구에 노란 종이들이 붙어 있던 것이 어렴풋이 떠오른다. 나는 그때 너무 어려서 천진하게도 새로운 집으로 이사 가는 것이 마냥 즐거웠다. 그래서 오빠의 손을 잡고 새로 이사 갈 집을 구경 가자고 재촉했었다. 하지만 사춘기로 접어들던 언니, 오빠의 표정은 어두웠다.

새로 옮긴 집은 큰방과 작은방이 거실도 없이 문 하나로 연결되어 있었다. 부엌도 슬리퍼를 신고 나가야 했다. 화장실은 더 멀리 있었다. 궁궐에서 한순간에 초가집 신세가 된 것이다. 그 이후로 1년에 한 번씩 이사를 다녔다. 천진하게 행복하기만 했던 나도 집안의 어두운 그늘 밑에서 사춘기를 맞아야 했다. 그리고 점차 어릴 적 풍요로웠던 시절을 잊었다.

집안에는 웃음이 줄어들었다. 나는 문제집 살 돈을 달라고 하는 것도 눈치가 보였다. 점차 나는 불평불만에 짜증이 많은 아이가 되었다. 요구해도 할 수 없다는 생각에 결국 시도도 하지 않고 포기하는 습관이 생겼다. 사춘기 땐 본격적으로 엄마와 나의 고집이 부딪히며 집 안은 늘 전쟁이었다. 참으로 질풍노도의 시기였다.

하지만 신은 시련을 주실 때 시련을 이겨 낼 힘도 함께 주신다고 하지 않았던가. 우울한 환경 속에서도 내 안의 긍정적인 씨앗은 사라지지 않았다. 힘들었던 만큼 이겨 내고 싶은 욕망도 컸을 것이다. 그리고 더 이상 상처받지 않고 행복한 삶을 살고 싶다는 바람도 그 누구보다 강했을 것이다. 그래서 행복해지는 방법을 찾아 나섰다. 이제 삶이 행복해졌으니 시련은 더 이상 나를 괴롭히려고 온 것이 아니다. 시련은 나라는 존재가 이 땅에 단단하게 뿌리내릴 수 있도록 신이 내려 준 햇살이고 단비이고, 거름이다.

모지스 할머니는 이렇게 이야기한다.

"나는 참 행복한 인생을 살았습니다. 물론 나에게도 시련이 있긴 했지만 그저 훌훌 털어 버렸지요."

평화로워 보이기만 하는 시골마을에도 시련은 온다. 예쁜 그림을 그리는 것도, 시련을 훌훌 털어 버리는 것도 결국 자신의 선택인 것이다. 아무도 강요하지 않고, 설사 강요하더라도 들어줄 의무는 없다. 나의 인생이니까.

내가 백한 살이 되려면 아직도 60년이나 남았다. 나는 60년을 무엇을 하면서 보낼 것인가? 어떤 의미를 갖고 살아갈 것인가? 60년 동안 이루게 될 버킷리스트의 수는 대체 얼마나 될까? 생각만 해도 행복하다. "나의 삶을 돌아보니 하루 일과를 돌아본 것 같은 기분이다."라는 모지스 할머니의 말이 참 인상적이다. 나도 이번 생을 마감할 때쯤에 나의 인생이 하루 일과처럼 느껴질까?

호스피스 환자들에게 마지막 인생에서 가장 아쉬운 것이 무엇이냐고 물으면 대부분 여행을 다니지 못한 것이 아쉽다고 답했다는 기사를 읽은 적이 있다. 나는 적어도 "살면서 해 보고 싶은 것들을 다 해 봐서 이제 그만 가도 되겠어요."라고 말하는 사람이 되겠다. 그때까지 내가 하고 싶은 일들을 멋지게 해내고 모지스 할머니처럼 100번째 생일파티를 열어 많은 사람들 앞에서 이야기하겠다.

"하고 싶은 일이 있으세요? 그럼 그냥 하세요. 삶이란 우리 스스로 만드는 것이니까요. 언제나 그래 왔고 또 언제까지나 그럴 것입니다."

보물지도 13

# PART 9

# 대한민국 최고의
# 유아 축구 코치로
# 우뚝 서기

· 이종우 ·

# 이종우

**'솔뫼 스포츠' 대표, (사)한국 스내그 골프 협회 이사, 기업가, 강연가, 자기계발 작가, 동기부여가**

경기도 부천에 위치한 스페인식 축구 교육 기관 '솔뫼 축구 센터'의 대표다. 서울, 인천, 경기 지역 유치원에 방과 후 축구, 골프 교육을 제공하는 '솔뫼 스포츠'의 대표이기도 하다. (사)한국 스내그 골프 협회 이사, 교육 사업 본부장으로서 예비 지도자들에게 주기적으로 어린 아이 운동 코칭법을 교육한다. 작가이자 동기 부여가라는 꿈을 키우며 운동 지도자들과 스포츠 기업가들의 멘토로 상담 활동을 하고 있다. 현재 '마음이 강하고 적극적인 아이로 키우는 운동의 힘'을 주제로 개인저서를 집필 중이다.

Email  nookie129@nate.com                    Blog  blog,naver,com/nookie129

Instagram  solmoesports

# 01

# 박지성이 악수를 청하는 축구인 되기

세계 최고의 축구 선진국 스페인에는 마르셋(Marcet) 재단이라는 곳이 있다. 최고의 인프라와 훈련 프로그램을 바탕으로 유소년 축구 선수와 코치를 직접 양성한다. 검증된 그들의 시스템은 이미 오랜 시간 동안 인정받았다. 뿐만 아니라 유럽의 명문 구단들과 함께 일하며 세계적인 선수를 수십 명 배출했다. 최근에 이르러 마르셋 재단은 축구선수로 성공하려는 꿈나무들을 유럽뿐만 아니라 아시아, 아프리카 등지에서도 양성하고 있다.

나는 2012년부터 '솔뫼 스포츠'라는 이름으로 축구 교육 사업을 시작했다. 사업 초창기에는 누구나 그렇듯 망하지 않는 게 당면 목표였다. 그랬기에 잘되는 축구 교실들은 어떻게 운영되는지 관찰하고 기록했다. 축구와 관련된 각종 교육 세미나에도 꾸준히 참석했다.

대한축구협회는 〈한국축구과학회〉라는 단체를 통해 매년 콘퍼런스를 개최한다. 국내외 각 분야 전문가들의 강연을 통해 많은 축구인들의 자기계발을 도모하는 매우 좋은 취지의 학술 행사다.

나는 축구선수 출신이 아니다. 때문에 축구인들과의 인맥을 형성하기 위해서라도 매년 콘퍼런스에 참여했다. 그 과정을 통해 축구 교실을 운영하는 방법에 대한 정보, 우리나라의 유소년 축구선수 양성 시스템 등에 대해 알 수 있었다. 누적되는 지식과 클럽 운영에 대한 아이디어, 그리고 꾸준히 해 온 자기계발 때문이었을까? 어느 순간부터 대한민국 축구에 크게 기여할 수 있는 넓은 시야를 갖고 싶었다. 하지만 비전을 확립할 만한 롤모델을 찾지 못했다.

2014년 1월, 나는 선진 축구에 대한 배움과 축구인으로서의 자기계발에 대한 갈증을 해결하기 위해 스페인으로 떠났다. 만삭의 아내와 함께였다. 우리는 스페인에 체류하는 동안 얻어 가야 할 것을 고민하며 16시간의 비행 끝에 바르셀로나 공항에 도착했다.

사업이 잘 풀리지 않아 부모님에게서 빌린 돈으로 계획한 일정이었다. 그러니 그 어느 때보다 절실한 마음으로 임해야 했다. 시간은 매우 빠르게 지나갔다. 일정의 대부분은 카탈루냐 지역의 클럽 훈련 일정을 참관하며 준비해 간 질문을 토대로 인터뷰를 하는 것이었다. 연수 일정 동안 보고 듣고 느낀 점을 숙소에 들어와 기록하며 내 것으로 만들기 시작했다. 이 기간 동안에는 특별한 인연을 만나기도 했다.

그 당시 자주 방문하던 페이스북 페이지 중에 '축·사·모(축구를 사랑하는 사람들의 모임)'라는 것이 있었다. 프로필에는 운영자가 스페인 바르셀로나에 거주 중이라고 되어 있었다. 스페인에서 한국 사람과 축구 이야기를 나눌 수 있다는 설렘을 주체하지 못하며 쪽지를 보냈다. 놀랍게도 바로 답장이 왔다. 다음 날 내가 머물던 숙소 근처의 카페에서 만나 각자의 사연을 공유했다. 서로에게 필요한 사람이라고 생각하게 된 소중한 만남이었다. 그후로 우리는 1년간 일하기도 했으며 지금까지도 좋은 관계를 유지 중이다. 그는 《그들은 왜 이기는 법을 가르치지 않는가?》의 저자이자 현재는 부산 아이파크 U-12팀을 총괄하는 조세민 감독이다.


스페인에서의 연수 일정을 마치고 한국에 돌아온 후, 직원들에게 내가 느낀 모든 것에 대해 교육했다. 그리고 솔뫼 스포츠의 콘셉트를 동네 축구 교실에서 '스페인식 축구 교육기관'으로 수정했다. 조세민 감독과 함께 5세부터 초등학교 2학년까지의 아이들을 대상으로 '즐기는 축구, 생각하는 축구'라는 철학을 기본으로 한 연간 커리큘럼을 제작했다. 이 커리큘럼은 경북 고성에서 한 지도자가 찾아와서 큰돈을 지불해도 좋으니 구매하고 싶다고 얘기할 정도로 신선하고 획기적이었다. 콘텐츠에 대한 자신감이 생기니 인천과 부천 지역에서만 하던 축구 교육 사업을 경기도 전역으로 확장해야겠다는 목표가 생겼다. 그리고 '축구'가 어린아이들에게 선물하는 가치를 알고 계셨던 몇 유치원 원장님들께 인정받아 사업의 영역이 일산과 서울 강서 지역까지 확장되었다.

누군가 회사의 비전이 무엇이냐고 물으면 "기업형 축구클럽입니다."라고는 답할 수 있었다. 하지만 그 과정에 대한 명확한 로드맵은 존재하지 않았다. 나 혼자만의 역량으로 회사를 꾸려 가는 게 아니라는 것을 그때까진 몰랐기 때문이다.

스페인에서 만났던 에우로빠(Europa) 팀의 총감독은 심리학을 전공했다. 그는 매 훈련 때마다 사전 미팅을 통해 코칭스태프에게 '심리 강화 미션'을 부여하며 선수와 코치의 역량을 계속해서 끌어올리곤 했다. 아이들을 지도하는 코치의 역량을 개발하기 위해서는 지속적인 교육과 동기부여가 필요했다. 그동안 기록해 온 것들을 바탕으로 만든 교육 자료는 지식과 정보를 주입시키는 형태들뿐이었다. 가슴을 뜨겁게 움직이는 무언가가 없었다.


올해로 사업을 시작한 지 7년째 되었다. 충분히 많은 스토리와 경험치가 쌓였다고 생각한 나는 그동안 생각하고 기록한 것들을 책으로 펴내야겠다고 마음먹었다. 이것이 〈한책협〉의 문을 두드리게 된 이유다.

얼마 전 워크숍을 준비하면서 〈회사에서 인정받는 5가지 비법〉이라는 교육 자료를 책의 형식으로 썼다. 직원들 모두를 월급쟁이의 삶에 머물지 말고, 경영자로 나아가게 해 주겠다는 포부를 밝힌 책이다. 워크숍이 끝난 직후 직원 한 명이 내게 이런 말을 했다.

"대표님은 강연을 통해 사람들에게 동기부여 하는 일이 천직인 것 같아요."

워크숍 이후 백팔십도로 변화한 직원들의 행동과 마음을 몸소 느낀 나는 메신저의 삶을 살아야겠다고 다짐했다. 그 결과 구체적인 로드맵을 그릴 수 있게 되었다. 내가 그린 로드맵을 위해서는 나를 세상에 알려야 한다. 전국의 모든 학부모가 축구 하면 '솔뫼'라는 인식을 갖게 하기 위한 첫 번째 과정은 바로 '책 쓰기'와 '강연활동'이다.

두 번째로 나처럼 축구선수 출신은 아니지만 대한민국 축구에 이바지하는 인물이 되고자 하는 젊은 청춘들을 위한 멘토링을 할 것이다. 그런 이들을 위한 교육이 턱없이 부족한 것이 대한민국의 현실이기 때문이다.

피켜 스케이팅의 김연아 선수, 베이징 올림픽 야구 국가대표팀, 평창 올림픽의 컬링팀, 호주 오픈 테니스의 정현…. 대한민국은 스포츠 DNA가 훌륭한 나라임에는 틀림없다. 하지만 2002년 월드컵 이후, 더 성장할 줄만 알았던 한국 축구가 계속 제자리에 머물고 있다. 이는 우리나라가 자체적으로 훌륭한 인프라를 보유하고 있지 않기 때문이다.

기성용, 손흥민, 이승우, 이강인 등 주목받는 축구선수들 중 대부분은 해외에서 유소년 시기를 보냈다. 한국에도 분명 인재는 많다. 하지만 훌륭한 육성 시스템을 보유하고 있지 않다는 편견 때문에 해외에 나가야만 성공한다는 인식이 강하다. 그러한 인식은 지도자들에게도 적용된다. 조세민 감독과 나 역시 그랬기에 스페인행 비행기에 올랐던 것이다. 뿐만 아니라 솔뫼 스포츠의 지도자 한 명도 작년 말에 영국으로 지도자 연수를 떠나 올해 1월에 돌아왔다.

세 번째로 유소년과 지도자 모두의 성공을 만들어 내는 '한국형 마르셋 재단'을 설립할 것이다. 솔뫼 스포츠를 통해 축구를 접한 유소년들에게는 세계 축구의 흐름에 발맞춘 선진 축구 교육을 제공할 것이다. 또한 거기에 그치지 않고 훌륭한 강사진을 갖춘 지도자 양성 교육과정을 개설할 것이다. 이들 중 엄선해 '솔뫼'라는 이름으로 축구 교육 사업을 펼칠 수 있게 할 것이다. 지속적인 교육과 콘텐츠를 공유하며 전국의 축구 지도자들의 멘토가 될 것이다.

이제는 내 차례다. 대한축구협회가 그들이 하지 못했던 움직임으로 한국 축구에 이바지하는 솔뫼 스포츠와 나를 인정하는 날이 올 것이다.

# 02

# 100억 원대 자산가 되어
# 가족의 소원 들어주기

내 지갑 속에는 10장의 버킷리스트가 있다. 그중 눈에 띄게 이색적인 버킷리스트 항목이 있다. 바로 '장인, 장모님 넓은 아파트로 이사시켜 드리기'다. 3남매 중 첫째로 자란 아내는 평생 좁은 집에서 고생하며 사신 부모님에 대해 미안함을 갖고 있다. 그리고 거기에서 시작된 좁은 집 콤플렉스를 가지고 있다.

결혼한 부부에게 있어 아내의 자존감은 남편의 자존감이기도 하다. 또한 나의 마음속의 부모님으로 자리매김하신 장인, 장모님은 긍정과 행복한 삶의 자세를 알려 주신 최고의 멘토다. 아내의 자존감을 위해 좁은 집 콤플렉스를 해결해 주고 싶다. 그리고 장인, 장모님께 고마운 마음을 담아 넓은 아파트를 장만해서 선물하고 싶다.

어머니 역시 내 인생 최고의 멘토다. 초등학교 때인가 어머니가 쓰셨던 육아일기를 우연히 보게 되었다. 그때부터 나는 어머니의 아들로 태어난 것을 감사하게 생각했다. 어머니는 작은 놀이방을 운영하셨다. 그러다 지금은 인천·부천 지역에서 바쁜 워킹맘들의 자녀에게 직접 아침밥을 차려 주는 것으로 유명한 유치원을 운영하신다. 또한 어머니께서는 《기적의 부모수업》의 저자이기도 하다.

어머니의 소원은 내가 성공한 사업가이자 당신의 꿈맥이 되어 평생 서로에게 긍정의 에너지를 줄 수 있는 관계가 되는 것이다. 그 소원은 이미 이루어졌다. 다른 유치원 원장의 아들들은 대부분 유치원 일을 배우며, 가업으로 승계 받는 삶을 산다. 하지만 나는 어머니 유치원에 도움을 줄 수 있는 사업을 시작했다. 사회에서 얻은 경험, 미래 전략에 대해 경영자 대 경영자의 입장에서 대화하는 시간은 돈으로 환산할 수 없는 행복한 선물이다. 우린 이렇게 서로에게 날마다 선물을 주고받으며 살고 있다.

고등학교 등굣길에 친구가 이런 말을 했었다.

"너희 엄마는 유치원 원장님인데 왜 마티즈를 끌고 다녀?"

사치와는 거리가 먼 어머니의 삶에 익숙했던 나는 그런 말들을 귀담아듣지 않았었다. 돈을 벌기 시작한 이후부터 다른 원장들과의 모임에서 기 죽지 말라고 사 드린 지갑과 머플러 말고는 고가의 제품을 선물한 적도 거의 없다.

얼마 전 명품 백과 외제차에 전혀 관심이 없다고 하셨던 어머니가 이런 말씀을 하셨다. "교육자로서의 신념 때문에 내가 그것들을 직접 구입하지는 않을 테지만 아들이 주는 선물이라면 감사히 받겠다."라고 말이다.

먼저 작가가 된 어머니를 통해 〈한책협〉을 알게 되었다. 그리고 지금 나는 작가와 메신저로서의 인생 2막을 준비하고 있다. 대한민국 스포츠를 움직일 만한 영향력 있는 메신저가 되어 100억 원대 이상의 자산가가 될 것이다. 그래서 교육자로서 그동안 지켜 오신 신념에 걸맞은 멋진 선물을 어머니에게 해 드리고 싶다. 아버지도 가끔 이런 말씀을 하셨다.

"똥방울(아버지가 나를 부르던 애칭)이 나중에 커서 성공해 제주도에 별장 지어 주고 요트 하나 사 주면 소원이 없겠다."

지나가는 말로 들었던 때도 있었다. 하지만 어느 순간부터는 아버지가 건강하실 때 그 소원을 꼭 이루어 드리고 싶었다.

자식이라고는 하나뿐인 나와 아버지의 관계는 방황했던 10대, 원망이 가득했던 20대를 거치면서 '어색함의 끝은 어디일까'라는, 풀지 못할 숙제의 연속이었다. 삼성맨이었던 아버지는 내가 어릴 땐 자상했다. 하지만 나의 사춘기 전후로 말이 통하지 않는 보수적인 어른으로 나에게 각인되어 있었다. 혈액 속 헤모글로빈 수치가 일반인들보다도 한참 낮아 심장에 이상이 있을지도 모른다는 의사 선생님의 말에도 병원 치료는 안 받겠다는 완강한 고집의 소유자이기도 하다.

중학교 3학년 1학기 중간고사 성적표가 나온 날 나는 아버지께 혼날 게 두려워서 가출했을 정도였다. 뿐만 아니라 고등학교 시절, 나의 유일한 낙이었던 전자 피아노를 공부에 방해가 된다는 이유로 내가 보는 앞에서 부수는 아버지의 모습은 충격이었다.

시간이 흐르면서 아버지가 나를 엄하게 대할 수밖에 없었던 이유를 하나씩 알게 되었다. 하지만 오랜 시간 단절되었던 대화로 인한 어색함은 쉽게 깨지지 않았다. 군대에서 전역한 첫 주일에 함께 간 교회에서 예배를 드리는 도중 아버지가 꼭 잡아 준 손을 나도 모르게 뿌리칠 정도였다.

아버지는 보수적인 집안의 2남 2녀 중 막내아들이었기 때문에 사랑을 많이 받지 못하고 자랐다. 그룹사운드의 베이시스트이자 우등생이었던 아버지는 대학교수가 꿈이었다. 내가 대학교수가 되었으면 좋겠다는 말씀도 자주 하셨다. 당신이 하고 싶은 공부, 살고 싶은 인생이 있었음에도 떠밀리듯 취업을 위한 전공을 선택하셨다.

어머니와는 대학교 때 연을 맺은 캠퍼스 커플이었다. 세상에 태어나 자신을 믿어 주는 사람은 어머니가 처음이었다는 게 결혼 이유다. 믿을 것은 오로지 나와 어머니뿐이었다. 그리고 우리 가족만을 위해 정직하고 반듯하게 살아오셨다.

전국에 100개의 솔뫼 축구센터를 프랜차이징 하고 가맹비로만 월 1억 원씩 버는 아들의 모습을 보여 드리고 싶은 내 마음을 알고나 계실까? 요즘 쇠약해진 건강 문제로 예전 같지 않은 약해지신 부모님의 모습을 볼 때마다 가슴이 아프다. 지금은 나에게 주지 못한 만큼의 사랑을 더 주고 싶다며 내 아들들에게 모든 애정을 쏟으신다. 내게는 직접 표현을 못하신다. 그 성격을 똑같이 닮은 나 역시 표현에 인색하다.

사춘기 이후로 늘 그랬듯이 내가 할 수 있는 감정 표현은 말이 아니라 행동이었다. 아버지가 이루지 못한 대학교수의 꿈을 내가 대신해서 이뤄 드리고 싶다. 그리고 건강하실 때 제주도 별장과 요트를 꼭 선물하고 싶다.

가수 김진호의 노래 '가족사진' 중에는 이런 가사가 있다.

"나를 꽃피우기 위해 거름이 되어 버렸던 그을린 그 시간들을 내가 깨끗이 모아서 당신의 웃음꽃 피우길."

나로 인해 웃음꽃이 필 가족들의 모습을 보는 날까지 부디 건강하시길 소망한다.

# 중퇴한 대학의
# 교수 되기

내게는 20대의 절반 이상을 동고동락했던 소중한 친구들이 있다. 우린 서로 다른 지역과 환경에서 자라 성균관대학교라는 울타리에서 인연을 맺었다. 이제는 결혼을 하고, 아이를 낳은 친구들도 있다. 하지만 지금도 1년에 한 번씩은 함께 여행을 다닐 만큼 가까운 사이다.

우리는 서른을 맞아 대이작도라는 섬으로 여행을 갔던 적이 있다. 남자끼리의 낭만과 진솔한 이야기를 통해 우리의 우정을 더욱 돈독하게 하자는 취지의 여행이었다. 바다낚시를 즐기던 우리는 여행 둘째 날, 서툰 실력으로 인해 낚시에 싫증을 느끼고 계획했던 것보다 조금 일찍 바비큐 파티를 시작했다.

한 친구가 분위기에 취해서 하소연을 했다. 남들처럼 회사에 취직하지 않고 좋아하는 일을 하는 내가 어느 순간부터 너무 부럽고, 누군가의 노예로 살고 있는 자신의 삶이 부끄럽다고 말이다. 그 당시 나는 사업을 시작한 지 4년 정도가 되던 해였다. 그 친구를 시작으로 모든 친구가 회사생활의 비하인드 스토리를 꺼내 놓았다.

우리는 명문대학을 나와 대기업에 취직하는 것이 행복의 조건이라고 믿고 자란 세대다. 때문에 치열하게 일구어 낸 현실이 행복하지 않다는 친구들을 통해 그 믿음에 대한 배신감이 크게 느껴졌다. 그리고 한편으로는 내가 선택한 인생의 방향이 더 낫다는 안도의 감정도 들었다.

함께 나눈 대화 속에서 가장 안쓰러웠던 것은 꿈을 꾸는 법을 잊었다는 친구의 말이었다. '꿈'이 많을수록 열정적인 삶을 살게 되고, 그 안에서 얻는 행복이 많아진다는 것은 내 삶 속에서 느낀 법칙이다. 많은 학부모들과 아이들에 대한 상담을 하면서 나는 어릴수록 많은 꿈을 꾸게 하라고 한다. 꿈이 많은 아이들은 실천할 것들이 많아진다. 그리고 그것은 곧 살아가는 힘이 되기 때문이다.

나는 어릴 때부터 운동과 음악을 좋아했다. 운동을 잘했던 내게 학교 체육부장 선생님은 서울대학교 체육대학을 목표로 공부하라고 하실 정도였다. 그렇지만 고등학교 시절 밴드부 활동을 하면서 작곡에 눈을 떴던 나는 어머니께 음악을 하고 싶다고 했었다. 어머니는 서울대학교를 졸업한 이적이나 연세대학교를 졸업한 박진영 등 학벌 좋은 여러 가수들의 예를 들어 주며 좋은 대학교에 들어가서 하고 싶은 것을 원 없이 하라고 대답해 주셨다.

하지만 결국 나는 세상의 소리를 믿고 대기업에 취업할 확률이 가장 높다는 명문대 공대를 목표로 공부했다. 우리나라의 성인이라면 누구나 그랬듯이 내가 겪은 수험생 시절도 그 누구보다 치열했다. 쌍코피를 일곱 번이나 쏟으며 공부한 끝에 대한민국에서 다섯 손가락 안에 꼽히는 성균관대학교 공대에 입학했다.

입학식 당일에 어머니께 야심차게 내뱉은 말이 있다. "좋은 대학에 입학했으니 이제는 하고 싶은 것 마음껏 하면서 살 거예요."라고. 스무 살, 다시 오지 않을 어른으로서의 걸음마를 뗀 나의 권리를 마음껏 누리고 싶었다. 하지만 공교롭게도 대학의 신입생 오리엔테이션 날짜가 고등학교 졸업식과 겹쳐 참석하지 못했다. 나는 입학식 날 삼삼오오 무리를 지어 함께 이동하는 친구들과 달리 혼자였다.

동아리 활동을 해야 친구를 사귈 수 있을 것 같았다. 때문에 축구 동아리, 흑인 음악 동아리에 가입하고 신입생 환영회에 참석했다. 그렇게 나의 대학생활이 시작되었다. 공부하느라 못해서 한이 맺혔던 취미생활들을 하기 시작하니 정말 행복했다. 처음으로 경험했던 대학 축제는 신세계였다. 캠퍼스를 떠올릴 때 향수에 젖는 이유를 곰곰이 생각해 보면 그런 행복감 때문인 것 같다.

하지만 그런 행복도 잠시였다. 중간고사가 우릴 기다리고 있었기 때문이다. 무엇 때문이라고 할 것도 없이 남들이 다 하니까 해야 한다는 생각에 선배들을 따라 도서관에서 밤을 새우기도 했다. 물론 열심히 하지 않았다. 그러니 당연히 성적이 잘 나올 수 없었다. 1학기 성적은 학사경고였다. 지도 교수님은 학사경고 이후 첫 면담에서 이런 말씀을 하셨다. "높은 학점을 받아 대기업에 취업하는 친구들이 많을수록 학교의 위상이 높아진다. 그렇기 때문에 너처럼 공부하는 이유를 모르는 학생은 학교를 안 다니는 게 낫다."라고 말이다. 지금 생각해도 맞는 말씀이었다.

공부해야 하는 이유를 몰랐다. 결국 현실은 취업이 목표다. 모든 어른이 이런 현실에서 살아야 한다는 생각에 하루하루 무기력증에 시달렸다. '내가 좋아하는 것은 무엇일까?', '내가 잘하는 것은 무엇일까?', '어떻게 살아야 행복할까?'라는 쉬운 질문에 답을 내고 싶었다.

이러한 의문을 뒤로한 채 입대한 군대에서의 2년이라는 시간은 나를 반성하고 돌아볼 수 있는 시기였다. 그 전까지는 대기업 명함을 들고 다니는 인생만이 성공한 인생이라고 알고 있었다. 그랬던 나였기에 저녁 점호를 마치고 연등 시간이 되면 영어공부를 하고 대학교 1학년 때의 공부를 복습했다.

어느 날 야간 경계 근무를 서는 도중이었다. 선임병이 대화 중에 이런 말을 해 주었다. 나에겐 사람의 기분을 좋게 해 주는 나의 화법과 매너를 살리는 직업이 어울릴 것 같다고 말이다. 충격이었다. 세상에는 많은 직업이 있다는 것을 그전까진 왜 몰랐을까? 가슴이 뻥 뚫리기 시작한 순간이었다. 선임병의 그 말 한마디는 세상의 소리가 아닌 내 안의 소리를 믿게 된 힘이 되었다. 그리고 그 힘은 지금의 내 삶을 만들게 된 원동력이 되었다.

군 전역 후, 내가 좋아하고 잘하는 것들을 정리하며 내가 행복할 수 있는 직업군에 대한 이미지 트레이닝을 시작했다. 복학했지만 나를 아는 모든 대학 친구와 선후배들에게 대기업 취업은 하지 않을 것이라고 선언했다. 후에 들은 이야기지만 모두 내 미래를 걱정했다고 한다. 5년 차이가 나는 선배는 내게 정신 차리라고 직접 말해 주기도 했다.

그런 우려에도 나는 계속해서 발전하고 달라지고 있었다. 꿈이 있었고 하고 싶은 것과 이루기 위해 준비해야 할 것들이 갈수록 많아졌다. 부모님과의 상의 끝에 휴학하게 되었다. 공대라는 전공과 전혀 상관없는 스포츠 방면의 일을 하기 위한 추월차선으로 학문보다는 사회 경험을 택했다. 망하지만 않으면 된다며 시작한 작은 축구교실 사업은 시간이 지날수록 규모가 커지고 있었다.

2014년도에는 경영대학원에 입학하겠다는 목표가 생겼다. 입학 조건을 만족시키기 위해서는 대학교의 졸업장이 필요했다. 그래서 장기 휴학 중이던 대학교를 잠시 다니기도 했다. 스물아홉 살, 대학에 다니기에는 분명 많은 나이였다. 친하게 지냈던 한 후배는 이미 박사과정 중에 있을 정도였다. 후배들은 나에게 '화석', '암모나이트'라는 별명을 붙여 주면서도 나에게 많은 도움을 주었다. 지금 이 글을 빌려서라도 꼭 감사의 마음을 전하고 싶다.

그렇지만 졸업을 위해 학업의 끈을 놓지 않겠다는 다짐은 오래갈 수 없었다. 일과 학업, 두 마리 토끼를 잡는 것도 힘든 시기에 아이가 태어나게 되었기 때문이었다. 지금 내게 가장 중요한 것이 무엇인지 우선순위를 나열하다 보니 결국 대학 졸업은 다음 기회로 미루게 되었고, 나는 최초의 육아 휴학자가 되었다. 그런데 2년이 지난 후 담당자로부터 전화가 왔다. 육아 휴학 기간이 끝나서 복학하지 않으면 제적이 된다고 했다.

내 선택은 고민 없이 제적이었다. 대학교를 중퇴하고도 성공한 CEO들의 영향을 받지 않았다면 거짓말이지만 나는 분명 내 마음의 소리를 들었다. '사업가로 성공해서 지금의 선택을 후회하지 않으면 된다'라는. 그 결심은 나를 절실하게 만들었다.

지금 나는 첫 번째 꿈이었던 '성공한 축구 사업가'가 되었다. 많은 학부모들이 축구 교육기관에 원하는 것이 무엇인지에 집중해서 만든 콘텐츠로 프랜차이징 준비를 모두 마친 상태다. 또한 나처럼 축구선수 출신은 아니지만 '축구 사업가'가 되고 싶어 하는 지도자를 채용해서 경영자로 양성하고 있다. 최근에는 그동안의 모든 스토리를 담아 아이를 키우는 부모들과 꿈을 꾸는 법을 잊은 20대에게 희망을 줄 수 있는 개인저서를 쓰고 있다.

얼마 전 오랜만에 추억이 묻은 대학가를 걷게 된 적이 있었다. 웃음이 끊이지 않았던 행복한 시간들을 회상하며 다짐했다. 성공한 사업가, 강연가로서 후배들에게 희망의 메시지를 전해 줄 수 있는 사람이 되어 강단에 서겠다고 말이다.

개인저서 출간 이후 메신저로서의 삶은 나로 하여금 어린이의 마음과 운동 그리고 인생에 대해 연구하는 '어린이운동심리학' 교수로 만들어 줄 것이다. 그리고 그 대학은 중퇴한 나의 모교였으면 좋겠다.

# 04

# 선한 기업가로서
# 대한민국을 이롭게 하기

어머니 유치원의 원훈은 '남을 생각하는 마음, 감사하는 마음'
이다. 가정에서도 그런 가르침을 받고 자라난 나는 어릴 때부터
사람을 좋아했다. 누군가를 즐겁게 하는 것이 행복했다. 이른 나
이에 사업을 시작했지만 적을 만들지 않으면서 살았다. 그리고 지
금 내 마음속에는 나와 관계된 모든 사람이 다 같이 성공했으면
좋겠다는 마음이 가득하다.

내가 운영하는 회사에는 정규직, 계약직 사원을 포함해서 총
13명이 함께 근무한다. 여느 회사들과는 다르게 우리는 돈으로
묶인 갑·을 관계가 아니라 꿈과 비전을 공유한 사이다. 회사의 모
습을 갖추기 시작한 순간부터 나는 그들이 회사를 떠나게 되더
라도 고마운 사람으로 남고 싶었다. 그래서일까? 개인적인 이유로

퇴사한 직원들 대부분이 지금도 전화로 안부를 묻거나 찾아오곤 한다.

보스와 리더의 차이를 풍자한 그림을 본 적이 있다. 보스는 부하에게 지시를 내림으로써 행동하게 한다. 하지만 리더는 자신이 앞장서서 직원들을 끌어당긴다. 내가 CEO로서 가져야 할 가장 첫 번째 덕목인 리더십은 그 그림을 통해 확립되었다. 나는 보스가 아닌 리더가 되고 싶었다.

사업이 확장되면서 내 의지와 상관없이 많은 관계를 맺게 되었다. 때로는 관계로 인해 도움을 받은 적도 있었지만 상처도 많이 받았다. 서툰 계약서 작성으로 연간 재정이 모두 바닥나기도 했다. 그 바람에 대출을 받아 몇 개월간 직원들의 급여를 밀린 적도 있었다.

20대 후반의 나이에 감당하기 힘든 고통이었다. 쓰린 속을 달래기 위해 술도 많이 마셨다. 선배 사업가들에게서 "착하게 살면 절대 성공할 수 없어."라는 말을 참 많이 들었다. 하지만 그 말이 상처를 치료하는 답이 되지는 않았다. 그러다 문득 이런 생각이 들었다. '모든 문제는 나에게 있다'라는.

그런 생각을 하니 마음이 편해지기 시작했다. 모든 문제가 나에게 있으니 해결책도 내가 스스로 만들어 내야 성공할 수 있다고 믿었다. 실수가 잦아 다그쳤던 적이 있던 직원들에게 주기적으로 교육을 해 주기 시작했다. 직원 개개인의 역량 개발이 곧 회사의 발전으로 이어진다는 말은 사실이었다. 해가 지나면서 그들의 능력이 발전하고 있음을 느꼈다. 나는 내가 맡고 있던 업무를 그들과 하나둘씩 나눠 가졌다. 더욱 많은 일을 해 사업의 규모를 확장할 수 있게 되었다.

50명의 회원으로 시작한 작은 축구 교실이었지만 이제는 우리의 교육을 제공받는 아이들이 1,000명에 가까워졌다. 기업의 형태가 갖춰졌고, 혼자가 아닌 함께 만드는 콘텐츠는 갈수록 풍성해졌다. 더 나은 복지와 높은 급여를 제공하고 싶어졌다.

최근의 최저임금 향상은 누구를 위한 제도일까? 이에 대한 갑론을박이 있었다. 직원들의 급여를 높이면 곧 자신의 이익이 줄어든다고 생각하는 CEO에게는 분명 위기를 가져올 제도다. 하지만 이런 자세는 닥친 문제에 대한 해결 의지가 부족한 것으로 볼 수도 있다. 위기를 기회로 만드는 힘은 마음에 있다.

급여를 올리는 만큼 사기를 증진시키고, 그들이 가진 역량을 최대한으로 끌어올리는 CEO가 되고 싶었다. 그러기 위해서는 회사의 존속에 필요한 기본 매출을 높이는 전략이 필요했다. 그래서 나는 불가피하게 수강료를 인상했다.

내가 하고 있는 사업은 뛸 공간이 없고 운동량이 적은 요즘 아이들에게 꼭 필요한 업종이다. 안타깝게도 우리 업종에는 아이들과 가족들을 위하는 마음보다는 회원 수 늘리기에 급급한 생계형 지도자들이 많다. 우리 회사는 지난 시간 동안 수강료의 변동 없이 양심적으로 운영했다. 그래서인지 수강료를 올리자 일부 학부모는 실망감을 표현하기도 했다. 부모의 입장에서 충분히 공감했다. 그리고 속으로 다짐했다. 전국에 100개 이상의 축구 교실을 프랜차이징 해서 가장 저렴한 수강료로 최고의 교육과 서비스를 제공하는 곳이 되리라고. 그러기 위해서는 프랜차이징을 희망하는 사람들이 있어야 한다.

청중의 니즈를 파악하는 것이 좋은 강연의 필수 조건이듯 사업을 할 때는 소비자의 니즈를 파악해야 한다. 위에 언급한 생계형 지도자들 대부분 아이들에게 축구를 가르치는 것에 행복을 느낀다. 아쉬운 점은 학부모의 니즈를 조금 더 연구하지 못해 특별한 경쟁력을 갖추지 못한다는 것이다. 그들이 갖춰야 할 경쟁력은 곧 나의 경영 노하우다. 나의 노하우를 전수 하고 워크숍 등으로 꾸준히 교육을 제공하는 프랜차이징이라는 수단을 통해 그들을 성공하는 경영자의 삶으로 이끌고 싶다.

그전에 해야 할 일이 있다. 그동안 지금 함께하는 직원들을 채용하기 위해 수십 명의 구직자를 만나 왔다. 단순히 자신의 이력만을 어필하는 사람보다 간절한 스토리가 있는 사람을 원했다. 때문에 면접을 볼 때마다 정말 이 일을 하고 싶은 이유가 무엇인지 먼저 물었다. 채용한 직원들 대부분 이력이 화려하지 않았다. 나보다 나이가 많은 장 모 코치의 경우는 채용 전 면접에서 당연히 연락이 안 올 줄 알았는데 놀랐다고 할 정도였다. 내가 그에게 연락을 했던 이유는, 그의 이력서에서 간절함을 보았기 때문이었다.

나 역시 그랬었다. 아르바이트를 하고 싶어도 이력서를 내밀 용기가 나지 않았다. 선수 출신도 아니고 지도 경력도 없는 나를 어떤 축구 교실에서 코치라는 직책을 줄까 싶었다. 그래서 무급으로 지도 경력을 쌓았다. 또한 축구 사업을 시작한다고 했을 때 주변에선 내가 실패할 것이라고 예상했다.

그렇지만 거듭된 자기계발과 간절함은 나에게 '코치'라는 직업을 선물해 줬다. 그리고 얼마 전에는 대학교 때까지 선수 활동을 했던 코치가 "대한축구협회에서도 받아 보지 못했던 코칭에 대한 교육을 해 줘서 감사합니다."라는 말을 했다. 프로는 1%의 스펙과 99%의 간절함으로 만들어진다. 그것이 내 삶의 철학이고 직원을 채용하는 기준이었다.

대한민국에는 축구인이 되고 싶어 하는 수많은 청년들이 있다. 그들은 누구보다 축구를 사랑한다. 한국 축구 발전에 기여하고 싶어도 선수 출신이 아니면 축구인이 될 수 없다는 장벽에 막힌다. 99%의 간절함을 갖춘 인재일지라도 말이다.

나는 그들에게 축구인이 될 기회를 선물하고 싶다. 우리 직원들은 그동안 최선을 다해 만든 교육 자료들을 통해 축구 팬에 머물 수밖에 없는 인재에서 코치가 되었다. 전국 단위로 프랜차이징을 하기 전에 대한민국 축구의 발전을 간절히 바라는 축구인들을 양성하는 기관을 설립할 것이다.

단순하게 콘텐츠로 수익을 벌어들이는 사업가가 되기보다는 선한 영향력으로 많은 축구인들의 존경을 받는 메신저가 되고 싶다. 아이를 사랑하고 대한민국 축구의 발전을 꿈꾸는 이들의 멘토가 되고 싶다. 학부모들에게는 가장 저렴한 수강료로 축구 교육을 제공할 것이다. 어느 지역이든 '솔뫼 축구센터'가 개업만 하면 성공하도록 만들 것이다. 간절함으로 무장한 지도자들이 좋아하는 일을 하면서 풍요롭고 행복한 삶을 살 수 있게 해 주고 싶다.

# 05

# 전 세계가 인정하는 CEO 되기

빌 게이츠, 리처드 브랜슨, 마크 주커버그, 스티브 잡스…. 그 밖에 이름만 들어도 전 세계가 고개를 끄덕이게 되는 CEO들이 있다. 이들은 어떻게 세계가 인정하는 CEO가 되었을까? 세계적인 기업이 지닌 공통적인 특징이 있다. 그들의 모든 경영 전략과 아이디어는 사람들이 받을 수 있는 혜택과 삶의 질적인 변화에서 출발한다는 것이다. 내가 어릴 때만 해도 노트북, 터치스크린과 스마트폰의 시대가 오리라고는 생각하지 못했다.

최근 인스타그램의 라이브 기능을 이용해서 솔뫼 스포츠의 축구 수업을 실시간으로 방송하기 시작했다. 아이와 마주하는 시간이 적어서 슬픈 워킹맘들을 위해 생각해 낸 아이디어였다. 방송을 하는 나와 채팅을 주고받는 부모들은 아이들의 수업 모습을 흥미로워한다.

이제 SNS는 선택이 아니라 필수가 되었다. 팔로우 버튼 하나만 누르면 좋아하는 연예인의 일상을 알 수 있다. 뿐만 아니라 지구 반대편에 있는 누군가 현재 무엇을 하고 있는지 마음만 먹으면 알 수 있는 세상이다.

많은 사람들에게 편의를 제공하고 그들의 삶의 질을 향상시키는 기업은 적어도 망하진 않는다. 나는 직원 교육을 할 때마다 니즈라는 단어를 많이 쓴다. 소비자의 니즈는 기업 탄생의 첫 번째 필수 조건이다.


작은 축구 교실에서 기업가의 꿈을 꾸기까지 나에게도 많은 고민의 시간이 있었다. 그 흔적은 고스란히 나의 경영 노하우가 되었다. 그 노하우를 바탕으로 선한 기업가가 되어 대한민국을 이롭게 하겠다는 비전을 세웠다. 나아가 세계가 인정하는 CEO가 되기 위해서는 지구촌의 움직임에 주목해야 함을 느꼈다.

내가 스페인에 지도자 연수를 갔을 때 꼬르네야(Cornella)라는 클럽의 지도자가 내게 이런 말을 했다. "유럽 내에 아시아 출신 축구 유망주들은 당신이 알고 있는 것보다 훨씬 많다. 하지만 그들 중 70% 이상은 도중에 포기하고 모국으로 돌아간다. 그들이 포기하는 가장 큰 원인은 문화적 차이다."라고.

여기서 말하는 문화적 차이란 주거 환경, 음식, 가치관 등의 차이다. 무엇이 맞고 틀리고의 문제가 아니라 다름에서 발생하는 문제는 스스로 타협할 수 없다. 타고난 적응력을 지니고 있다고 한들 유망주라 불리는 어린 나이의 학생들에게는 다소 어려울 수 있는 문제다.

칸트는 《교육학》에서 "사람은 사람에 의해서만 변한다."라고 했다. 세계 각지의 근간이 되는 문명의 차이는 곧 전 세계의 다양한 문화를 만들었다. 그리고 교육은 서로 다른 수많은 인재를 배출했다.

교육과 문화는 앞으로의 국가경쟁력을 책임질 핵심 키워드다. 지금 세계는 다양한 인재를 양성하는 교육과 문화에 집중하고 있다. 젊은 세대는 꿈을 좇고 행복을 추구하는 삶에 관심이 많아지고 있다. Mnet에서 방영하고 있는 〈쇼미더머니〉라는 프로그램은 세대를 가리지 않는 높은 시청률을 자랑하며 음원이 나올 때마다 각종 차트를 휩쓴다. 그렇게 힙합이라는 음악 장르가 더 이상 반항하는 10대들의 음악이 아니라는 것을 증명했다. 비슷한 프로그램으로는 〈고등래퍼〉가 있다. 힙합을 주제로 한 10대들의 서바이벌 음악 프로그램이다. 가사의 주제, 그리고 예술가적인 표정과 몸짓을 보면 참가자들이 정말 10대가 맞나 싶을 정도다. 그들은 놀라운 퍼포먼스를 보여 준다.

세상의 소리를 믿고 공부만 했던 내 친구들. 그들은 30대 중

반을 향해 가는 지금 회사의 노예가 되어 하루에 10만 원씩 벌면서 살고 있다. 반면 자신이 좋아하는 일을 하며 훨씬 많은 돈을 버는 20대가 얼마나 많은가? 〈고등래퍼〉에서 자신의 이야기를 멋지게 풀어내는 10대들을 보면서 회의감도 느꼈지만 변화를 받아들여야 한다는 깨달음이 더 컸다.

최근 중국의 시진핑 주석은 국가 공통 교과과정에 축구 과목을 편성했다. 단순히 축구를 잘하는 나라로 만들겠다는 뜻으로 이런 교육 정책을 폈을까? 또한 박항서 축구 감독은 베트남의 23세 미만 연령별 국가대표팀의 아시안컵 준우승을 일궈 냈다. 베트남 정부는 그에게 특별 시민권과 노동 훈장을 부여했다. 마치 2002년 월드컵 4강 진출 당시 대한민국의 국민 영웅이 되었던 히딩크 감독처럼 말이다.

이 두 가지 사례는 유럽에서 이미 하나의 문화로 자리매김한 축구가 아시아에서도 그 흐름을 이어 가고 있음을 증명한다. 중국에서는 이미 시작되었고, 베트남에서도 축구 교실이 전국적인 붐을 이룰 것으로 예상된다.

나는 지난 시간 효과적인 축구 교육 커리큘럼을 열심히 연구했다. 국내외 많은 지도자들을 만나도 보고, 수많은 관련 서적을 읽으며 코칭에 대한 철학을 분명히 다졌다. 그 과정 속에 교육 현장에서 범하고 있는 실수가 무엇인지 알게 되었다. 코치들은 과거 자신의 선수 생활 경험을 기준으로 바뀐 세상의 아이들을 교육하고 있었다. 대부분의 교육 자료와 지도자들의 지배적인 인식은 과거 지향적이었다. '우리 땐 이랬으니까…'라는 생각으로 현재와 미래의 아이들을 교육하는 것이다.

교육은 아이들의 나이가 어릴수록 가르침보다 가르치는 대상에 맞추어 이루어져야 한다. 내가 코치가 된 순간부터 기업가를 꿈꾸는 지금까지 가장 집중했던 부분은 어린아이들의 마음이었다. 그리고 많은 전문가들이 스포츠경기에서 차지하는 심리적인 요소의 비중이 매우 크다는 것을 주장하기 시작했다.

곧 어린이의 마음과 운동 그리고 인생의 연관성을 주제로 한 나의 개인저서가 출간될 것이다. 이는 선진 축구의 흐름에 발맞추어 제작한 커리큘럼과 코칭 교육 자료 콘텐츠를 저렴하게 배포하기 위한 명분이다. 이 자료가 우리나라는 물론 중국과 베트남처럼 축구 교육이 시작되는 국가에 도움이 되었으면 한다. 시행착오 없는 축구 교육 문화를 전파하고 싶다는 이유에서다. 세계적으로 주목받는 CEO들처럼 나로 인해 그들의 삶의 질이 향상되었으면 좋겠다.

보물지도 13

# PART 10

# 감정 코치로서
# 제2의 인생 살아가기

· 임보연 ·

# 임보연  미술학원 원장, 자기계발 작가, 아동·부모 감정 코치

미술학원 원장으로 15년 동안 미술교육에 몸담았다. '하브루타'와 '감정'을 접목하여 질문, 대화, 토론이 있는
미술수업을 하고 있다. 또한 미술 심리치료를 공부하여 아이와 부모의 심리상담을 진행하고 있다. 현재 '하브
루타와 감정을 접목한 자녀양육법'을 주제로 개인저서를 집필 중이다.

Blog  blog.naver.com/boyounyi          C·P  010.5206.4953
Instagram  boyounyim

# 01

# 홀로 해외여행 떠나기

여행을 좋아하시는 부모님을 통해 여행이 지친 삶에 활력을 주는 힐링 시간이라는 것을 알게 되었다. 부모님은 장사를 하신다. 고된 노동으로 힘드실 만한 데도 1년에 한 번씩은 꾸준히 해외나 국내로 부부동반 여행모임 어르신들과 함께하신다. 여행을 다녀오신 후 들려주시는 무용담 같은 스토리는 늘 내 귀를 의심하게 했다. 그리고 나도 꼭 부모님이 다녀오신 국내의 아름다운 장소나 해외의 다양한 나라를 가 보겠다고 다짐하게 만들었다.

누구에게나 가고 싶은 나라가 있을 것이다. 나 역시도 어느 곳이든지 여행이라는 목적으로 세계를 누벼 보고 싶다. 그중에서도 영어를 사용하는 나라를 혼자서 여행하고 싶다. 혼자 여행을 가고 싶은 이유는 다음과 같다.

첫 번째는 나의 영어실력을 시험해 보고 싶기 때문이다. 유창하지는 않지만 짧은 문장의 영어로 어린아이같이 말하는 수준은 된다. 그런데 이런 부족한 회화 실력으로 혼자서 여행을 하려는 이유가 있다. 바로 직접 만나 말해 보고 경험을 쌓고 추억을 만든다면 이러한 경험들이 나의 영어 선생님이 될 것이기 때문이다.

최근 친구와 함께 다녀온 보라카이 여행은 자유여행이었다. 친구는 영어를 한마디도 못했기 때문에 부족하지만 내가 주도적으로 현지인들과 영어로 대화했다. 그런데 신기하게도 나의 영어를 알아듣는 것이 아닌가! 신이 나고 더 많은 대화를 영어로 나누고 싶었다. 그래서 주문할 때도 일부러 피클을 더 달라고 하거나 음식이 만들어지려면 얼마나 걸리는지, 내가 말할 수 있는 영어문장을 던져 보았다. 이러한 경험을 통해서 혼자 떠나는 해외여행은 예전부터 나에겐 너무 멋진 일이자 꼭 해 보고 싶은 일이 되었다.

외국을 나가지 않아도 영어를 사용할 수 있기는 하다. 한국에서도 외국인들이 많이 오는 장소에서 그들과 어울리며 대화를 몇 번 나눈 적이 있다. 그런데 외국 친구들이 한국말을 너무 잘해서 나도 모르게 한국어로 대화를 하게 되었다. 그들에겐 한국어를 배워야 하겠다는 의지가 강해 보였다.

많이 친해지고 서로 언어를 교환하며 지내는 방법도 좋기는 하다. 그러려면 억지로 시간을 내서 만나야 하는데 그럴 정도로 마음이 잘 맞는 외국인 친구를 사귀지 못했다. 그래도 아쉬움이

남으니 이러한 노력들을 국내에서도 꾸준히 해 보려고 시도는 해야겠다. 그런 방법으로 어학연수나 유학을 전혀 다녀오지 않고도 유창하게 영어를 말하는 달인들이 많다는 사실도 알고 있다.

두 번째는 혼자서 무엇이든지 알아서 해야 하는 생존여행이어야 그 기억이 영원히 남을 것 같기 때문이다. 이미 영어권 국가를 몇 개국 다녀오기는 했다. 하지만 패키지로 다녀온 여행이었을뿐더러 가이드의 설명을 듣고도 기억이 나지 않는 기억들만 잔뜩이다. 또한 현지인과 대화하며 즐겼던 경험이 없다는 아쉬움이 있다.

세 번째는 여행이라는 내 취미생활 또한 충족시킬 수 있기 때문이다. 그리고 친구나 지인과 시간을 맞춰 함께 여행을 다니기란 쉽지 않기도 하다.

네 번째는 외국을 여행하면 시야가 넓어지고 새로운 상황에 대처하는 감각이나 능력이 발달하기 때문이다. 그래야 인생을 살면서 새롭고 어려운 난관에 부딪혔을 때 당황하지 않는 내공이 생길 것이 아닌가. 그리고 외국에서 보고 듣고 소통한 것들에 대해 철학적인 성찰을 해야 내가 앞으로 개인저서를 써 나갈 때 도움이 되지 않겠는가.

다섯 번째는 외국여행을 통해 각 나라의 언어, 문화, 역사를 공부할 수 있는 좋은 기회를 가질 수 있을 것이라는 생각 때문이다. 요즘 예능 프로그램 중 MBC 〈어서 와 한국은 처음이지〉를 무척 흥미롭게 시청하고 있다. 이 프로그램은 현재 한국에 살고 있는 외국인이 자신의 모국 친구들을 초대해, 한국을 여행하며 갖는 추억과 경험을 촬영한 것이다. 외국인 친구들이 한국어 회화 책을 들여다보면서 '감사합니다', '안녕하세요', '이것 주세요'란 한국말을 배우며 한국에 관심을 갖는 모습을 보여준다. 또한 한국의 유명한 관광지나 역사적인 사건이 있었던 장소를 방문하기 전에 자료를 조사하고 공부하는 모습을 보여 주기도 한다.

여섯 번째는 내가 좋아하는 먹방여행을 실천할 수 있기 때문이다. 상상만으로도 설레고 당장 떠나고 싶다. KBS 〈배틀트립〉이라는 프로그램은 두 팀으로 나누어 여행배틀이라는 주제로 해외의 여행지를 소개한다. 이 프로그램 역시 나의 여행 욕구를 자극할 만한 내용들로 구성된다. 프로그램은 2개국을 비교하며 맛있는 먹거리와 이색적인 관광코스 등을 소개한다. 당당하게 식당으로 들어가서 식사를 주문하고 여유롭게 맛있는 음식을 먹는 모습을 상상하며 오늘도 혼자서 하는 영어권 국가 여행을 디자인해 본다.

마지막으로 각 나라의 잘 알려지지 않은 지역을 여행하면서 새로운 매력을 찾아내고 싶기 때문이다. 소도시나 시골마을이 있는 곳, 내가 사진으로 담아 온 그 풍경을 직접 그림으로 그려서 사랑하는 사람들에게 선물해 주고 싶다. 이미 사랑하는 친구나 지인들에게 직접 그린 그림을 선물한 적이 있다. 그림을 주는 나도 행복하고 받는 사람들도 기뻐해서 무척 좋았다.

우리나라의 관광코스를 보면 정작 편히 쉬었다가 갈 힐링 장소가 아닌 복잡한 도심, 쇼핑몰, 백화점, 면세점 위주의 관광이다. 이런 곳 말고도 강원도나 남해, 한옥마을처럼 고즈넉하고 자연친화적이며 그 지역의 특색이 묻어나는 곳을 찾아서 여행하고 싶다. 개인 여행저서도 내어 주위 사람들에게 소개해 주고 싶다. 호주의 로드 하우 아일랜드는 원주민만 거주하게 하고 관광객의 수를 매년 400명으로 제한한다. 그런 지역을 다녀오면 왠지 누구나 흔하게 갈 수 있는 곳이 아니라는 만족감을 얻고 올 것 같다.

혼자 영어권 국가 여행하기는 꼭 영어권 국가에 꼭 한정된 것은 아니다. 내가 할 수 있는 언어가 한국어, 영어이다 보니 영어를 사용할 수 있는 외국을 가고 싶다는 뜻이다. 나의 영어실력은 짧다. 하지만 자신감과 도전정신만 있다면 여행을 통해 인생을 살아가는 나만의 철학이 생겨나고 지혜로운 삶을 살 것이라 믿는다.

# 02

# 개인저서 출간해
# 작가의 꿈 이루기

우연히 인터넷 검색을 하다가 〈한책협〉이라는 카페를 발견하고 가입하게 되었다. 그때만 하더라도 이 일이 나의 인생을 송두리째 바꾸어 놓을 줄은 전혀 몰랐다. 〈1일 특강〉을 신청하고 김태광 대표 코치의 강연을 들었다. 순간 마음속에서 무엇인가 찌릿하고 샘솟는 느낌이 들었다. 〈1일 특강〉을 들은 뒤, 머릿속을 스쳐지나간 생각은 바로 이것이었다.

'나라고 안 될 리 없다. 책을 써 보자!'

나는 현재 〈한책협〉의 김태광 대표 코치에게 책 쓰기를 배우며 '감정'을 주제로 개인저서를 준비 중이다. 아이들의 들쑥날쑥한 감정을 어루만져 주고 많은 변화를 겪은 일화를 에세이 형식으로 출간할 것이다. 감정 조절에 애를 먹고 있는 아이들, 그리고 그들의 부모님들에게 도움이 되길 바라기 때문이다.

나는 15년의 경력을 가진 미술 선생님이다. 그리고 아동미술 심리치료사 과정을 공부해 아이들의 마음도 들여다보려고 노력하는 선생님이다. 작품의 주제와 소재를 찾기 위해서 아이들은 자신의 머릿속에 무엇이 있는지 끄집어내야 한다. 그리고 그것을 이어 주는 것이 말, 대화라고 생각한다. 그리고 끊임없는 질문이 있어야만 배움을 이어 갈 수 있다. 그것을 가능하게 하는 사람이 바로 나다. 나는 아이들에게 명령자, 지시자가 아닌 중재자, 관찰자인 것이다.

언젠가 새로 들어온 학생이 나에게 이런 말을 한 적이 있다.

"그전에 다니던 미술학원에서는 선생님이 학생들에게 조용히 하라고 했는데 여기서는 끊임없이 대화를 하면서 수업을 하네요."

사실 이 말을 듣고 놀라지도 않았다. 왜냐하면 일반 학원이나 학교에서 시행하는 학습에 주입식이 많다는 것을 알고 있기 때문이다. 나는 제자에게 "선생님이랑 수업할 땐 질문을 많이 해 줘. 그리고 네 생각과 의견을 많이 얘기해 주면 좋겠어."라고 자신 있게 말해 주었다.

최근에 한 어머니께서 질문하셨다.

"우리 애가 사람을 왜 로봇처럼 그릴까요?"

물론 어머니는 내 아이가 그리는 그림이 객관적으로 근사한 그림이길 원한다. 그 마음을 전적으로 이해한다. 그런 질문을 받을 때마다 나는 어머님들의 마음을 안심시켜 드린다.

"아이에게 물어보셨죠? 어벤저스 히어로를 너무나 좋아해서 그래요."

"생각을 표현한 그림이니 오히려 더 칭찬해 주어야 해요."

"어머님께서도 한 면만 보고 아이가 사람을 로봇처럼만 그린다고 나무라지 말아 주세요. 충분히 진짜 사람처럼 그릴 수 있어요."

아이가 못 그리는 게 아니라 안 그리는 것을 모르시는 어머님에게 조심스럽게 이렇게 조언해 드렸다. 이런 상담들을 통해서 나 역시 많이 느끼고 배운다.

솔직히 기억에 남는 제자들은 말썽꾸러기 제자들이다. 남녀노소를 통틀어 독특한 성향의 아이들이 기억에 남는다. 감정 조절에 어려움을 느끼는 제자, 집중하지 못하고 계속 돌아다니는 제자, 말 한마디 하지 않는 묵묵부답 제자, 고양이만 계속 그리는 제자 등등 아이들과 수업을 진행하면서 많이 웃고 울었다. 그런데 어느 날 아이들의 감정을 느끼는 내 모습을 발견했다.

반대로 내가 감기에 걸려서 아프거나 목에 이상이 생겨서 말이 안 나올 때가 있었다. 그때 제자들이 본인들이 말을 안 들어서 선생님이 아프신 거라며 말을 잘 듣겠다고 나를 위로해 주는 것이 아닌가! 그때 느꼈다. 중요한 것은 서로의 감정을 어루만져 주는 말 한마디라는 것을! 이러한 경험을 책에 담으면 양육으로 고민하는 엄마, 부모의 마음을 공감할 수 있겠다고 생각했다.

내가 나의 책을 출간한다면 부모님이 제일 기뻐하실 것이다. 고집스레 한 분야의 일을 해내고 있는 딸을 자랑스럽게 생각하시기 때문이다. 부모님은 습관처럼 "돈도 몇 푼 못 버는 일인데 고생은 고생대로 하고. 오늘은 애들이 말 잘 들었니?"라며 위로해 주신다. 늘 묵묵히 힘이 되어 주신 부모님에게 내가 성공한 모습으로 큰 기쁨을 안겨 드리고 싶다.

또한 아이가 있는 친구들이나 지인들은 내 개인저서를 읽어 보고 나에게 유용한 정보를 주거나 궁금증을 해결할 수 있을 것이다. 상상만 해도 기분이 좋다. 그들에게 도움이 될 수 있다는 생각 때문이다. 자녀의 마음을 읽지 못했던 학부모님들께서는 나에게 많은 상담을 요청할지도 모른다. 심지어 돈을 내고서 상담을 원하는 사람도 생길지 모른다. 생각만 해도 가슴이 뛴다.

이뿐만이 아니다. 책을 출간하면 나는 전문가가 된다. 계속해서 공부하고 내 분야에서 일인자가 되기 위해 최선을 다하게 되기 때문이다. 앞으로 나는 대한민국 최고의 아동 감정 코치가 되어서 내가 지니고 있는 가치 있는 정보와 경험을 사람들에게 알려 주고 싶다. 아동 미술교육원을 운영하며 아이들의 감정 조절을 위한 수업법도 연구할 것이다. 학부모 또는 내 도움이 필요한 사람에게 코칭도 해 주고 싶다. 아동·부모 감정 강연가가 되어서 대학교, 기업, 개인단체, 공공기관, 비영리 단체, 학교별 학부모회, TV, 라디오 할 것 없이 강연을 하며 살고 싶다. 1인 기업가로서 당당하게 성장하고자 하는 것이 목표이고, 나아가 나의 책을 읽고 강연을 들은 독자들이 나로 인해 선한 방향으로 변화하길 바란다.

이런 활동들을 통해 월수입은 셀 수 없이 많아지고 경제적으로 풍요롭게 생활할 수 있을 것이다. "성공해서 책을 쓰는 것이 아니라 책을 써야 성공한다."라는 김태광 대표 코치의 말을 나는 굳게 믿는다. 한 권의 책으로 1인 창업자가 되어, 그동안 바라던 꿈이 이루어질 그 순간을 생생하게 상상하고 있다.

기회라는 것은 저절로 주어지는 것이 아니다. 땀 흘려 얻어야 하는 것이다. 지금 내가 책을 쓰는 것이 성공을 얻기 위한 지름길이라고 확신한다. 꿈이 이루어지는 그날까지 나는 내 안의 모든 열정과 에너지를 쏟아부을 준비가 되어 있다. 차근차근 한 단계씩 밟아 가고 가치 있게 내 삶을 건설해 갈 것이다. 지금의 나는 이미 성공한 사람처럼 행복하다.

03

# 대한민국 최고의
# 감정 코치 되기

매서운 바람이 불던 어느 추운 겨울날이었다. 수업을 마친 제자의 패딩 잠바를 챙겨 주면서 깜짝 놀랄 만한 말을 듣게 되었다.

"안 입고 갈래요."

"밖에 엄청 추워. 선생님이 지퍼를 잠가 줄게."

"괜찮아요. 그냥 갈래요."

학원에서도 개구쟁이로 이미 자리매김한 아이인지라 장난을 치는 줄 알았다. 그러다 감기에 걸리면 병원에 가게 된다고 달래 보았다. 감기에 걸리면 엄마가 속상해할 것이라고 아이의 감정을 살짝 건드려 보았다. 그러자 아이의 입에서는 이런 말이 나왔다.

"엄마는 내가 얼어 죽든지 말든지 신경도 안 쓸 거예요."

여덟 살 아이가 이런 생각을 가지고 있다. 나는 제자가 느끼고 있는 그 감정이 하루아침에 쌓인 것이 아니라고 생각한다.


엄마라면 아기가 배 속에서 밖의 일을 기억할 거라 믿고 좋은 것만 보고, 생각하고, 느끼고 먹었던 기억이 있을 것이다. 태교일기를 쓰고 초음파 사진을 찍어 태교일기장에 붙이곤 아이를 만날 날만 기대한다. 아빠와 함께 아이의 심장소리도 들으며 생명의 소중함을 몸소 느꼈던 시간이 잊히지 않을 것이다.

아이가 태어난 뒤에도 마찬가지다. 내 아이가 건강하게만 자라주길 바라며 부족한 잠을 이겨 낸다. 힘든 육아에 전념하는 엄마는 모성이라는 힘으로 초인적인 힘을 발휘한다. 결혼 전에는 자신의 셀카로 도배되어 있던 휴대전화 배경사진은 이미 아이의 사진으로 꽉 차 있다.

엄마는 아이에게 신 같은 존재다. 왜냐하면 엄마의 사랑은 아이에겐 세상에서 가장 큰 보물이기 때문이다. 엄마의 말 한마디에 천당과 지옥을 왔다 갔다 했던 경험을 지금의 엄마들은 이미 겪어 보았을 것이다.

아이의 마음을 일부러 몰라주는 엄마는 세상에 없을 것이다. 단지 방법을 잘 모르는 것이라 생각한다. 나 역시 초보 선생님이었을 땐 제자들의 마음을 몰랐다. 미술 선생님이니 미술교육에만 신경 쓰면 된다고 생각했던 사람이다. 그런데 15년 동안 아이들과 수업하면서 자연스럽게 깨닫게 된 사실이 있다. 미술 선생님은 미술 수업만 하는 것이 아니라 아이들의 감정도 함께 헤아려 주어야 한다는 사실이다.

나는 학원에서 아이들과 수업하면서 대화를 많이 나눈다. 미술 수업에 대한 대화 말고도 일상에서 일어나는 일들에 대해 자주 이야기한다. 주말만 지나고 나면 제자들은 주말에 지냈던 이야기 또는 형제와 티격태격했던 이야기, 엄마에게 혼났던 이야기들을 펑펑 쏟아 낸다.

내가 아이들에게서 느낀 점은, 좋은 기억은 행복한 마음을 담아 자연스럽게 지나간다는 것이다. 그러나 엄마에게 혼나거나 자신의 마음을 부모가 헤아려 주지 못한 일들은 쉽게 잊지 못하는 눈치다. 그래서 나는 "그래서 그때 많이 속상했구나."라고 아이의 입장에서 진심으로 위로의 말을 전한다. 그러면서 '엄마가 이런 아이들의 감정을 읽고 공감해 주며 다가가면 얼마나 좋을까?'라는 생각을 하게 되었다.

나는 아이가 없다. 그렇다고 내가 아이들에게 공감을 못할 거라고 생각하면 잘못된 생각이다. 오히려 아이가 없어서 제자들을 귀한 손님처럼, 그리고 눈에 넣어도 안 아픈 조카처럼 여긴다. 표현에도 더 조심하는 편이다. 아이들은 자신을 예뻐하는 삼촌, 이모, 고모, 사촌 그리고 할머니와 할아버지를 무척 따르고 좋아한다. 그 이유는 잔소리나 다그치는 말로 아이의 감정을 상하게 하는 일이 적기 때문이다. 아이가 집에 돌아갈 시간이 되거나 헤어질 때 아쉬워하며 눈물을 보이는 것도 이러한 이유 때문이라고 생각한다.

엄마가 동생은 안 혼내고 첫째인 자신만 혼낸다고 고민을 털어놓은 제자가 있다. 아이는 지금 동생이 말썽 부려서 힘든 것보다 엄마가 자신의 마음을 몰라주는 것이 가장 힘들다. 그런데 엄마는 "동생 때문에 많이 힘들었구나."라는 말보다 "언니니까 네가 참고 봐 주어야지."라고 말한다.

그런 말들이 반복되면 아이는 엄마가 자신을 사랑하지 않는다고 생각한다. 심지어 동생도 미워지고 언니라는 자신의 위치를 원망하게 될 것이다. 자존감과 자신감 또한 낮아진다. 그래서 나는 제자에게 "언니로서 많이 힘들었겠구나."하며 공감해 준다. 속상한 일이 있으면 선생님한테 언제든지 말하라고 한다. 선생님은 항상 네 편이라고도 말해 준다. 그러면 아이는 선생님이 우리 엄마였으면 좋겠다고 말한다. 나는 아이가 엄마에게서 '힘들었구나', '속상했구나'라는 따뜻한 말 한마디를 들었다면 이런 감정을 나에게 표현하지 않았을 텐데 하며 안타까워했다.

15년 동안 아이들과 수업하면서 감정수업도 함께 해 왔다. 그러다 경험을 바탕으로 다져진 아이들의 감정 읽기 노하우를 살려 아동 감정 코치라는 꿈을 가지게 되었다.

그런데 아이들의 감정을 읽기 위해 필수적으로 선행되어야 하는 것은 바로, 엄마의 감정을 읽는 일이다. 그래서 아동 감정에 관한 것뿐만 아니라 부모의 감정도 코칭할 수 있는 전문가가 되는 것이 나의 최종 목표다. 이에 대한 시작으로 감정을 주제로 한 책을 쓰고자 한다. 상처받은 아이의 감정을 치유해 주고, 감정 표현이나 감정 읽기에 익숙하지 않은 엄마들에게 도움이 되고 싶다.

아동·부모 감정 코치가 되기 위해 나는 공부를 더 하고 싶다. 감정 전문가를 만나 보다 깊은 대화를 나누고 그들 곁에서 보고 배우는 공부를 말하는 것이다. 이론도 중요하지만 실제 사례를 많이 접해야 한다고 생각한다.

머지않은 미래에는 감정연구소를 설립해서 아이와 부모 또는 엄마와의 감정 세미나를 열고 싶다. 또한 내가 전공한 미술과 접목시켜 부모와 아이의 감정을 치유할 수 있는 다양한 프로그램을 만들고 싶다. 즐거운 놀이처럼 할 수 있는 프로그램으로 도움을 주고 싶다. 그리고 자녀 양육에 필요한 감정에 대한 책을 계속해서 쓸 것이다. 대한민국 최고의 감정 코치가 되는 것이 나의 목표다. 나는 반드시 그 꿈을 이룰 것이다.

# 04

# 부모님 모시고
# 크루즈 여행 가기

"아버지, 일어나서 식사하세요."

한낮이나 늦은 오후에 아버지를 깨운다. 아버지는 새벽에 물건을 경매해야 하기 때문에 낮에 주무시고 새벽에 일어나신다. 농산물 도매 중개업을 하시기 때문이다. 철마다 나오는 채소를 나르시느라 어깨 근육이 끊어지실 정도로 고되다. 아버지는 말만 사장님이지 무거운 채소 박스를 나르다 보면 손은 흙과 먼지로 까맣게 된다. 그래서 아버지 손은 항상 거칠고 흙 때가 끼어 있다.

어머니께서도 아버지를 도와 함께 일하신다. 가게에서 어머니는 아버지를 톡톡히 내조하신다. 제때 팔지 못한, 시들어 버린 채소들을 일일이 다듬으시고 더 잘 팔리도록 예쁘게 진열해 놓으신다. 아버지가 주무시러 집에 들어가시면 그 자리를 어머니가 대신

하신다. 그래서 어머니는 꾸미고 치장하는 것에 익숙하지 않다.

초등학교 1학년 때의 일이 아직도 생생하게 기억난다. 아버지께서 1톤 용달차를 몰고 나를 데리러 오셨다. 나는 친구와 함께 학교 교문을 걸어 나가고 있었다. 그런데 아버지의 용달차가 멀리서 보이는 것이 아닌가. 이상하게 나는 창피했다. 아버지가 시장에서 장사를 하는 것을 친구도 알고 있었다. 그렇지만 친구에게 용달차를 타고 흙먼지가 묻은 잠바를 입고 있는 아버지를 보여 주기 싫었다.

지금 글을 쓰면서 눈시울이 붉어진다. 왜냐하면 죄송한 마음에 앞서 아버지를 부끄럽게 생각했던 나 자신이 더 밉기 때문이다. 나는 나이를 먹어 가며 이 기억을 가슴에 새겼다. 더 이상 철없는 딸이 되지 않기 위해서다.

나는 가끔 부모님께 사랑하며 존경한다고 문자를 보낸다. 그런데 어느 순간 그런 마음을 내가 왜 말로 표현하지 않고 있을까, 라는 생각이 들었다.

"아빠, 내가 고집 부려도 욕 한마디 안 하시고 늘 인격적으로 대해 주셔서 감사해요."

"엄마는 정말 피부가 너무 좋아! 엄마 닮아서 나도 피부가 좋은 것 같아요. 이렇게 낳아 주셔서 감사해요."

나중에 부모님이 돌아가시고 후회하기 싫다. 그래서 생각날 때마다 감사하다고 말한다. 일상에서 감사와 사랑을 표현하는 습관을 실천하고 있다.

　나는 부모님의 이런 사랑에 비해서는 많이 부족한 딸이다. 몇 년 전까지만 해도 어머니와의 관계가 많이 안 좋았다. 나의 고집이 세기 때문이었다. 순종적이고 착한 딸이 아니라서 늘 죄송한 마음이다. 30대 중·후반에 들어선 딸내미가 시집을 못 갈까 봐 어머니는 많은 걱정을 하신다. 딸을 위해 사랑의 중매쟁이로 나선 어머니의 열정은 정말 나도 인정해 드리고 싶다.

　우리 어머니는 내가 부유한 집안의 성실한 남편감을 만나 결혼하길 바라신다. 그러나 나는 내가 좋아하고 가치관과 생각이 맞는 남자와 결혼하고 싶었다. 지금도 그 생각에는 변함이 없다. 그래서 어머니의 가슴을 아프게 해 드려 죄송하다.

　종갓집 며느리로서 아버지와 백년가약을 맺으시고 어머니는 만능 멀티플레이어가 되셨다. 아버지 장사도 도와주시고 살림까지 하신다. 그리고 제사와 명절에 준비해야 할 음식을 거의 혼자 하신다. 나는 그냥 옆에서 도와주는 정도다. 우리 집은 1년에 제사와 차례를 모두 합쳐 여덟 번을 지내곤 했다. 비록 지금은 줄여서 네 번을 지내고 있지만 말이다. 내가 할 수 있는 것은 많이 쌓인 설거지를 해 드리는 것뿐이다. 경제적으로 도움을 드리지 못하는 게 늘 마음이 아프다.

내가 벌어서 나 쓰기도 모자란 돈을 겨우겨우 모아서는 절대 경제적인 부를 이루지 못한다. 그렇게 되면 부모님을 모시고 크루즈 여행을 할 수도 없을 것이다. 부모님은 여행경험이 많이 있으시지만 크루즈 여행은 해 보신 적이 없다. 그래서 나는 2년 안에 부모님을 모시고 크루즈 여행을 가고 싶다. 그리고 한 달에 100만 원의 용돈도 드리고 싶다.

부모님과 고급 크루즈 여행을 가기 위해서는 돈을 많이 벌어야 한다. 〈한책협〉에서 내 미래를 생생하게 설계해 가고 있는 이유다. 부모님께 요즘 이렇게 자주 말씀드린다.

"2년 안에 부모님 모시고 크루즈 여행 갈 거예요."

부모님의 얼굴에 미소가 번진다. 요즘 웃는 일이 많아지셨다.


브렌든 버처드의 《메신저가 되라》라는 책에서는 다음과 같이 말한다.


"왜 다른 사람들을 위한 삶, 즉 다른 사람의 인생을 변화시킬 수 있는 삶을 살지 않는가? 지금 그렇게 살지 않을 이유가 어디에 있는가? 당신에게는 당신만의 인생경험과 그 과정에서 얻은 지식이 있다. 그리고 그것들을 토대로 다른 사람을 도울 수 있다. 이는 당신이 스스로 충분히 만족스러운 삶을 살았노라 답할 수 있는 하나의 방법이다. 나에게 당연한 것이 다른 사람에게는 소중한 정

보가 될 수 있다. 남도 돕고 돈도 번다면, 그야말로 행복한 인생이
아닌가!"

이 문장을 읽고 나는 '메신저가 되자!'라고 다짐했다. 메신저가
되는 방법 중 하나는 바로 작가가 되는 것이다. 자신의 책을 통해
많은 이들에게 선한 영향력을 끼치는 것이다. 나도 계속해서 책을
쓰리라 마음먹었다. 또한 책을 출간해 유명세를 얻고 나면 작가에
만 머무르는 것이 아니라 강연가, 코치로도 활동할 수 있게 된다.
이뿐만이 아니다. 나 자체가 브랜드가 된다. 멋지지 않은가?

나는 현재 1인 창업을 준비하고 있다. 다니던 직장에는 과감하
게 사표를 냈다. 원래 사표를 내면 불안하고 막막한 마음이 들게
마련인데 지금 나는 너무나도 편안한 상태다. 내 안에 자기 확신
이 자리 잡고 있기 때문이다. 대다수 실패자들은 스스로가 마음
속에 심어 놓은 한계 때문에 실패한다. 하지만 나는 그 한계를 극
복했다.

그리고 무엇이든지 많이 배우고 단계별로 습득할 것이다. 왜냐
하면 메신저가 되려면 배워야 할 것들이 많기 때문이다. 그 배움
에서 얻은 것들을 온전히 내 사업 아이템이 되도록 계속 연구하
고 발전시킬 것이다. 그러고 나서 메신저로서 나의 가치 있는 경
험을 판매할 것이다.

나는 2년 안에 꼭 내 꿈을 이루어서 성공해야 한다. 부모님께 약속한 크루즈 여행 때문이다. 부모님은 연세가 있기 때문에 지금처럼 정정하실 때 꼭 같이 가야 한다. 그래서 나는 2년 안에 내가 구상한 모든 일들을 이루도록 최선을 다할 것이다.

취미로 생각하던 독서의 힘이 나를 여기까지 이끌었다. 나는 자기계발 서적에 흥미를 느껴서 많은 양의 독서는 아니지만 유명한 작가들의 자기계발 책들을 어느 정도는 접해 보았다. 주위 사람들은 소설 같은 다른 장르의 책을 추천하기도 했다. 하지만 나는 성공에 목마름을 느끼고 있어서 자기계발서만 읽었던 것 같다. 그런데 그저 읽기만 했다. 나이만 먹고 무엇인가 이루지 못한 불안감은 나를 자존감이 낮은 인간으로 만들어 가고 있었다. 그러나 하늘은 구하고 찾는 나에게 〈한책협〉을 알려 주셨다. 평범했던 의식이 바뀌면서 내가 하는 일에 소명을 느낀다. 그래서 나는 존재한다.

# 05

# 아동·부모 감정
# 강연가 되기

　나는 〈세상을 바꾸는 시간, 15분(이하 세바시)〉이라는 프로그램을 좋아한다. 이 프로그램은 소통, 힐링, 사회적 치유와 실제 생활에 대한 유용한 내용을 담고 있다. 강연가는 일반적으로 공부를 많이 하고 학문적인 지식이 뛰어나야 한다고 생각했던 내 생각을 깨어 준 프로그램이다.

　누구나 강연가가 되어서 15분 동안 주제에 대한 경험담을 이야기하듯 말한다. 그래서 강연가의 이야기가 더 재미있고 공감이 간다. 자신의 한계에 도전해서 성공을 이룬 일화, 장애나 시련을 이겨 내고 사람들에게 희망의 메시지를 전달하는 내용들에 나는 눈과 귀를 뗄 수 없었다. 이 프로그램을 보다 보면 '나도 저 사람들처럼 좋은 메시지를 전달할 수 있을까?'라는 생각이 든다.

나에게 동기부여를 해 주는 사람이 한 분 있다. 바로 김미경 강사다. 이분의 강연은 마치 마법 같다. 아무리 들어도 계속해서 듣고 싶기 때문이다. 김미경 강사는 감정에 솔직하다. 그리고 사람의 감정을 읽을 수 있는 사람이다.

O tvN 〈어쩌다 어른〉에서 그녀는 자녀의 자퇴 사실을 밝혔다. 그녀는 먼저 아이의 감정을 헤아려 주려고 노력했다. 늦은 시간에 눈치를 보며 라면을 끓여 먹는 아들에게 매번 제대로 된 식사를 차려 주었다. 그것을 보고 뭐라고 하는 남편에게 "당신 눈에는 나쁜 애지만 내 눈에는 아픈 애다."라며 아들의 감정을 어루만져 주었다. 그녀의 태도에 아들은 점점 변해 갔다. 일본여행을 다녀온 후 그곳에서 음악공부를 하고 싶어 했고 그곳 음대에 합격했다.

나도 김미경 강사처럼 나의 경험에서 깨달음을 얻고 감정을 헤아리며 사람들에게 영감을 주는 강연가가 되고 싶다. 내 15년의 경험과 깨달음이 반드시 어딘가에서 그리고 어떤 사람들에게 도움이 될 것이라고 생각한다. 그래서 강연하는 삶을 생생하게 꿈꾸어 본다.

신입 원아를 상담할 때의 일이다.

"우리 애가 그림 그리는 걸 너무 좋아해요. 그런데 조금 예민하고 소극적이에요."

어머님께서 상담 때 조심스럽게 이야기를 꺼내셨다. 어머님의 심정이 충분히 공감이 갔다. 내 아이다 보니 신경이 쓰이는 데다 초등학교 1학년이 되었기 때문이다.

"아이와 체험수업을 해 보고 나서 어머님과 상담을 나누면 더 좋을 것 같아요."

이렇게 말씀드리고 나는 아이와의 체험수업을 기대했다. 어머님께서 아이에 대해 상담 때 해 주는 이야기를 적어 둔다. 체험수업 때 알고 있으면 도움이 되기 때문이다. 소극적인 아이라면 나를 만났을 때 거부감이 없도록 해 주어야 한다. 예쁘다, 귀엽다 등의 식상한 칭찬이 아닌 편한 말투 그리고 환한 웃음으로 반겨 준다. 그리고 여러 미술 작품이 걸려 있으니 학원을 구경해 보라고 말한다.

아이는 낯설어서인지 엄마의 뒤에 숨기도 한다. 아이가 편한 마음이 되도록 시간을 주어야 한다. 아이는 마음의 준비가 되면 그림을 그려 보겠다며 의자에 앉는다. 그러고 나면 나는 질문을 시작한다. 좋아하는 미술 재료, 자주 그리는 그림, 학교생활, 친구, 형제, 장래희망 등등 아이가 쉽게 대답할 수 있는 것부터 질문한다. 내 질문에 대답하고 나면 아이는 이제 나에게 질문을 한다. 그리고 체험수업으로 무엇을 그리고 싶다고 말한다. 드디어 내가 원하던 대답이 나왔다. 기쁜 마음으로 수업을 함께 해 나간다.

아이, 어른 할 것 없이 누구나 처음에는 낯설다. 내가 낯을 많이 가리기 때문에 그 마음을 충분히 공감한다. 그래서 상대방의 입장이 되어서 많이 생각해 보는 습관이 생겼다. 내 아이, 부부, 가까운 친구나 지인에게 쉽게 실수하는 것은 상대의 감정을 읽지 못하는 데서 비롯되는 작은 문제들이다. 하지만 이 문제들은 큰 결과로 이어질 수 있다.

감정은 '사람만이 느낄 수 있는, 신이 주신 최고의 선물'이라고 생각한다. 감정코칭의 세계적인 권위자 존 가트맨 박사와 EBS 〈60분 부모〉의 최성애 박사, 교수를 가르치는 교수 조벽 박사가 《감정코칭》이라는 책에서 말한다. "IQ가 높은 아이보다 EQ가 높은 지혜로운 아이가 행복하고 성공한다는 것이 밝혀졌다."라고 말이다.

정서지능(Emotional Intelligence)이란 것이 있다. 바로 아이가 자신의 감정과 충동을 절제하고, 타인들의 감정을 예민하게 느끼고 인내심을 지속시키며 자신의 마음을 통제하는 능력이다. 감정을 정확하게 읽어 내고 감정적인 표현이 풍부한 아이가 정서지능이 높은 아이다. 이처럼 내 아이가 행복하고 성공적인 삶을 살게 하는 정서지능은 '감정코칭'에 의해 길러진다. 감정코칭으로 자기 감정을 인정받은 아이는 타인의 감정도 쉽게 인정할 수 있다. 그 결과 대인관계뿐만 아니라 학습 향상, 자신감, 건강, 집중력 등 다방면에서 효과를 보인다.

감정의 중요성은 아이들과 수업을 하면서 이미 충분히 느꼈다.

또한 지금까지 입증된 사례들에서도 알 수 있다. 감정은 가정 그리고 학교, 학원, 기관 및 어느 곳에서든지 아주 중요한 키워드다. 어리다는 이유로 아이들의 의견은 쉽게 무시한다. 스스로 생각할 수 있게 이끌어 주는 교육이 아닌 단순 주입식 학습, 정답만을 찾으려는 획일화된 사회에서 아이들의 감정은 상처받을 수밖에 없다. 감정에 상처를 입지 않게 자존감과 자신감을 키워 주어야 내 아이를 지혜로운 사람으로 성장시킬 수 있다. 아이들의 감정을 코칭해 주는 역할은 우선적으로 부모가 맡아야 한다.

그래서 부모는 자신의 감정을 돌아보아야 한다. 내 감정 조절에 익숙한지 생각해 보아야 한다. 내 감정도 조절하지 못하는데 어떻게 아이의 감정을 어루만져 줄 수 있겠는가! 부모의 감정이 아프면 아이의 감정도 아프게 된다. 아이들은 부모의 거울이라는 말이 있다. 엄마와 많은 시간을 보내는 우리나라 양육 방식에서 엄마의 감정은 가장 중요하다.

양육을 도맡아 하는 친구들은 감정 조절이 안 되어서 아이에게 짜증을 내고 화를 냈다는 말들을 한다. 많은 엄마들이 그러할 것이다. 엄마들이 힘들고 책임감이 무겁다는 사실에 전적으로 공감한다. 이런 감정 조절의 어려움을 함께 풀어 가고 상처받은 엄마들에게 그리고 감정 조절에 애먹고 있는 아이들에게 좋은 친구 같은 사람이 되고 싶다. 그래서 나는 아동, 부모 감정 강연가가 되고 싶다.

강연가는 대단한 사람만이 할 수 있는 것은 아니라고 생각한다. 똑똑하거나 대단한 스펙보다는 그저 자신이 살아오면서 쌓아온 가치 있는 경험, 깨달음을 사람들에게 전달하는 사람이 강연가라고 생각한다. 나는 제2의 삶을, 내가 살아오면서 얻은 경험, 깨달음, 지식 등을 많은 이들에게 널리 알릴 수 있는 강연가로 살고 싶다.

'나같이 평범한 사람이 무슨 강연을 해'라고 생각했던 게 한 달 전이다. 그런 내가 변하게 된 데는 〈한책협〉의 김태광 대표 코치의 도움이 크다. 김태광 대표 코치는 누구나 자신의 소명의식을 위해 살아야 한다고 말해 준다. 나도 감정 강연가가 되어서 도움이 필요한 사람들에게 내 경험과 깨달음을 전해 주어야 한다는 소명의식을 갖고 있다. 그 소명의식을 이루어 내며 한 번뿐인 인생을 가치 있게 살고 싶다.

챗바퀴 돌아가듯 짜인 기존의 시스템 속에서 그저 움직이기만 해서는 결코 안 된다. 내가 생각하고 설계한 시스템을 만들어서 계속해서 새롭게 변화해 나갈 것이다. 달라질 내 인생 2막이 기대된다.

보물지도 13

# PART 11

# 많은 이들에게
# 행복을 알리며
# 살아가기

· 김성희 ·

## 김성희 작은동물원 원장, 진로 코치, 자녀교육가, 어린이집·유치원 동물 교육사

세 명의 아이들을 키우며 부산에서 작은동물원을 운영하고 있다. 아이들과 동물이 서로 교감할 수 있도록 돕고 있다. 또한 진로 코치로서 초·중·고등학교 학생들을 대상으로 활발한 상담 활동을 하고 있다. 나아가 꿈을 이룬 엄마로서, 이 세상의 엄마들에게 '엄마도 얼마든지 꿈을 이룰 수 있다'는 것을 알려주고자 한다. 현재 '행복한 자녀교육'을 주제로 개인저서를 집필 중이다.

Blog  blog.naver.com/dbdb4868          C·P  010.5898.9930
Instagram  minizoobusan

# 작은동물원을 손님들의 행복 장소로 만들기

어릴 적, 어머니가 "성희야! 니는 커서 뭐 될 끼고?"라고 물으면 "엄마! 나는 나중에 커서 길에서 떡볶이를 팔더라도 장사할 거야."라고 말했을 만큼 나는 장사에 관심이 많았다. 그리고 신랑은 어릴 때 동물을 좋아해서 새, 햄스터, 강아지 등등 많은 동물을 키우며 자랐다. 동물원 원장이 꿈이었다고 하니 지금의 '작은동물원'은 우연히 생긴 것이 아닌가 보다.

직장생활을 10년 넘게 하던 어느 날 신랑이 회사생활을 많이 힘들어했다. 그걸 지켜보는 나도 힘들었다. 그러다 한 번 사는 인생 즐겁게 잘할 수 있는 일을 찾아보자 한 것이 작은동물원의 시작이었다. 나는 장사가 하고 싶었고 신랑은 동물을 키우고 싶었기 때문에 우리는 아무런 망설임 없이 이색 동물 체험 카페를 할 수 있었다.

권동희 작가는 《당신은 드림워커입니까?》에서 이렇게 말한다.

"세상은 생각보다 넓고, 우리가 할 수 있는 일 또한 많다. 하나의 세계를 파괴할 때 또 다른 세계가 열리듯이 불안하고 두렵게 여겨지더라도 과감하게 떠나라. 그 시간이 자신을 객관적으로 볼 수 있는 귀중한 지표가 될 것이다. 그리고 자신이 무엇을 간절하게 원하는지 내면에 귀 기울여야 한다. 그러기 위해선 내가 미치도록 원하는 진정한 꿈과 대화해 보는 시간을 가져야 한다. 그것이야말로 진정 나의 가슴이 시키는 꿈을 찾을 수 있는 길이다."

대부분의 사람들은 꿈을 잊어버리고 산다. 하지만 우리 부부는 잃어버렸던 어릴 적 꿈을 찾았고 그것을 향해 뛰어들었다. 우리가 처음 이색 동물 체험 카페라는 장사를 시작할 때는 개인이 동물원을 운영한다는 것은 상상도 못할 때였다. 지금이야 전국 방방곡곡 실내 동물원이 없는 곳이 없지만 우리가 시작할 때는 부산에 한 곳만 있었다. 그곳을 인수하려다 계약이 안 되어서 우리는 우리만의 작은동물원을 만들게 되었다.

나는 지금 부산에서 작은동물원을 5년째 운영하고 있다. 작은동물원은 말 그대로 작은 동물이 있는 곳이다. 토끼, 거북이, 새,

강아지, 고양이 등등 10여 종류의 소동물들이 모여 있다. 처음 이 장사를 하려고 했을 때 우리는 아무에게도 그 사실을 말할 수 없었다. 아이템의 인지도도 없었기 때문에 100명이면 100명 모두 반대할 것이 뻔했다. 부모님조차도 집을 팔고 장사를 시작한다고 하면 양 손 들고 말리실 것이 분명했다. 그래서 우리는 남들 모르게 조용히 시작했다.

처음 장사를 시작할 때 나는 정말 잘할 자신이 있었다. 보험 판매원을 8년 넘게 했고 성격이 긍정적이고 밝아서 사람 대하는 데 자신이 있었기 때문이다. 그렇게 가게 문을 열었지만 내 생각처럼 손님이 오지는 않았다. 가게가 1층이 아닌 5층에 있었을뿐더러 상가 앞에서는 도로 공사까지 하고 있었다. 오가는 사람도 없었고 주변 지인들에게도 알리지 않고 시작했기 때문에 첫 한 달은 손님이 한 명도 없었다. 더구나 그달은 장마 기간과 맞물려 있었다. 우리는 하염없이 오는 비를 보며 첫 손님을 기다렸다.

그렇게 시간을 보내고 있던 중 우리에게도 첫 손님이 왔다. 나는 그 첫 손님을 아직도 기억한다. 9명이 함께 왔는데 입장을 하지 않고 그냥 가려고 했다. 나는 얼른 문 앞으로 달려 나가 "왜 안 들어오세요?" 하며 붙잡았다. 그랬더니 입장료가 비싸다고 하며 이것저것 물었다. 나는 단체 할인을 받을 수 있는 인원은 10명부터이지만 이번만 특별히 단체가격으로 해 드릴 테니 일단 입장하시라고 호객행위를 했다. 나는 그분들에게 정말 열심히 모든 동물을 보여 주거나 만지게 해 주고 사진도 찍어 주며 최선을 다했다. 그렇게 그분들은 재미나게 놀다 갔다. 그러곤 아파트에 사는 다른 엄마들을 데리고 또 놀러 왔다. 그 손님들이 입에서 입으로 소문내어 주신 덕분에 지금의 작은동물원이 될 수 있었다.

부산에서 작은동물원은 아이를 키우는 엄마라면 한 번쯤 들어 봤다 할 정도다. 5년 동안 한 번의 홍보도 없이 장사했는데도 입소문으로 단골손님이 꾸준하다. 그 이유는 나도 아이를 키우는 엄마 입장이고 손님들도 아이를 데리고 놀러 오면 편안하게 동물과 놀다 갈 수 있기 때문인 것 같다. 한 분 한 분께 친절히 대하고 한 번 왔던 손님은 잊지 않았다. 아이들이 성장하는 이야기도 같이 나누었다. 나는 장사를 하면서 셋째를 낳았는데 주말마다 셋째를 봐 주러 오실 정도로 친해진 손님도 있었다. 아이 셋을 데리고 장사하는 나를 손님들이 도와주지 않았다면 지금의 나와 우리의 작은동물원은 없었을 것이다.

그렇게 우리는 전 재산을 털어 도전했고 그 도전은 결국 성공했다.


이태형 기자님이 쓴 《인생에서 가장 소중한 것》에는 서울대 김난도 교수님께서 하신 말씀이 있다.

"인생에서 가장 소중한 것은 인생의 조각들을 성실히 맞추는 것이다. 인생은 작은 모자이크 조각들을 하나하나 쌓은 퍼즐놀이이고 인생에서 '한 방'에 이뤄지는 경우는 없다. 인생은 천천히 이뤄지는 기적이다. 인생에는 정말 우연이란 없다. 인생은 또한 수많은 모자이크를 맞춰 나가는 과정이다. 오늘 인생의 조각들을 성실히 맞추다 보면 모두가 큰 바위 얼굴이 될 수 있다. 오늘 이 시간을 포기하지 않고 자기에게 주어진 삶을 충실하게 살면 영웅이 되는 것이 바로 큰 바위 얼굴 이야기다. 누구나 큰 바위 얼굴이 될 수 있다는 것, 그것이야말로 우리가 인생에서 맛볼 수 있는 최고의 기적이다."

이 말씀처럼 나는 오늘도 성실하게 하루를 맞이한다. 도전을 포기하지 않고 천천히 한 발 한 발 내디디면서 살아간다. 여전히 한 분 한 분께 최선을 다하고 있다. 처음에는 동물들이 무서워 입구에서 머뭇거리던 아이들이 나중에는 동물들이 좋아서 집에 가지 않으려 한다. 그런 모습을 볼 때면 흐뭇하다. 또한 손님들이 나가면서 "작은동물원은 참 편하고 좋아요. 다음에 또 놀러 올게요."라고 말해 주면 얼마나 기쁜지 모른다. 아이들과 엄마들이 돈 걱정 없이 놀 수 있는 곳, 몇 시간을 놀든 자유롭게 있을 수 있는 곳, 그런 곳이 작은동물원인 것이다.

이제 나는 또 다른 꿈을 꾼다. 나는 아이들이 작은동물원을 통해 동물을 사랑하는 법을 배우고 소통하며 교감할 수 있었으면 좋겠다. 작은동물원이 그런 깨달음을 전할 수 있는 교육장이 되었으면 좋겠다. 아이들에게 머리로 배우는 지식보다는 생명 존중이라는 따뜻한 마음을 알려 줄 수 있었으면 좋겠다. 처음에 손님으로 왔던 어린 아이들이 이제는 초등학교에 들어간다. 그렇듯이 작은동물원이 세월이 흘러서도 다시 올 수 있는 곳이었으면 한다.

지금의 아이들이 커서 본인의 아이를 데리고 놀러 오면 얼마나 좋을까? 내가 내 손주를 데리고 올 수 있으면 얼마나 좋을까! 그런 바람을 갖고 작은동물원을 운영하고 싶다. 모두가 하는 체인점 사업이 아니라 생명 존중을 알리는 나만의 사업으로 성장해 갔으면 좋겠다.

그래서 많은 사람들이 작은동물원을 생각하면 동물들과 행복했던 곳, 사랑스러웠던 곳으로 추억하길 바란다. 이런 바람을 이루기 위해서 오늘도 나는 작은동물원을 행복한 장소로 만들기 위해 노력하고 또 노력한다. 나는 동물이 행복한 세상, 아이들이 행복한 세상을 만들고 싶다. 그 중심에는 작은동물원이 있기를 희망한다.

# 하나님이 함께하는
# 마음의 집 짓기

집은 사전적 의미로 사람이나 동물이 추위, 더위, 비바람 따위를 막고 그 속에 들어가 살기 위해 지은 건물을 말한다. 이런 사전적 의미의 집으로 본다면 나는 참 좋은 집에서 살고 있다. 추위, 더위, 비바람 따위에 무너질 수 없는 아주 튼튼한 아파트에서 살고 있기 때문이다. 그런데도 지금보다 더 좋은 집, 더 큰 집, 더 비싼 집을 가지고 싶다. 하지만 나는 그런 나의 집보다 먼저 하나님의 집을 짓고 싶다.

내가 하나님을 만난 것은 초등학교 시절이다. 집 앞에 작은 개척교회가 있었다. 그곳을 다니면서 성탄절 연극도 하고 예배도 드린 적이 있다. 그때 어린이 찬송가며 따뜻한 사모님 품이 참 좋았다. 하지만 엄마가 무당이라 초등학교 때는 교회를 계속 다닐 수 없었다. 그 후 내가 결혼을 하고 보험회사를 다닐 때였다. 신규 고객이던 사모님이 자꾸 자기 교회에 나오지 않겠냐며 전도를 했다. 그렇게 인연이 된 것이 8년째다.

그 시절에 나는 무척 힘들었다. 신랑하고 사이가 안 좋아서 가정보다는 밖으로 돌던 때였다. 그런 내가 신앙을 받아들이면서 마음을 잡을 수 있었다. 하루는 철야기도를 하면서 목사님 말씀을 듣고 찬송을 따라 부르다 한참을 울었다. 나에게도 이렇게 많은 눈물이 있는지 그때 처음 알았다. 나는 기도를 다 하고 한참을 앉아 있다가 교회를 나왔다. 그 후로 지금까지 나는 하나님과 함께한다.

하나님을 믿기 전에는 세상 일로 힘들고 괴로웠지만 하나님과 예수님을 믿고 난 이후로는 마음이 평안하고 행복해졌다. 나는 하나님을 믿는 신앙인으로 다시 태어난 것이다. 신앙인으로 다시 태어날 수 있게 된 것은 성경에 나오는 말씀 때문이다. 교회만 왔다 갔다 하는 것이 아니라 하나님을 알고 싶어서 성경책을 매일 읽고 말씀을 묵상했다.

성경에 이런 구절이 있다.

"내가 사망의 음침한 골짜기로 다닐지라도 해를 두려워하지 않을 것은 주께서 나와 함께 하심이라. 주의 지팡이와 막대기가

나를 안위하시나이다."(시편 23장 4절)

내가 가장 좋아하는 구절이다. 나는 사실 죽음을 아주 두려워했다. 아버지가 사고로 여섯 살 때 돌아가셨다. 그런데 내가 아이를 낳고 부모가 되어 보니 죽음이라는 것이 참으로 무서웠다. '내가 죽어서 내 아이가 나처럼 불쌍하게 크면 어쩌지? 어느 날 갑자기 고통스럽게 죽으면 어쩌지?' 이런저런 생각을 하게 되었다. 그래서 잠을 못 자는 날이 많았고 불면증에 시달렸다. 그러다 이 말씀을 읽고 묵상하게 되었다.

그러자 참으로 신기하게도 죽음에 대한 두려움이 사라졌다. 나는 이제 죽음을 무서워하지 않는다. 하나님의 말씀을 믿음으로써 나는 사망의 음침한 골짜기를 탈출할 수 있었다. 그날 이후로 나는 주의 말씀을 지팡이 삼아 모든 두려움을 쫓아 버렸다.

두 번째로 좋아하는 말씀은 계시록 21장 4절 말씀이다.

"모든 눈물을 그 눈에서 씻기시매 다시 사망이 없고 애통하는 것이나 곡하는 것이나 아픈 것이 다시 있지 아니하리니 처음 것들이 다 지나갔음이러라."

나는 이 말씀을 가장 믿는다. 힘들 때나 기쁠 때나 이 말씀을 묵상한다. 그러면 힘이 생긴다. 나는 세상 모든 사람이 행복해지면 좋겠다. 나의 가족, 친구, 이웃이 함께 천국에서 살면 좋겠다. 모두 내가 사랑하는 사람들이다. 세상에서 눈물 흘릴 일도, 죽을 일도, 아픈 것도, 속상한 것도 없으면 얼마나 좋을까? 상상만 해도 행복하다.

이런 이유로 나는 내 마음에 하나님을 모셨다. 신이라면 진저리를 쳤던 나는 창조주 하나님을 받아들였다. 그리고 하나님이 원하는 자녀가 되기 위해 노력했다. 매일 아침 성경을 읽고 하루를 시작했다. 성경은 참으로 신비하고 재미있는 책이다. 무서우면서도 희망적인 내용을 담고 있다.

예수께서 이 땅에 오시어 하나님의 말씀을 전했다. 요한복음 14장 6절에는 "내가 곧 길이요 진리요 생명이니 나로 말미암지 않고는 아버지께로 올 자가 없느니라."라고 적혀 있다. 그처럼 예수께서 이 땅에 오지 않았다면 우리는 하나님에게로 갈 수 없다. 진리의 말씀도 없고 길도 없다. 그리고 영생하는 방법도 없다. 나는 예수께서 우리를 대신해 십자가를 진 것을 안다. 만약 예수께서 하나님 뜻을 어기고 보혈을 흘리지 않았다면 나는 구원받을 수 없었을 것이다. 정말 감사하다.

또한 고린도전서 3장 16~17절을 보면 "너희가 하나님의 성전인 것과 하나님의 성령이 너희 안에 거하시는 것을 알지 못하느뇨. 누구든지 하나님의 성전을 더럽히면 하나님이 그 사람을 멸하시리라. 하나님의 성전은 거룩하니 너희도 거룩하니라."라고 되어 있다. 그렇다. 나의 몸은 하나님의 성전이다.

영이신 하나님은 나와 함께 산다. 성경 말씀이 없으면 나는 하나님과 같이 살 수 없다. 또한 마음 밭이 좋지 못하면 말씀을 가꾸지 못한다. 내가 사랑도 없이 메말라 있다면 하나님은 나와 함께 살지 않을 것이다. 아이고, 이놈 내 말 안 듣네, 하고 떠나가시리라.

나는 매일 생각한다. 내 마음이 한 평이라도 늘었는지. 장과 고가 반듯해서 하나님 보시기에 좋았는지. 좋은 땅에 씨를 심어 그 결실이 삼십 배, 육십 배, 백배가 되었는지 생각해 본다. 먼저 나를 돌아보고 나의 마음을 살핀다. 겉모습에만 치우쳐 속모습을 아무렇게나 던져 놓지 않는다. 내 집은 궁궐 같은 집이면서 하나님의 집은 초라한 초가집으로 만들지 않는다. 입으로만 주여, 주여 하지 않고 하나님 말씀을 돌아보고 또 돌아본다.

나는 하나님의 집을 반듯하게 잘 짓고 싶다. 집을 보석 같은 말씀으로 꾸며 놓고 싶다. 그래서 하나님의 집을 멋지게 지을 것이다. 그렇게 하면 내가 살 집도 좋은 집으로 주실 거라 믿는다. 하나님은 말씀한 것을 꼭 이룬다. "나는 알파와 오메가요, 처음과 나중이요 시작과 끝이라." 하셨다.

오늘도 하나님의 말씀을 마음 밭에 새긴다. 걸어 다니나 뛰어 다니나 말씀을 묵상한다. 누구나 큰 집과 비싼 집을 가지고 싶어 한다. 그러나 중요한 것은 내 마음의 집이다. 마음에 오는 추위와 더위와 비바람을 막아 줄 튼튼한 하나님의 집을 짓는 것이다.

하나님은 나와 함께한다. 폭풍우가 몰아치는 바다 한가운데에 서 있다 해도 굳건히 이겨 낼 수 있다. 내 영혼이 잘 됨같이 범사에 도 잘되도록 강구한다. 오늘도 나는 내 영혼을 위해 집을 짓는다.

부족하지만 앞으로 더욱 굳건하게 하나님의 집을 짓겠다. 마지 막 그날까지 주님의 말씀만 의지하며 살아가는 나였으면 한다.

# 스페인으로 토마토축제와 투우 즐기러 가기

스페인은 '정열의 나라'다. 강렬한 붉은색이 제일 먼저 생각난다. 국기에도 국토를 지킨 피를 의미하는 붉은색을 사용했다. 국왕이 있지만 직접 통치하지는 않고 외교 역할만 한다. 일본의 식민지를 겪으면서 우리나라에는 국왕이 없다. 나는 국왕이 있는 스페인이 부럽기도 하다. 그래서인지 나는 스페인을 여행하고 싶다. 전통이 보존되어 있기 때문이다.

나는 스페인의 토마토 던지기 축제인 '라 토마티나'와 '산페르민' 축제에 꼭 한번 가 보고 싶다는 목표가 있다. '라 토마티나'는 매년 8월 마지막 주 수요일에 개최되는 토마토 던지기 축제다. 스페인의 남동쪽, 지중해 연안 발렌시아 주의 작은 마을 부뇰에서 개최된다. 1940년대 중반에 시작되었으니 역사가 길지는 않다. 하지만 강렬한 붉은 토마토와 어우러져 역동감 넘치는 축제다.

토마토 축제의 유래는 1945년 거인 인형 퍼레이드 민속 축제에서 비롯되었다. 청소년들이 노점에 있던 채소를 던지며 짓궂은 장난을 쳤다. 그 사건 하나가 축제로 발전된 것이다. 이지원 PD가 쓴 《누구나 한 번쯤 스페인》이라는 책이 있다. 이 책을 보면 토마토 축제는 팔로-하본이라는, 비누칠을 한 장대 위에 하몽 덩어리를 매달아 놓고 아무나 올라가서 따는 것에서부터 시작된다.

산더미 같은 토마토를 실은 덤프트럭이 구역마다에 토마토를 쏟아붓는다. 그러면 그때부터 총성 없는 유쾌한 전쟁이 시작된다. 토마토 한두 방을 맞고 나면 점잔 따위는 떨 여유가 없다. 여기저기서 괴성이 난무한다. 모두가 이성의 끈을 놓고 손에 잡히는 대로 토마토를 내던진다. '눈탱이가 밤탱이', 아니 '토마토탱이'가 된다 하니 참가하면 정말 재미있을 것 같다.

토마토축제에 가고자 하는 이유를 꼭 한 가지 말해 보라고 한다면, 결혼생활을 하며 받았던 스트레스를 풀고 싶기 때문이다. 나는 열아홉 살에 지금의 신랑을 만났다. 신랑과 나는 일곱 살 차이가 난다. 나는 활발하고 외향적이고 신랑은 조용하고 내향적이다. 신랑과 찰싹 붙어서 2년의 신혼생활을 보냈다. 좋았던 신혼이 끝나고 신랑은 나에게 무관심했다. 나는 참 외로웠다. 어린 나이에 신랑만 믿고 결혼했는데 항상 함께할 거라 믿었던 신랑이 나를 멀리했다. 언제나 예뻐만 해 줄 거라 믿었는데 착각이었다. 나는 엄청난 상실감을 느꼈다.

혼자 울기도 많이 울었다. 그러나 운다고 달라지는 것은 없었다. 신랑은 점점 더 나에게 무관심해졌다. 외로움을 달래기 위해 나는 친구들과 놀았다. 그 당시 내 친구들은 결혼을 하지 않았었다. 내 나이 스물세 살. 지금 생각해 보면 철도 없었고 어떻게 살겠다고 정해 둔 방향도 없었다. 나도 점점 신랑과 멀어져 친구들과 놀았다. 그렇게 2년 가까이 방황했다. 지금 생각해 보면 참 힘들었던 시절이다.

나는 살면서 받은 스트레스를 토마토축제에 가서 모두 풀고 싶다. 내 청춘이 모두 흘러가기 전에 이색적인 추억을 만들고 싶다. 아이 셋을 낳고 서른일곱 살까지 조용히 살았으니 그날 하루쯤은 일탈을 해도 괜찮으리라.


두 번째로 스페인 여행에서 가고 싶은 곳은 투우경기장이다. 우리는 투우를 야만적이고 동물학대라는 시각으로 본다. 하지만 그 나라의 전통을 무시할 순 없다. 투우경기는 스페인의 문화 축제다. 소를 생각하면 불쌍하지만 지구는 하나이고 함께 공존하는 공간이다. 어느 한 면만 보고 나쁘다고 하면 안 되는 이유다. 좋은 면은 계승하고 안 좋은 면은 개선하도록 노력하면 된다.

나는 동물을 사랑함에도 불구하고 투우경기를 보고 싶다. 문명이 발달하기 전까지는 인간이 가장 나약했다. 인간은 살아남기 위해서 자연과 전투를 치렀다. 그 결과 인간은 최고 포식자가 되었다. 투우경기는 한 인간이 살아남기 위해 치르는 전투다. 자연에서 화난 소와 마주치면 선택해야 한다. 살아남을 것인지 죽을 것인지.

지금의 투우경기는 관중들을 위해 세련되게 바뀌었다. 하지만 원시적인 시선으로 보면 한 인간이 살아남기 위해 소와 처절하게 싸우는 것이다. 죽지 않으려면 죽여야 한다. 끔찍한 말이지만 사실이다. 그래서 나는 나의 두려움을 이기기 위해 투우경기를 꼭 보고 싶다. 목숨을 건 싸움, 진정한 용기, 생명의 강인함. 나에게는 없는 그런 부분을 보고 싶다.


앞서 살펴본 《누구나 한 번쯤 스페인》이라는 책에서는 투우경기를 이렇게 설명해 놓았다. 투우경기는 매년 7월 6일부터 14일까지 총 아흐레간 스페인 북부 나바라 주의 수도 팜플로나의 산페르민 축제에서 펼쳐진다. 산페르민은 나바라 주의 수로 성이다. 여기서 펼쳐지는 투우경기는 14세기부터 계속되어 온 유서 깊은 종교 행사다.

산페르민은 드레스코드부터 확실하다. 화이트 앤 레드. 아래위 흰옷에 붉은 스카프를 착장하는 것부터 축제의 시작이다. 매일 아침 8시에 펼쳐지는 엔 씨에로는 17세기에 시작되었다. 엔 씨에로 소몰이는 예전에 목동들이 도살장으로 소 떼를 몰고 가던 풍습에서 비롯되었다. 그것이 시민들이 함께 참여하는 축제로 발전한 것이다.

해외토픽에서 좁은 골목을 성난 소들과 함께 질주하는 사람들의 모습을 보았을 것이다. 소가 아무 길이나 마구 뛰는 것은 아니다. 정해진 코스가 있고 양쪽으로 이중의 나무 펜스가 튼튼하게 서 있다. 이건 다행 중 다행이다. 겁 많은 나는 분명 펜스 뒤에 숨을 테니까.

정작 소가 뛰는 건 순식간이다. 산토도밍고 오르막길에서 시작해 시청 앞을 관통한다. 투우장까지 857m의 거리를 단 2분 만에 뛴다. 이 축제에는 시민들이 함께 참여한다. 참가자들 중 백발의 할아버지는 무려 40년을 개근했고 이젠 아들과 함께 뛴다. 욕심 없이 정해 놓은 자신만의 구간만 뛴다고 한다. 이 글을 읽으며 '나도 내가 정해 놓은 인생길만 갈 수 있다면 얼마나 좋을까!'라고 생각해 본다.


총소리가 들리면 소 떼 전체가 뛰쳐나온다. 지금부턴 앞으로 뛸뿐 도망칠 구멍은 없다. 최고조로 치솟은 아드레날린이 마구 폭발한다. 엔 씨에로의 종점은 투우경기장이다. 경기장으로 달려 들어온 소들은 그날 저녁 투우경기장에서 용맹하게 생을 마감한다.

인생이라는 전쟁에서 나는 약한 자이자 강한 자다. 인생의 수

레바퀴를 맹렬히 돌다가 죽는다. 얼마나 멋진 일인가! 나는 아무 일도 일어나지 않거나 아무것도 해 보지 않는 인생보다 죽을힘을 다해 승리하는 인생이고 싶다. 나약하게 포기하지 않고 끝까지 싸우는 정신. 나는 투우경기에서 이런 정신을 본받고 싶다. 소가 불쌍한가? 투우사가 불쌍한가? 아니다. 그들은 불쌍하지 않다.

지금 이 자리에서 책을 읽는 나 자신이 불쌍하다! 더 이상 책만 읽지 말고 세상을 향해 나아가라. 그러면 분명 승리하리라. 오늘도 나는 내 인생에서 승리하기 위해 책을 쓴다. 소처럼 용감하게 전사하고 투우사처럼 살아남으리라.

# 건강한 가정 이루기

나는 세 아이의 엄마다. 처음부터 3명을 낳을 생각은 아니었다. 하지만 셋째를 낳고 나의 인생은 달라졌다. 아이는 축복이라는 말을 실감한다. 생각도 아주 긍정적으로 바뀌었다. 셋째를 키우는 마음으로 내가 첫째를 키웠다면 어땠을까? 생각해 본다. 첫째를 키우면서 참 많이 힘들었다. 지옥 같은 날들이 끝나지 않을 것만 같았다.

너무 자극적인 말일 수도 있다. 하지만 그땐 그랬다. 편하게 잠을 잘 수도, 밥을 먹을 수도 없었다. 나는 내가 아니었고 신랑이 미웠다. 나는 힘든데 신랑만 편한 것 같았다. 처음 아이를 낳은 날이다. 간호사가 아기를 내 품에 안겨 주었다. 너무 예뻐서 눈물이 흘렀다. 그리고 처음 젖을 물린 그때의 감동을 잊을 수가 없다. 그랬던 아이가 나를 힘들게 했다.

몇 시간을 안아 줘도 아기가 잠을 안 자고 울던 날. 아기를 업고 화장실을 가야 했던 날. 잠이 오는데 잠을 잘 수 없던 날. 아기가 아파서 하루 종일 울던 날. 그 모든 시간들이 평생 지나가지 않을 것만 같았다. 하지만 아이가 두 살, 세 살이 되니 힘든 마음도 지나갔다. 나는 안정을 찾았고 또 아이를 가졌다.

둘째는 첫째보다 수월했다. 그래도 힘들긴 했다. 만삭에도 큰 아이를 보고 집안 살림을 해야 했다. 신랑은 여전히 도와주지 않았다. 나만 혼자 전전긍긍했다. 그래도 좋았다. 아들보다는 딸이 좋았고 큰 아이보다는 아기가 좋았다. 그래서 큰아이를 많이 혼냈다. 시끄럽다고 혼내고, 아기를 깨운다고 혼냈다. 지금 생각하면 큰아이에게 미안하다.

수입이 적어서 빚이 늘어났다. 우리는 돈 때문에 많이 싸웠다. 나는 돈에 시달렸고 육아에 지쳤다. 신랑은 회사생활을 힘들어했다. 나는 결심해야 했다. 돈 때문에 계속 싸우든지 아니면 이혼을 하든지. 그도 아니면 다른 방법을 찾아야 했다. 그래서 선택한 것이 장사다. 장사는 잘되었다. 하지만 안 좋아진 감정은 나아지지 않았다.

나는 장사와 집안 살림을 했고 아이들도 키웠다. 신랑도 열심히 일했지만 내 마음에는 들지 않았다. 그러던 어느 날 큰아이를 데리고 대학병원을 찾았다. 유치원 선생님이 아이가 산만하다며 검사를 권했다. 검사 결과 중증 ADHD였다. 내가 큰아이 때문에 힘들었던 이유를 찾았다. 아이는 지시능력이 현저히 떨어졌다. 아이를 치료하면서 동시에 나도 심리치료를 시작했다.

나는 그때 삶을 포기하고 싶다는 생각마저 했다. 게다가 신랑 때문에 참 힘들었다. 신랑은 말이 없고 조용한 성격이라 우리는 대화가 없었다. 나는 따뜻하고 자상한 신랑을 원했다. 나는 잉꼬부부를 꿈꿨다. 하지만 뜻대로 되지 않았다. 마음도 힘들고 몸도 힘들었다. 정신과 의사를 앞에 두고 몇 주를 울었다. 아이 때문에 울고, 신랑 때문에 울었다. 어린 시절의 상처 때문에 울고, 지금의 상처 때문에 울었다.

상담을 받고 돌아오면 그 말들을 다시 생각했다. 그러면 마음 속 책장에 차곡차곡 정리가 되었다. 그리고 아이를 위해 미술심리치료 상담사 자격증을 취득했다. 미술심리치료 상담사를 공부하면서 나 스스로를 치료할 수 있었다. 자존감이 높아지고 타인의 마음을 살필 줄 알게 되었다. 아이를 사랑하게 되었고 신랑을 이해하게 되었다. 나는 다시 힘을 얻었다.


그리고 종교를 가졌다. 하나님을 믿고 의지하게 되었다. 힘들었던 시기는 그렇게 넘어가는 듯했다. 하지만 내가 노력해도 신랑은 변하지 않았다. 당시 신랑은 자갈치 어시장에서 일했다. 시장

사람들은 거칠었는데 시장 친구들이 많은 신랑은 매일 술을 마셨다. 내가 가게 일을 마치고 집에 돌아오면 술을 마시고 잠들어 있는 날이 많았다.

말도 해 보고 타일러도 보았지만 신랑은 변하지 않았다. 그래서 나는 "우리 이제 이혼을 하든지 별거를 하든지 하자!"라고 말했다. 그랬더니 신랑은 말도 없이 그다음 날 짐을 싸서 집을 나갔다. 그때 나는 큰 충격을 받았다. 아이들은 아빠가 보고 싶다고 울었다. 특히 큰아이가 많이 울었다. 처음에는 아빠에게 전화를 하면서 아빠의 목소리를 들었다. 하지만 나중에는 전화도 하지 않았다. 전화를 하면 괜히 아빠가 더욱 보고 싶고 속상하다고 했다.

우는 아이를 보면서 내 마음은 찢어졌다. '내 마음을 바꾸면 아이들이 우는 일은 없을 텐데' 하며 후회를 할 때도 있었다. 그럴 때면 신랑에게 전화를 걸었는데, 신랑은 어김없이 술에 취해 있었다. 비가 오면 일이 없다고 술을 먹고 날이 맑으면 일이 힘들다고 술을 먹었다.

그러던 어느 날 신랑이 제 발로 집에 돌아왔다. 당뇨가 심해져서 겁이 났단다. 나는 다른 무엇보다도 아이들을 위해서 신랑을 받아들였다. 이제는 정말 싸우지 말고 사이좋게 잘 지내 보자며 굳게 다짐했다. 급기야 우리는 사이가 너무 좋아진 나머지 셋째가 생겼다.

나는 셋째 아이를 키울 자신이 없었다. 그래서 신랑에게 "병원에 갈까?"라고 말했더니 신랑이 펄쩍 뛰었다. "낳고 키워야지, 그게 무슨 말이냐?"라고 하면서. 그 말을 듣고 아이를 낳을 결심을 했다. 그렇게 결심한 이후부터 나는 달라졌다. 더 이상 신랑 때문에 힘들어하지 않았다. 나는 혼자 힘으로 막달까지 가게 청소와 집안일을 해결했다.

그렇게 많은 일을 했지만 힘들지 않았다. 내가 나약한 마음이면 아이들을 키울 수 없을 것이라는 생각에서였다. 그래서 이를 악물고 참아 냈다. 몸조리가 끝나자 아이를 데리고 장사를 했다. 주말이면 아이 셋을 데리고 가게 문을 열었다. 애를 업고 청소와 장사를 했다. 그나마 아이들이 터울이 있어서 다행이었다. 가게 손님도 막내 아이를 봐 주었다.

벌써 막내가 세 살이 되었다. 언제 이렇게 컸나 싶다. 세 아이 중에 고생을 많이 하며 키웠지만 제일 예쁘다. 신랑도 정말 좋아한다. 내가 아직도 신랑하고 사는 이유는 아이들 때문이다. 신랑은 아이들에게는 최고의 아버지다. 다정다감하고 무엇이든 다 해 준다. 아이들한테 하는 만큼 나에게도 해 주면 얼마나 좋을까! 이젠 어느 정도 포기다.

이제는 신랑을 신경 쓸 여유가 없다. 아이가 셋인 데다 장사까지 해야 한다. 또한 새로운 꿈도 생겼다. 외로울 틈이 없다. 그리고 신랑도 예전보다 많이 도와준다. 집안일과 아이들을 챙겨 준다.

얼마 전 말다툼을 하면서 내가 "왜 이혼을 안 하냐?"라고 말했다. 가만히 나를 보던 신랑이 나의 손을 잡으며 "우리 결혼할 때 약속했잖아. 잘 살기로."라고 했다.

그래, 맞아. 우리 잘 살기로 약속했지. 순간 마음속이 뻥 뚫리는 기분이었다. 나처럼 이 사람도 잘 살려고 노력하는구나! 내가 모르고 있었을 뿐이구나. 우리는 가끔 '이 세상에서 나만 힘든 것 같아'라고 생각하곤 한다. 왜냐하면 나 자신은 다른 인생을 살아 보지 못했기 때문이다. 나는 신랑이 아니다. 그래서인지 늘 신랑은 편해 보이기만 했다. 하지만 그것을 내가 알아차리지 못했을 뿐, 사실 본인도 힘들었을 것이다.

불교 말씀에 "세상 만물이 자기 자신이다."라고 했다. 미운 신랑도 나 자신이고 속 썩이는 아이도 나 자신이다. 길에 피는 꽃도 나이며 날아다니는 나비도 나다. 세상 만물이 나 자신인데 미워할 수가 있겠는가! 나 자신이면 사랑해야 마땅하다. 신랑이 진짜 미울 때는 이 말을 떠올린다. '그래, 전생의 내 모습이 저 모습인 게야. 내가 업보가 많아서 그렇지. 저 사람이 내가 싫어서 힘들게 하는 건 아니야. 그러니까 이제 용서하자. 나도 나 자신을 용서하자. 우리 가족 행복하고 건강하게 살자'라고 말이다.

# 작가가 되어
# 방송 출연하고 강연하기

내가 정신과 상담을 받을 때였다. 의사 선생님께서 "성희 씨는 꿈이 무엇인가요?"라고 물었다. 나는 "책을 쓰고 싶어요."라고 말했다. 내 대답을 들은 선생님은 조금 놀라는 눈치였다. 사실 나는 막연히 책을 쓰고 싶었다. 장르는 상관없었다. 나의 생각을 글로 쓰고 싶었다. 이 말을 4년 전에 했다. '책을 쓴다면 보통 무엇을 쓸까?' 생각했다. 하지만 무엇을 쓸지 정하지 못했다. 그렇게 시간은 계속해서 흘러만 갔다.

간혹 중·고등학생들이 작은동물원에 진로체험을 하러 온다. 그런 학생들에게 나는 짧게 꿈에 대해서 이야기한다. 나는 TV에 출연하고 책을 내고 싶다고 말한다. 그러면 학생들이 신기하게 쳐다본다. 정말 꿈이 이루어지냐는 듯이.

나도 얼마 전까지는 책을 쓰는 꿈이 이루어질 줄 몰랐다. 하지만 당신이 이 글을 읽고 있다면 나는 꿈을 이룬 것이다. 상상하기만 했던 그 꿈이 이루어진 것이다.

꿈을 이루기 위해 열심히 두드리고 답을 찾았다. 그리고 마침내 〈한책협〉을 알게 되었다. 현재 나는 〈한책협〉에서 책 쓰기에 대해 배우고 있다. 성공을 위한 도전이다. 나는 배운 대로 하면 된다. 그리고 노력하면 된다. 내 인생의 최고의 시간. 지금부터가 시작이다. 성공하고 싶어도 길을 모르면 성공하지 못한다. 하지만 김태광 대표 코치가 있어서 책 쓰기에 성공할 수 있다.

김태광 대표 코치는 자신이 22년 동안 걸어온 길을 모두 알려주고 있다. 나는 그저 믿고 따르기만 하면 되는 것이다. 그러면 분명 작가가 될 것이다. 작가가 되면 그다음부터는 나의 길이다. 꿈을 생각하고 노력한다면 못 이룰 꿈이 없을 것이다.

하지만 성공은 생각만큼 쉽지가 않다. 성공은 돈으로 살 수 있는 것이 아니다. 정호승 시인의 《내 인생에 용기가 되어 준 한마디》에는 이런 내용이 나온다.

"돌이켜 보면 저는 제 인생의 벽 앞에서 돌아서는 일이 많았지만 그래도 벽을 문으로 만들려고 노력한 적은 있었습니다. 내 인생의 꿈은 내가 원하는 삶을 사는 것이어서, 내 인생이라는 시간을 내가 주인이 되어 오로지 시를 쓰는 일에 사용하게 되는 것이었습니다. 그래서 잘 다니던 직장을 두 번이나 스스로 그만둔 적이 있었습니다.

처음 사회에 나와 국어 교사 생활을 3년 넘게 했지만 정해진 시간에 어김없이 남을 가르쳐야 한다는 사실이 갈수록 큰 고통으로 다가와 아무런 대책 없이 그만둬 버린 일이 그 하나입니다. 또 하나는 오랫동안 잡지사 기자생활로 생계를 이어 가다가 그만둔 일입니다. 당시 제 꿈은 하고 싶은 일을 하면서도 가장으로서의 역할을 할 수 있는 것이었습니다.

그러나 쉬운 것은 아니었습니다. 늘 생계라는 벽에 가로막혀 번번이 되돌아서곤 했습니다. 좀처럼 그 벽을 뚫고 나갈 용기가 없었습니다. 그렇지만 마흔한 살이 되던 해에 사라져 가는 그 꿈을 찾고 싶어 친지들 모두가 한사코 말리는데도 직장을 그만두었습니다. 지금 생각해 보면 그래도 그나마 벽을 뚫고 스스로 문을 열고 나왔기 때문에 보다 자유로운 삶을 살게 된 게 아닌가 싶습니다."

성공에는 용기가 필요하다. 벽을 뚫고 탈출하려는 마음이 필요하다. '지금 말고 나중에 해야지', '돈이 생겼을 때 해야지', '여유가 있을 때 해야지' 하며 기약 없는 다음으로 미루기만 한다면 절대 성공할 수 없다. 한 치 앞이 안 보여도 도전해야 한다. 그리고 꼭 해내겠다는 신념도 있어야 한다. 매일 아침 일어나 이것만은 반드시 이룬다는 목표가 있어야 한다. 또한 하루의 목표를 꼭 달성해야 한다.

실천하지 않으면 꿈만 꾸는 것이 된다. 얼마나 어리석은가! 생각을 백 번 하더라도 실천하지 않으면 이루어지겠는가! 그래서 나는 매일 책을 읽고 글을 쓴다. 내 꿈을 향해 새로운 도전을 한다. 나는 반드시 성공할 것이다. 세 아이의 엄마로서 당당하게 살아갈 것이다. 내가 아이들에게 준 것은 사랑이다. 사랑을 듬뿍 주고 지켜보았다.

그 아이들이 나에게 "엄마 나를 낳아 줘서 정말 고마워요."라고 말한다. 아이를 가진 부모가 들을 수 있는 최고의 칭찬이 아닐까? 그리고 나는 50년이 흐른 뒤에도 "엄마가 나의 엄마라서 정말 좋았어요. 사랑해요."라는 말을 듣고 싶다. 나의 아버지는 내가 어릴 때 돌아가셨다. 그 후 엄마는 나를 버렸다. 그래서 나는 힘들게 자랐다. 클 때 복은 개복이라더니 지금의 나는 행복하다.

나는 나의 삶을 온전히 살아간다. 요즘 젊은 친구들은 아이를 낳지 않으려고 한단다. 하지만 용기를 가지고 아이를 낳길 바란다. 그리고 노력해라. 나의 삶을 위해 노력한다면 분명 행복해질 것이다. 나는 시련이 온다 해도 쓰러지지 않으리라. 내가 한 말을 지키리라. 도전하며 살겠노라 다짐한다.

그리고 나는 행복한 육아를 메시지로 전하겠다. '아이가 축복이다'라는 말을 많은 사람들에게 알리겠다. 나는 힘들게 컸지만 부모님을 원망하지 않는다. 내 아이들도 태어난 것을 감사해하게 키우리라. 마지막으로 하고 싶은 말이 있다. 진정 원한다면 반드시 이루어진다는 말을 믿는다. 지금 이 책을 읽는 당신도 이 말을 믿어 보길 바란다.

# 보물지도 13

초판 1쇄 인쇄 2018년 7월 3일
초판 1쇄 발행 2018년 7월 10일

지 은 이 　김태광 안로담 김소라 성실애 이희수 김경태
　　　　　이상영 김도희 김하정 이종우 임보연 김성희
펴 낸 이 　권동희
펴 낸 곳 　위닝북스
기　　획 　김태광
책임편집 　유관의
디 자 인 　김하늘
마 케 팅 　강동혁

출판등록 　제312-2012-000040호
주　　소 　경기도 성남시 분당구 수내동 16-5 오너스타워 407호
전　　화 　070-4024-7286
이 메 일 　no1_winningbooks@naver.com
홈페이지 　www.wbooks.co.kr

ⓒ위닝북스(저자와 맺은 특약에 따라 검인을 생략합니다)
ISBN 979-11-88610-67-9 (03190)

이 도서의 국립중앙도서관 출판도서목록(CIP)은 서지정보유통지원시스템
홈페이지(http://seoji.nl.go.kr)와 국가자료공동목록시스템(http://www.nl.go.
kr/kolisnet)에서 이용하실 수 있습니다.(CIP제어번호: CIP2018019484)

위닝북스는 독자 여러분의 책에 관한 아이디어와 원고 투고를 설레는
마음으로 기다리고 있습니다. 책으로 엮기를 원하는 아이디어가 있으신 분은
이메일 no1_winningbooks@naver.com으로 간단한 개요와 취지, 연락처
등을 보내주세요. 망설이지 말고 문을 두드리세요. 꿈이 이루어집니다.

※ 책값은 뒤표지에 있습니다.
※ 잘못 만들어진 책은 구입하신 서점에서 교환해 드립니다.